转型发展背景下地方高校人才供给侧改革与创新研究

——基于衡阳师范学院经济与管理学院人才培养实践

卜华白　阳玉香　陈东升◎编著

吉林大学出版社

图书在版编目(CIP)数据

转型发展背景下地方高校人才供给侧改革与创新研究:基于衡阳师范学院经济与管理学院人才培养实践 / 卜华白, 阳玉香, 陈东升编著. —长春 : 吉林大学出版社, 2018.9

ISBN 978-7-5692-3421-3

Ⅰ. ①转… Ⅱ. ①卜… ②阳… ③陈… Ⅲ. ①衡阳师范学院-经济管理-人才培养-研究 Ⅳ. ①F2

中国版本图书馆 CIP 数据核字(2018)第 233646 号

书　　名	转型发展背景下地方高校人才供给侧改革与创新研究 ——基于衡阳师范学院经济与管理学院人才培养实践 ZHUANXING FAZHAN BEIJING XIA DIFANG GAOXIAO RENCAI GONGJICE GAIGE YU CHUANGXIN YANJIU——JIYU HENGYANG SHIFAN XUEYUAN JINGJI YU GUANLI XUEYUAN RENCAI PEIYANG SHIJIAN
作　　者	卜华白　阳玉香　陈东升　编著
策划编辑	李潇潇
责任编辑	李潇潇
责任校对	云　宇
装帧设计	博克思文化
出版发行	吉林大学出版社
社　　址	长春市人民大街 4059 号
邮政编码	130021
发行电话	0431-89580028/29/21
网　　址	http://www.jlup.com.cn
电子邮箱	jdcbs@jlu.edu.cn
印　　刷	三河市华东印刷有限公司
开　　本	710mm×1000mm　1/16
印　　张	15.5
字　　数	270 千字
版　　次	2019 年 1 月第 1 版
印　　次	2019 年 1 月第 1 次
书　　号	ISBN 978-7-5692-3421-3
定　　价	48.00 元

目　录

第一章

课程体系改革与创新

一、地方本科院校应用型人才培养课程体系的构建与实践——以衡阳师范学院财务管理专业为例

随着经济的迅速发展和教育改革的不断深入，社会和企业对高校的人才培养又提出了新的要求，为此，地方本科院校开始着力构建应用型人才培养课程体系，不断提升人才的综合素质。本文主要探索了应用型人才培养课程体系的具体实践路径，以促进高校人才培养质量的提升。

（一）地方本科院校人才培养目标的定位

《国家中长期教育改革和发展规划纲要（2010—2020 年）》明确提出“适应国家和区域经济社会发展需要，建立动态调整机制，不断优化高等教育结构。优化学科专业、类型、层次结构，促进多学科交叉和融合。重点扩大应用型、复合型、技能型人才培养规模。”目前，地方本科院校发展存在诸多问题，办学定位与地方产业结构脱节严重、人才培养体系不完善、科学研究服务地方经济发展能力弱、师资队伍专业实践能力低、实践教学硬件条件明显不足、企业参与合作育人体制机制不健全。因此，地方本科院校转型发展势在必行。

所谓人才培养目标是指在特定的内外条件下，依据一定的教育目的所制定的教育事业与教育活动所要达到的预期状态。地方本科院校作为教学型院校，其人才培养目标既要与研究型高校培养创新型人才有所差别，又要与高职院校培养纯粹的职业技能型人才有所不同。近年来，衡阳师范学院针对人才培养目标定位问题，进行了多次调研和研讨，结合区域经济社会发展对人才的需求实际，依据高等学校分类管理有关文件精神，最终确定了人才培养目标，即紧跟地方经济社会发展需要和人才需求变化，培养面向生产、管理、经营、服务一线，能将知识转化到生产实际中的专业素质好、动手能力强、适应程度高的本科应用型人才。具体来说，就是培养合格的基础教育师资、职业教育师资和高级应用型技术人才的

地方本科院校。

（二）应用型人才培养课程体系的构建

1. 应用型人才培养课程体系构建的必要性

合理地构建应用型人才培养课程体系是地方本科院校教学改革的重点和难点所在。首先，构建应用型人才培养课程体系是适应社会经济不断发展的客观需要。一般说来，学校设置的课程体系和教学内容越紧贴社会的实际需要，该校毕业生越能够受到用人单位的青睐。因此，地方本科院校的课程体系与教学内容是否合理，直接影响其人才培养质量。其次，构建应用型人才培养课程体系是促进个体不断发展的内在要求。地方本科院校课程体系的构建要兼顾不同学科、专业及层次的学生实际，提供营养丰富的“菜谱”，选择学生喜欢的“菜单”，使学生获得不断的成长。最后，构建应用型人才培养课程体系是培养创新人才的必然选择。要培养创新人才，地方本科院校必须改革传统的课程体系，将转型发展目标和办学宗旨落到实处。

2. 应用型人才培养课程体系构建的理论基础

心理学和教育学相关理论为应用型人才培养课程体系的构建提供了坚实的理论基础，影响着地方本科院校课程目标的确定、课程内容的选择、师生互动方式的应用以及课程评价。应用型人才培养课程体系构建的理论基础具体包括以下几个方面：一是人本主义理论。20 世纪 50 年代，以亚伯拉罕·马斯洛与卡尔·罗杰斯为代表的人本主义学派提出“以学生为中心”的人本主义教学理论，认为课程设计要强调人的因素和“以学生为中心”，使学生能在相当大的范围内进行自主选择。二是功能主义理论。在达尔文生物进化论的影响下形成的功能主义理论认为，教育具有社会性，教育的主要功能不仅是发展学生的能力和潜力，更是培养社会所需要的能力。在课程设置方面，功能主义主张学校课程应给学生提供共同的价值观和社会观，提供人们所欠缺的社会规范，实现个体的社会化和人性化，以便在日益分化和异质化的社会中创造和维持团结与一致。三是实用主义理论。发源于 19 世纪 20 年代的实用主义理论，将知识看作是现实及其不断变化的过程。该理论认为，教学与其说是解释的过程，不如说是探索的过程，方法比教学内容重要得多，教学应是一个把握科学方法并改造经验的过程，当学习者尝试去解决问题时，学习便以一种主动的方式发生。

3. 应用型人才培养课程体系构建的原则

地方本科院校课程体系改革既要与应用型人才培养目标相吻合，又要与基础教育改革接轨。依据高等教育课程体系的理论基础，构建课程体系应遵循以下原则：①全面发展原则。地方本科院校要大力加强大学生的文化素质教育，特别注重人文素质教育，加强学生的专业素养，培养学生的动手能力，形成其持续发展所需要的基本知识和技能。②适应性原则。在设计课程时应采用模块化课程的组合方式，为学生提供尽可能多的选择空间，做出方向性要求，而不具体规定课程内容，以提高课程体系的适应性。③整合性原则。课程体系的整合性就是指在构建课程体系的过程中，合理安排各专业课程模块之间的比例，加强各课程模块、各学科专业之间的沟通和融合，注重课程体系的个性化、地方化和综合化。④基础性原则。重视基础性教育，确保基础教育的质量是高等教育大众化时代本科教育基础性的重要体现，是现代教育的根本要求，也是遵循教育规律的必然。⑤地方性原则。地方性高校的课程体系构建，在不违背国家政策方针的前提下，根据本地的教育资源优势，选取利于培养人才的课程，满足当地教育发展的需要，从而更好地适应地方对人才的需要，促进地方经济社会的进一步发展。

（三）衡阳师范学院财务管理专业五位一体应用型人才培养课程体系的实践

在优化原有课程体系的基础上，衡阳师范学院财务管理专业构建了“通识教育课程模块＋学科基础课程模块＋专业课程模块＋专业技能课程模块＋素质拓展课程模块”五位一体应用型人才培养课程体系。

1. 应用型人才培养的通识教育课程模块

通识教育旨在培养积极参与社会生活、有社会责任感、全面发展的国家公民。学校通过通识教育平台，注重培养学生掌握扎实的文科学科知识背景，促进学生全面发展。衡阳师范学院财务管理专业通识教育课程包括中国近现代史纲要、思想道德修养与法律基础、马克思主义基本原理、毛泽东思想和中国特色社会主义理论体系概论、计算机基础与应用（上机）（I～II）、大学英语（I～IV）、大学体育（Ⅰ~Ⅳ）、普通话、大学语文、大学生心理健康教育、大学生就业创业指导、形势与政策和军事理论，学时分配共845学时，学时比例为30.2%，学分分配48学分，学分比例为27.7%。

2. 应用型人才培养的学科基础课程模块

学科基础课程旨在实施跨专业联合，促进课程体系的整体优化，夯实学科基础。学科基础课程具有知识领域宽广、理论内涵深厚的特质，是提升大学教学质量与创新能力的关键。通过教学、科研、实践相结合的课程教学能够显著提高低年级学生的基本学术素养与科学研究技能。学科基础课程的设置要结合一级学科特点，按照加强学科基础知识、拓宽专业面的原则，为各专业方向设置共同的基础课程，课程内容强调专业基础知识与技能。衡阳师范学院财务管理专业学科基础课程包括微积分（上、下）、概率论与数理统计、线性代数、管理学学科概论、管理学和西方经济学，学时分配为315学时，学时比例为11.3%，学分分配20学分，学分比例为11.6%。

3. 应用型人才培养的专业课程模块

专业课程模块包括专业核心课程模块、专业方向课程模块和专业拓展课程模块三个子模块。衡阳师范学院财务管理专业的核心课程有财务管理学、基础会计、中级财务会计（上、下）、货币金融学、商业银行经营与管理、投资学、统计学、成本会计和资本运营，学时分配为496学时，学时比例为17.7%，学分分配30学分，学分比例为17.4%。专业方向课程模块分为企业财务管理和投资理财。企业财务管理方向开设ERP原理及应用、财务风险及预警、财政学、审计学、生产运作管理、管理会计和国际金融课程；投资理财方向开设行为金融学、资本市场理财、保险学、证券投资、经济法、理财规划和政府与非盈利组织管理课程，专业方向课程的学时分配为135学时，学时比例为4.8%，学分分配9学分，学分比例为5.2%。专业拓展课程模块包括财会法规、企业融资理论与实务、税法、财务报表分析、企业模拟经营、公司经营、期货交易理论与实务和税收管理，学时分配为128学时，学时比例为4.6%，学分分配8学分，学分比例为4.6%。

4. 应用型人才培养的专业技能课程模块

专业技能课程模块包括专业技能课程模块和集中性实践教学环节模块。专业技能课程模块包括专业技能必修课程和专业技能选修课程。其中专业技能必修课程开设了市场营销学、会计电算化和财务案例分析，学时分配为125学时，学时比例为4.5%，学分分配8学分，学分比例为4.6%；专业技能选修课程包括创业学、管理心理学、校企对接课、国际结算和商务礼仪，学时分配为64学时，学时比例为2.3%，学分分配4学分，学分比例为2.3%。集中性实践教学环节模块包含军事训练、专业见习、模拟演练、学年论文、专业实习和毕业实习，学时分配为510学时，学时比例为18.2%，学分分配34学分，学分比例为19.7%。

5. 应用型人才培养的素质拓展课程模块

素质拓展课程模块由跨学科选修课程、社会实践及课外活动构成。跨学科选修课程由学校平台课程提供人文艺术类、自然科学类、社会科学类、教师教育类、艺术类等校选课程，学时分配为60学时，学时比例为2.1%，学分分配4学分，学分比例为2.3%。社会实践及课外活动是指学生在校学习期间，在校级以上学科竞赛、科技和科研活动、文艺体育活动及各类社会实践活动中取得相应成绩者，可申请素质学分，还可通过经典阅读、考取相应等级资格证书等方式取得，学时分配为120学时，学时比例为4.3%，学分分配8学分，学分比例为4.6%。

总之，地方本科院校构建应用型人才培养课程体系对于人才培养质量的提高具有积极意义，符合社会和企业对人才的需求。在具体的实践过程中，高校要将通识教育课程、学科基础课程、专业课程、专业技能课程和素质拓展课程有机结合，合理分配，使学生在理论与实践结合的基础上，提高自身的专业基础理论水平、专业技能、实践能力等综合职业素质，更好地服务社会。

二、中级财务会计课程教学思路与方法探析——基于能力培养

（一）引言

中级财务会计是财务管理专业和会计学专业的核心课程。一般来讲，按照知识从浅到深的学习规律，学生应在开设初级财务会计课程以后才开设中级财务会计课程。但是，一些财务管理专业，由于专业培养计划中理论课时的压缩，往往在开设基础会计或会计学原理课程以后，直接开设中级财务会计课程，这样的课程设置无疑给授课者与学生都带来很大的压力。老师应该树立什么样的教学目标，确定什么样的教学内容，以及使用什么样的教学思路与方法？这些问题都值得每位教师认真思考。本文根据中级财务会计课程的教学目标、内容特点总结了该课程的基本教学思路与几点教学方法，仅供大家参考。

（二）中级财务会计课程的教学目标与课程内容特色

中级财务会计课程的教学目标是使学生掌握真实企业发生的各种常见的和比较复杂的经济业务的内涵，理解各类业务会计核算规则以及规则背后的理论、假设和现实依据，并能灵活运用相关规则进行会计核算。而基础会计的教学目标就是让学生熟悉会计的基础理论与基础知识、掌握会计核算的基本程序方法与培养会计核算的基本技能。

中级财务会计课程的教学内容与基础会计的教学内容相比，其涉及的经济业务更具有真实性、多样性、系统性与综合性；涉及的经济学和会计学的理论与假设种类较多；会计核算规则也较复杂，有的会计规则中存在较大的模糊性与弹性空间，有些会计规则之间无法根据相同的理论与假设进行类比；甚至有些规则背后的理论与假设都不成熟。

这样的教学目标和课程内容特色对教学思路与方法提出了挑战。笔者认为，该课程的教学目标除了以上提及的目标以外，还要注重会计思维、会计职业判断能力、会计课程学习方法的培养。为此，应该采取“教与学相结合”“课堂内与课堂外相结合”“线上与线下相结合”等教学组织方式，并按照“是什么—为什么—怎么样—怎么用”四步曲，由表及里、从浅到深、由一般到具体再到一般的认知过程，来对每类经济业务的会计核算规则进行教学，以提高学习的效果。下文将对教学思路与方法进行详细阐述。

（三）具体的教学思路与方法

1. 课程教学应该遵守“教与学相结合”

在课堂上，对于有关理论知识和各类业务内涵的学习，应该先由老师在课件或黑板上列出需要掌握的重要与难点，以及需要回答的问题；再由学生自行去阅读、讨论、质疑，并回答预设的问题；最后，由老师对基本内容做简要的连贯性阐述。

在会计业务核算规则的教学，老师应该要求学生按照以下几个步骤来思考各具体业务的核算规则：“应设置的相关科目，各科目的性质→业务核算的具体环节（核算对象）及其确认时点→各核算环节中，涉及的相关科目名称与记账方向→计量的属性选择与计量大小的确定→会计分录借贷平衡与否的判断”。通过对课文内容进行结构性解读，借以培养学生对经济业务进行会计核算的思维。然后，由老师按照“是什么—为什么—怎么样—怎么用”四步曲，对规则进行解读与举例。

为了帮助学生熟悉规则的运用，应由老师在课堂上与课后列出相关练习题，由学生完成。老师应对学生的作业进行抽查与当面沟通，以掌握情况。对于学生掌握不太好的地方要进行补充讲解。

2. 课程教学应该遵守“课堂内与课堂外相结合”

由于中级会计内容的复杂性，单独依靠课堂时间，往往只能对重要知识点进行讲解，学生对重点与难点可能有了一定的印象，但并没有完全内化成自己的东西。另外，由于学生个体差异，在有限的课堂时间内，有时候无法使每位学生都弄懂。所以，要充分消化与理解有关内容，还需要课后的复习。包括对课堂上不懂的地方通过教材再阅读、查阅资料、同学间讨论以及请教老师等办法，及时消化；对教材内容中的各知识点进行系统整理，形成较系统的知识；通过多做题来巩固与灵活运用有关业务的核算规则。另外，由于中级会计前后章节在内容上的关联性，也需要学生通过复习及时掌握各章节知识，才能顺利学好以后章节的内容。与复习相比较，课前预习常被学生所忽视。其实，对教材内容进行课前预习对于培养学生自学能力，提高课堂听课的目的性与听课效率非常重要。

3. 课程教学应该遵守“线上与线下相结合”

教材只是学生学习知识的一个渠道，或者说是一种信息载体。由于教材的修正周期与编者的水平限制，教材内容存在过时与错误在所难免。而教材的篇幅及体例限制又使得与教学内容相关的很多知识无法在书中陈述。所以，如果单独根据一本教材来学习，往往无法深入系统地理解规则背后的理论、假设和现实依据，也无法及时掌握会计核算规则与相关法规的最新变化，如会计准则、会计制度、经济法、税法方面的变化。老师应该充分利用互联网带来的便利性，实行开放性教学。包括：引导学生搜寻、利用与会计核算业务有关的会计培训类网站、财经类网站以及与会计政策法规有关的政府部门网站，如中华会计网、中国财政部网站、中国税务总局网站、上证所或深证所网站、金融界等；引导学生利用有关数据库和文献查询工具，查阅与会计核算的理论及实务有关的文献，如中国期刊网、百度学术、百度文库等；引导学生建立或参与现有的学习讨论平台，如中级财务会计课程学习讨论QQ群，提供学生与其他人交流的平台。总之，丰富多彩的互联网知识资源，是教材的必要补充；实行“线上与线下相结合”的教学方式，可以弥补教材的不足；是学生与外界同行建立联系，参与同行的知识传递、转移与创造所必需的；最重要的是，利于培养学生从社会网络中获取资源进行学习的能力。

（四）按照“是什么—为什么—怎么样—怎么用”四步曲对会计核算规则进行教学

第一，“是什么”是指对各业务的会计核算规则进行正确解读，并采用有效办法进行信息加工，以帮助学生理解与记忆。具体来讲，可以采用“类比法”将相似会计业务的核算规则用表格形式进行综合比较，以促进记忆。例如：投资性房地产采用公允价值法进行后续核算，与采用历史成本法进行后续核算的要点进行比较；可以采用“流程图法”对业务的各核算环节（不同核算对象）进行串联，使人明白相关环节的确认先后顺序与确认条件。例如，销售业务中，销售收入的确认、销售成本的确认、销售税费的确认，可以用流程图串起来；可以采用“时间序列法”将一笔业务和与其相关的后续业务联系起来思考。又如：长期股权投资的初始计量与后续计量可以采用“时间序列法”联系起来；可以采用要点归纳法，帮助学生记忆某业务的核算规则；还可采用动态图法，展示事物随时间等条件的发展变化，将会导致会计核算分录的变化。再如：交易性金融资产的价格随着时间的推移，所产生的不同方向和程度的变化，将会导致会计核算分录的差异。

第二，“为什么”是指向学生解释有关会计业务核算规则制定背后的理论、假设与现实目的。对“为什么”进行解释，可以帮助学生深入理解规则制定背后的原因，促进其记忆的牢固性，也利于学生灵活利用规则中存在的弹性空间，培养出职业判断能力。例如：为什么“交易性金融资产”与“可供出售金融资产”两者在持有期间的公允价值变动所做的会计分录不同？为什么“投资性房地产”的核算优先采用历史成本计量属性？为什么“固定资产”等长期资产在减值后又发生的升值不能确认，而“流动资产”在减值后发生的升值可以在不超过其历史成本大小的限制下确认？为什么我国新旧会计准则对“固定资产”减值的计提与转回核算规则不一样？

老师需要引导学生多问问题，才能扩展其思维的广度与深度，培养其研究性思维与研究性学习能力。

第三，“怎么样”是指，老师需要与学生一起分析各会计业务核算规则的合理性、优缺点，以及由此可能带来的后果。

例如：会计中对资产的核算优先采用历史成本计量属性这一规定，其原因是为了提高会计信息的可靠性。那么，这样做有可能牺牲会计信息的相关性，使资产的账面价值与其同一时点的经济价值不一致。这样，资产的账面价值信息有用性是否受到影响？又如：对不同资产采用不同的计量属性，那么资产负债表中的各类资产汇总项目的数据就是混合属性数据，它会给数据的分析带来不便，在数据利用中，有时需要进行数据属性转换或进行汇总项目数据的内部结构性分析。再如：公允价值计量技术的层次性，是否带来公允价值计量的会计操纵？

通过这样思考，能更加深入理解会计核算合理、会计数据的有用性，以及会计规则的经济后果性。

第四，“怎么用”是指如何站在独立公允的立场上，合理合规地运用与各类会计业务相关的理论知识和核算规则。可以通过多举例，多做练习来使学生牢固掌握有关规则。所举的例子不但要具有共性，还要具有个性。只有通过多做多练，加深理解，才能提高知识运用的熟悉性与灵活性。

三、基于应用型人才培养的国际贸易专业课程体系探讨

中国社会快速发展使市场对于人才需求产生了巨大变化，这对高校人才培养方式等提出了新的挑战。因此，高等教育在教育结构、教学内容和课程体系等方面应进行动态调整，以适应市场人才需求的变化。

（一）新时期国际贸易专业人才培养所面对的考验

1999 年以来，中国大学大规模扩招，高等教育已进入大众化阶段，为此，中国高等教育面临着来自内部和外部的多重挑战。

一方面，我国对外经济的快速发展，国际化进程的加快，促使市场对于人才的需求向要求专业素质过硬，同时具备综合能力的复合型人才转变。对国际贸易专业而言，随着我国国际化的深入发展，市场对国际贸易专业人才培养提出新的时代要求，构建和培养学生分析和解决国际贸易实际问题的能力已成为人才培养的重点。

另一方面，由于高校连续多年扩招致使国际贸易专业本科教育质量下滑和教学基础设施的不足，加之生源质量、高校教师培养能力等问题，导致国贸人才培育面临诸多棘手问题。高校发展过程中，人才培养与社会发展需求脱节的问题已成为普遍问题，国际贸易专业也不例外。所培养毕业生的素质水平与课程体系设置的科学化、规范化及课程体系内容的合理化有着密切联系。而高校课程体系的设置水平及教育管理制度是人才培养质量最直接、具体的体现。

（二）国际贸易专业课程体系现状及问题

根据教育部 2012 年《普通高等学校本科专业目录和专业介绍》，国际经济与贸易专业人才培养目标是能在涉外经济贸易部门、外资企业及政府机构从事实际业务、管理、调研和宣传策划工作的高级专门人才。作为人才培养方案的具体体

现则落实在课程体系的设置上。国际贸易是应用型、实践性较强的专业，培养应用型人才是国际贸易专业最基本的目标，但目前大学本科国际经济与贸易专业课程体系设置存在诸多问题。

其一，课程体系涵盖内容过宽，尤其是通识教育模块课时过长。通识教育模块是教育部门规定的必修课程，也被称之为公共基础课，这部分的课程设置更加注重理论知识，而课程内容更偏重于政治、计算机、数学、英语等课程，忽视学生沟通技能和人文素质类培养，并且这一部分的课程所占时间较长，一般占去大学四分之一的时间，而社科类专业学生沟通能力以及学习能力对职业发展是非常有必要的。目前公共基础课时间和内容上的安排都不能体现国贸专业人才培育目标，对学生的综合能力与技能培养是不到位的。

其二，课程体系内设置比例不合理。按国际贸易专业教学大纲要求，国际贸易专业基础课包括宏观经济学、微观经济学、线性代数、概率论、微积分等，专业课包括国际经济学、国际贸易、计量经济学、外贸英语函电、国际贸易实务、国际金融、国际结算，以及国际商法等课程。但大多数学校课程体系中课程的编排与课时的安排没有优化，专业核心课程通常都安排在大三，且部分课程内容相互重复，课时有限，专业知识掌握不牢固。

其三，实践教学与社会需求脱节。实践性教学环节薄弱已成为国际贸易教学中的致命伤，长期以来本科高等院校过于重视理论教学，忽视实践教学课程的开设，虽然实验课作为国际经济与贸易专业实践教学课程内容之一，实验室的软件投入也在不断增长，实验硬件及软件环境有了极大的改善，但是国际贸易专业实验室利用效率却很低。在课程设置上，具体实践能力培养课程的开设严重不足，国贸专业学生实践机会较少，学生实际操作能力不强，加之实践教学方式落后、师资及教学设施等方面的缺乏，实践教学课程内容与社会需求基本脱节。

（三）国贸专业课程体系构建

课程体系要把掌握专业理论知识的培养，与素质教育、操作能力、综合实践能力和创新能力的培养有机融合起来，这既是人才培养的目标也是提升人才培养质量的具体途径。

（1）明确课程体系设置目标

重视学生综合素质培养的课程体系。课程设置需注重知识、能力、素质、专业技能等方面的培养。当前国际经济与贸易专业的课程体系基本由通识教育模块、学科基础模块、专业课程模块、专业方法技能、专业拓展与素质拓展模块共5大课程模块组建而成，传统的理论与实践型国际贸易人才培养模式课程设置偏重理论知识的系统性和完整性，没有很好地突出知识的实用性，已不能满足市场对于人才需求的变化。新课程体系的五大课程模块应突出应用型人才培育的目标，突出人才培养的应用性。对于本科层次的人才培养而言，不是为培养经济学家和研究人员做准备，而是为社会需求培养国际商务领域的专业人员。培养身心健康、组织协调能力、人际交往能力、有团队合作精神的高素质人才，必须在课程体系设置中加以明确。

（2）课程设置内容上重视能力的培养

外贸人才市场需求岗位包括从事外销业务的外销员、外贸跟单员、货代员及单证员、报关员、报检员等，这些岗位不仅需要与人沟通的能力，同时对环境的适应能力、自我学习能力也是非常重要的。国贸人才的基本能力除了外语能力、计算机的应用能力等外，在素质能力培养上，课程设置的内容应加强增加素质教育方面的课程，例如逻辑学、哲学、社会心理学和沟通技巧等方面的课程；国贸应用人才培养上，专业基础课、专业核心技能课更重视国际贸易专业特点即国际性和实务性，专业素质能力方面所涉及的业务实操能力、制单能力、报关能力、谈判能力要在课程体系内容具体体现出来。在专业课设置上，重视培养学生的实际应用能力和动手操作能力，这即可激发学生的兴趣爱好，也能促使学生适应社会。

（3）课程体系结构优化，强化实践教学

国际贸易专业实践教学可提升专业技术人才和复合型人才的培养，因此实践教学在国际贸易专业应用型人才培养中发挥着重要的作用。现行的国际贸易专业教学计划和课程设置，基本都是以理论课为主，以课堂讲授为主，且理论课在整个国际贸易专业课程设置中课程数量较多，课时量占据了绝大部分，相比较而言，实践教学无论是课时还是内容所占比例都较低。虽然有些学校开始意识到实践课对于国际贸易专业人才培养的重要性，但落实还不到位，课程设置不能突出实践课地位，也不能落实在国际贸易专业实践教学环节中。作为人才培养的方法，实践教学有着课堂理论教学所不可替代的地位，对于国际贸易应用型人才的培养发挥着重要作用，因此国贸专业课程教学体系结构优化刻不容缓。实践教学也应适应社会经济发展变化，在教学理念、教学方法、教材使用等方面不断更新，以确保让学生在实践教学中掌握必备的、完整的、系统的技能和技术。

（4）课程改革内容弹性化

课程内容应根据专业人才培养目标进行弹性化设置，避免课程内容上贪多求全，杜绝“大而全”的课程设置方案。目前国贸专业许多课程的内容存在交叉现象，如外贸单证实务、单证制作与国际贸易实务。对于这类现象，应相应调整课程配置，对于一些课程内容相近且知识点重复较多的课程应进行整合，避免相关课程的重复教学。课程内容弹性化应根据课程特点与教学目标来协调与安排不同课程的教学重点与教学方向，同时要避免课程教学内容陈旧老化，加快更新速度，以适应国际经济发展的形势。课程设置弹性化的同时还应遵循应用型人才培养规律，注重各课程之间的关联关系，课程设置时间顺序合理化，课程内容的安排要做到主次分明、重点突出。

四、地方本科院校《区域经济学》研究型教学探究

地方本科院校是我国高等教育的一个重要组成部分。截至2014年，《中国教育统计年鉴》数据表明，在全国2491所普通高校中，地方所属高校共计1661所，占全国普通高校66.7%；而地方本科院校共计668所，占全国普通高校的26.8%。因此，地方本科院校如何提高人才培养的质量，对我国高等教育的发展显得尤为重要。如何创新地方本科院校人才培养模式，继续深化教育教学改革，进一步提高服务地方经济发展能力，成为地方本科院校亟待解决的问题。

（一）地方本科院校《区域经济学》教学存在的主要问题

地方本科院校《区域经济学》教学中注重基本知识、基本技术和基本技能的培养，教学方法主要采用讲解法、示范法、练习法等。

1. 重知识，轻能力

地方本科院校在课堂教学过程中，主要以教师的讲解为主，学生往往处于“听老师讲，看老师示范，再重复练习”的状态中，基本按照教案中教师预先设计好的步骤进行，强调知识的传授，课堂教学的计划性相对较强。这种教学方法对提高教学的效率和强调教师主体地位有着积极的意义，但是不利于学生探索精神和创造能力的培养，更不利于学生主动地学习。

2. 重结果，轻过程

传统模式下的《区域经济学》教学中，学生学习以被动接受为主，过程多为倾听与模仿。教学中以教师、教学大纲为中心，强调教学内容、教学进度的统一而忽略学生的个体差异。虽然这种教学模式有利于发挥教师优势，有利于发挥班集体的作用，但是，教学内容、教学时间和教学进程的程序化和模式化，难以在教学活动中容纳更多的教学内容和方法，学生的独立性受到制约，教学活动多

由教师做主，不利于因材施教。

3．重分数，轻探究

传统的教学评价中往往注重评价的甄别功能，从教学到考试普遍采用“流水作业”，忽视了学生的个性化表现和相互之间的交流讨论；往往注重评价的分数，一考定胜负，这样也容易出现“高分低能”的现象，不能准确地反映他们的现有真实情况，对他们未来真实生活的表现也缺乏预见性，缺乏对所学知识的深刻理解和进一步的探究。传统的《区域经济学》教学评价中，尤其是一些客观性测验，如选择题和判断题，要求学生提供非此即彼的答案。往往容易导致学生轻视思维过程的培养，在对知识的探究过程中，容易养成似是而非的认知习惯，不利于学生对思维过程的深刻体验，不利于学生在解决问题时发挥灵活性和创造性。

（二）地方本科院校《区域经济学》课程引入研究型教学方法的必要性

研究型教学是指教师以课堂内容和学生的学识积累为基础，引导学生创造性地运用知识和能力，自主地发现问题、研究问题和解决问题，在研讨中积累知识、培养能力和锻炼思维的一种新型教学方法。作为一种新的教育教学方法，研究型教学是遵循当代教育发展一般规律的一种教学模式，其最本质的转变在于使学习者成为意义的积极构建者、研究者，而不是被动的接收者，它提倡学习者积极参与到教学中，并由此带来了更多非预期的学习效果。不仅是一种思想、理念上的更新，更是方法、模式上的创新。它要求在教学过程中体现“研究”的本质特点，侧重的是一种科学研究精神、意识、态度、能力等的培养，最终目的是为了达到创新思维和创新能力的培养，全面提高学生的综合素质。

1．教学内容的时代性

研究型教学提倡采用大量的文献资料，也包括专著等，而不是人手一本的固定教科书。《区域经济学》本身是一个正在发展着的和逐步完善的课程，它要求教师不断地更新自己的知识视野，及时了解学科发展的前沿动态，不断丰富和完善自己。教师在进行课堂教学时，教学内容的设计要体现时代性，做到教学内容与学科发展及经济与社会发展的紧密联系，教学内容与科研课题的相互渗透，教学内容与最新研究内容紧密结合，教学内容与最新科研成果融合，不断丰富更新教学内容，从而带动和推进人才培养质量的进一步提高。

2．教学过程的探索性

研究型教学注重学生敏锐地发现问题、主动地提出问题和积极地寻求解决问题的方法，而不是被动地记忆、理解老师在课堂上传授的知识。因此，《区域经济学》的教学过程中，探究的结论不是通过教师传授或从书本上直接得到的，而是在教师的引导下，学生从本地区域经济发展的实际出发，独立地提出与本区域经济发展紧密相关的研究项目，利用计算机网络技术，通过设计调查问卷、搜集和查阅相关文献资料等方法，鼓励学生自主地寻求解决问题的最佳方式和方法，激发学生的想象力和创造力，并提倡对研究成果的多样化表达。

3．教学目标的多维性

从学生主体进行研究型教学的角度来看，研究型教学的目的主要是为了满足其好奇心和求知欲，为了适应社会对自己的角色期望，为了发展自己的个性、兴趣和特长，为了从中体验成功感和成就感。从国家、学校等教育主体倡导研究型教学的角度来看，教学的目的主要是为了转变学生的学习方式，丰富他们的人生体验，培养他们的健全人格、创新精神和实践能力，使素质教育落到实处。根本目的在于从转变学生的学习方式入手，培养他们的创新精神和实践能力，促进学生个性的健康发展，实现适应时代和促进人的发展的有机统一。

4．教学活动的实践性

研究型教学强调理论与社会、科学与生活实际的联系，引导学生关注现实生活、接触社会生活实际、参加社会实践活动，并关注环境、现代科技对当代生活的影响以及与社会发展密切相关的重大问题，为学生了解社会、增强社会责任心提供了条件和可能。在《区域经济学》的教学中，教师可以带领学生实地考察当地工业园区的区域规划、与当地政府规划部门交流学习、撰写区域经济发展调查报告等方式，通过这些实践活动，增强学生的亲身体验，形成学生的知识习得和能力养成，培养学生的情感态度。

（三）地方本科院校《区域经济学》研究型教学应处理好几个关系

相对于传统的以“教师为中心、以课题为中心和以书本为中心”的传授式教学而言，研究型教学注重培养学生的创新精神和创新能力，融教学、研究与实践为一体，引导学生创造性地发现问题、分析问题和解决问题，在对实际问题的探究中积累经验、培养能力和锻炼思维。作为地方本科院校，运用研究型教学进行《区域经济学》教学时，需正确处理以下几个关系：

1. 正式教程与非正式教程的关系

正式教程的内容相对固定、体系相对单一、形式相对简单，主要以教科书形式存在的教程。与此相对应的非正式教程，内容则相对全面、体系相对灵活、形式相对多样化，存在形式有期刊和论文、研究报告、网络媒介信息等。《区域经济学》课程的正式教程主要是指各院校采用的区域经济学教程，而非正式教程主要包括区域发展报告、调查数据、区域发展蓝皮书、学术论文、统计年鉴等。在区域经济学研究型教学实践中，既要重视正式课程对原理、方法和范式，也要重视非正式教程的有益补充，两者不可偏颇。举例来说，如果不掌握产业结构的基本理论及产业结构的演变规律，那么，在研究某个具体区域的产业结构配置以及提出产业结构政策时，就只能是“盲人摸象”了。反过来，如果仅仅掌握了产业结构的原理及演变规律，没有将原理应用到本区域产业结构的配置和提出产业结构政策建议上来，学生在该问题上会忘了自己的学习使命，使得学习缺乏方向，为“学习”而学习。因此在区域经济学的教学中，一定要将正式教程与非正式教程有机地结合起来，才能体现研究型教学的特色，达到研究型教学的目的。

2. 教师引导与学生自学的关系

教师采用启发的形式诱导学生探索问题，学生主动加强与教师的合作交流，这就体现了因材施教、教学相长的原理。教师不应过分重视外表的威严，而要以渊博的知识和高尚的师德为核心，注重塑造具有亲和力的人格形象。在给学生传授知识时，不是自上而下的“给予”，而是与学生一道去探索，在主观上“分享”他们尚未获得的知识和经验，师生之间共同寻找、探讨、解决问题。互相启发真正体现了以学习者为中心和合作教育的新型师生观。学生自己或在教师的指导下，可以自由选择专业、课程、教师，自己选择设计和研究项目，自己制订学习计划，自己考虑未来发展，培养独立分析问题和解决问题的能力，进一步提高对知识的探索发现能力、实践能力和创新能力。

3. 考核与考试的关系

在长期的教学实践过程中，地方本科院校《区域经济学》课程大部分采取“千人一卷”的闭卷考试，题型单一，考试内容固化。其弊端是明显的，既扼杀了学生自主学习的积极性，又扼杀了学生的创造性。造成学生只关注课本内容，临近考试时“抱佛脚”，而平常学习的时候学习热情不高，主动性不强，缺乏对学生提出问题、分析问题和解决问题等实际能力的考评，不利于学生创造性的发挥。作为一门应用性很强的学科——《区域经济学》需要一个全方位、多手段、多步骤的科学考核体系，而不是单一化的期末闭卷考试。可以建立一个全方位的考核体系，完善以学生为主体、创设真实评价情境和基于学生思维过程的评价方法，例如采取课堂发言与讨论、案例分析、问卷调查、行为观察、师生座谈会、科研论文等多种形式。注重个人评定与小组合作相结合，注重过程评价与成果展示相结合，注重课题探究与课程学习相结合，科学构建多层次、多方面、多维度的评价体系，引导学生自主地、快乐地、创造性地学习。

五、地方本科院校物流设施与设备课程的教学改革探讨

在地方本科院校物流管理专业的教学大纲中，《物流设施与设备》是一门重要的专业基础课。通过这门课程的学习，要求学生了解常见物流设施的分类和功能，并具有熟练使用和维护常用物流设备的能力。许多企业在招聘物流管理专业人才时，都非常看重求职者的应用能力，因此这门课程对于物流管理专业学生的重要性不言而喻。培养学生的哪些应用能力，怎样来培养这些能力是这门课程教学的基本问题。目前《物流设施与设备》课程的教材有很多种，不同教材所涉及的教学内容有较大的差别。另外，这门课程本身具有综合性强、内容抽象的特点，使得教师在教学过程中较难把握，教学效果差强人意；学生在学习过程中觉得晦涩难懂，提不起学习兴趣，学习效果普遍不佳。如何面向物流管理专业学生的能力培养来改进这门课程的教学内容和教学方法，是一个值得研究的问题。

（一）《物流设施与设备》课程教学中的问题分析

1. 教材内容不完善

应用型本科院校物流管理专业开设这门课程的目的，主要是为了培养学生使用和维护物流设施与设备的能力，使学生将来走上工作岗位时，能够运用和维护常见的物流设施与设备，起到提高物流管理过程的效率，降低物流管理成本的目的。目前市场上有《物流设施与设备》的教材大约50余种，大部分教材在内容上主要介绍了物流设施与设备的概念，常见物流设施与设备的原理、功能、分类和使用，而对于其他的内容介绍得很少。从培养学生应用能力的角度来看，目前多数教材的内容还不太完善。

2. 教学难度大

从教材编写的角度来看，这门课程介绍性的内容占绝大多数，且内容跟机械

专业知识相关性强。物流管理专业的学生之前没有学过机械原理、机械设计和机械制造方面的课程，也很少有物流设施与设备的感性认识。要通过课堂教学使得这些枯燥乏味、晦涩难懂的知识让学生接受和理解，教学难度非常大；学生在学习过程中普遍反映涉及机械方面的知识难以听懂，也提不起课程学习的兴趣。

3. 建设实训基地困难

建设校内物流设施与设备的实训基地，让学生实地观摩和操作，是一种较好的提高课程学习效果的方法。然而物流设施与设备种类繁多、更新速度很快，建设校内实验或实训场地，占地面积大、设备购置成本花费不菲。如何构建校内实验实训场地，是一个值得探讨的问题。

4. 建设实习基地条件有限

让学生去校外物流企业实习，通过实习的过程来掌握《物流设施与设备》的课程内容，是一种很好的教学方法。然而建设校外实训基地也有许多限制条件，首先，物流企业追求的是效益，学生去物流企业参观学习物流设施与设备，扰乱了企业的正常生产秩序，一般的企业不太愿意提供这样的机会。其次，单个物流企业使用的物流设备种类有限，不能帮助学生系统地学习课程内容。

（二）《物流设施与设备》课程教学改革的对策探讨

《物流设施与设备》是物流管理专业的一门重要的专业基础课，通过这门课程的学习，应该使学生了解常用的物流设施与设备，并能够合理地使用和维护物流设施与设备，达到提高物流管理的效率和效益的目标。针对上述的问题，可以从以下方面着手该门课程的教学改革。

1. 改进教材建设，完善教材内容

根据这门课程的性质和教学目标，《物流设施与设备》的教材内容应该把重点放在以下几个方面：

①物流设施与设备的概念、类型和运用场所；

②物流设施与设备的保养及维护；

③物流设施与设备运用过程中的安全问题；

④物流设施与设备的合理运用。

现有的大多数教材中对前两个方面的内容介绍得较详细，对后两个方面的内容介绍较简略。安全生产是企业经营成功的前提条件，有关物流设施与设备运用过程中的安全问题，应该在教材中占有一定的篇幅。目前，导致我国物流成本偏高的原因中，物流设施的空置率高、物流设备的利用率低是一个重要原因，因此培养物流管理专业学生合理运用物流设施与设备的能力和意识，具有现实意义，在教材的编写中对这一部分内容应该有所体现。同时在教材编写过程中，应该处处都体现“应用”的原则，对于机械方面的知识，如设备的工作原理，不应作为重点，稍做介绍即可。此外，教材要尽可能全面地附带物流设施与设备的图片和工作视频，以便为学生提供直观的认识，增强内容的趣味性和可接受性。

2. 运用科学的、多样化的教学方法

《物流设施与设备》课程内容多而枯燥，在教学过程中应该根据学生的知识基础和学习兴趣运用科学的教学方法，这样的教学方法可能有很多种，运用教学方法的基本原则是能够增强学生的感性认识和应用能力。首先，可以尽可能多地运用物流设施与设备的图片来演示，形成学生对于物流设施与设备的初步印象；然后，可以通过放映物流设施与设备的工作过程录像来提高学生对于物流设施与设备的认识，了解物流设施与设备的工作场所、操作方法和注意事项。其次，学生能够现场操作物流设备，这样的教学效果无疑是最好的，但是由于教学条件所限，将所有的内容都通过现场操作来进行学习是不实际的。在教学条件允许的前提下，可以让学生通过校内实训基地和校外实训基地，对部分物流设施与设备的现场操作来进行学习，加深学习效果。最后，物流设施与设备的种类繁多，不可能都通过教学过程来进行学习，“授人以鱼不如授人以渔”，可以用一两种典型的物流设施和设备为例，教会学生怎样全面查找和学习该型物流设施/设备的相关知识。

3. 加强校内外实训基地的建设

校内实训基地的建设需要场地和资金，物流设施与设备的种类繁多且更新速度快，在校内建设实训基地，可以有选择性地针对部分典型的物流设施与设备，或者用常规教学法效果不佳的物流设施与设备来进行，这样可以在有效提高课程教学效果的同时尽可能地节省教学成本。与校外企业联合建设专业实训基地，或者直接让学生去企业进行顶岗实习，可以有效地节省教学成本，达到知行合一的教学效果。对于寻找校外实训企业的困难，需要学校有关部门从企业的需求、学

校的需求和学生的需求出发，充分发挥高校的智力资源优势和企业的物质资源优势，根据自身的实际条件，探索建设“校企合作”办学的合适模式。

4．加强教学素材库的建设

对于不能够采用校内外实训基地进行现场操作学习，而且讲解式教学效果也不佳的课程内容，可以通过建设相关内容的素材库来提升教学效果。例如，可以跟生产该型物流设施与设备的厂家联系，获得改型物流设施与设备的工作图片和视频；或者跟运用改型物流设施与设备的厂家进行联系，现场拍摄物流设施/设备的工作视频用于教学。

本文对地方本科院校物流管理专业《物流设施与设备》课程教学中存在的问题进行了分析和总结，并探讨了课程教学改革的相应对策，为在这门课程的教学过程中，有效挖掘校内教学资源、合理利用校外教学资源，达到教师成长、学生成才和校企共赢的目标，实现教材成熟、教法先进和教学相长的效果提供了一定的思路。

六、地方本科院校国际商务谈判课程双语教学探讨

（一）引言

高校的双语教学是指在非语言类课程中使用外文原版教材，用英汉两种教学语言讲授专业课程的教学模式。双语教学的课程目标既注重培养学生通过外语学习专业知识、解决专业问题的能力，又注重提升学生的外语水平。目前，我国高校双语教学中使用的第二语言或外语主要是英语。因此，本文涉及的双语教学是指中英双语教学。

随着改革开放的进一步深入，我国中西部地区劳动力市场对具有双语能力的经管类应用型人才的需求越来越大，而为地方经济发展培养高级应用型人才是地方高校的主要社会责任。国际贸易专业是我国高等学校培养应用经济学人才的一个重要专业，承担着为我国对外开放培养具备经贸理论及应用能力人才的重任。地方高校以培养应用型人才为主要目标，其国际贸易专业人才培养定位是培养能够胜任涉外经济工作的应用型人才。国际商务谈判能力是国际贸易专业人才的一项必备能力，而具备双语能力是实现国际商务谈判的关键。合格的国际贸易专业人才不仅要掌握扎实的国际商务谈判理论与技能，还要具备坚实的双语能力。作为国际贸易专业核心课程的国际商务谈判课程应该采用双语教学，以达成上述人才培养目标。

2007 年，教育部颁布《关于实施高等学校本科教学质量与教学改革工程的意见》，鼓励高校开展双语教学，推动双语教学课程建设，探索有效的教学方法和模式，切实提高大学生的专业英语水平和直接使用英语从事科研的能力。自此，各类高校的双语教学迅速发展，但地方本科院校双语教学进展缓慢，究其原因，一方面是地方高校对于劳动力市场对双语人才需求增长认识不足，另一方面是地方高校受到师资水平、学生能力及其他办学条件的限制。因此，本文试图从国际商务谈判课程双语教学视角，探讨当前地方高校双语教学存在的问题，并提

出相应的对策建议。

（二）国际商务谈判课程双语教学存在的问题

1. 师资素质

国际商务谈判课程双语教学不仅要求教师具备扎实的专业知识，同时要求教师具备较高的英语听、说、读、写、译水平。对于绝大部分只经过大学综合英语教育，未经过系统英语教育或培训的高校专业课程教师而言，他们并不具备全面的语言能力，这导致双语教学在实践中很难开展。由于专业课程教师英语语言能力的欠缺，部分高校尝试用英语专业教师取代专业课程教师进行双语教学，但因英语专业教师不具备系统的专业理论与实践知识基础，且缺乏专业课程教学经验积累，结果专业课就成了英语语言课，专业理论与实践知识的讲解浅尝辄止，无法深入，学生对课程内容的掌握就只能一知半解，教学目标不能有效达成。综上，师资素质成为制约国际商务谈判课程双语教学的重要因素。

2. 学生英语能力

韩建侠、俞理明的研究表明，如学生的 CET－4 成绩为优秀等级或 CET－6 为合格等级，就可从双语教学中受益。也就是说，国际商务谈判课程双语教学要想达到预期的教学目标，要求学生具备相应的英语语言能力，否则，双语教学效果很难彰显。地方本科院校学生的英语能力与教育部直属重点高校学生存在较大的差距，地方本科院校学生 CET－4 和 CET－6 的通过率相对较低，其主要原因：一是地方本科院校学生大学入学英语成绩相对较低，且良莠不齐；二是学生英语能力不全面，阅读能力尚可，听、说、写、译的能力较差；三是英语教师的素质有待提高；四是师资配备不足，大班授课情况较多，英语教学效果不佳。尽管国际贸易专业对学生的英语能力要求较高，但并没有对学生入学的英语成绩有特别要求，学生的英语能力与其他专业的学生比较大致相当。综上，地方本科院校学生英语能力不足成为制约国际商务谈判课程双语教学的又一因素。

3. 教材选用

要实现国际商务谈判课程的教学目标，教材选用是关键。目前，国内可供选用的教材类型主要有国外引进的教材和我国学者自编的教材版。两种类型的教材各有其优缺点，引进版教材内容全面、前沿、语言规范，且能做到理论联系实际，但其语言难度往往较大，且案例大多引自国外的国际商务谈判实践，增加了教师教学及学生学习的难度；国内学者自编的教材语言难度相对适中，且编者了解国内教师与学生的需要，对专业词汇、语汇都会进行适当的注释，便于教师教学与学生学习，但教材内容体系完整性、前沿性及语言的规范性都有所欠缺。因此，双语教材选择的有限性成为妨碍国际商务谈判课程双语教学开展的又一因素。

4. 教学方法

教学方法对教学目标的实现至关重要，国际商务谈判课程双语教学也不例外。只有选择的教学方法与专业人才培养计划、课时计划、学生语言能力、双语教材等相匹配，才能达到预期的教学效果。由于专业人才培养计划、课时计划、学生语言能力、教学设施、教材等的限制，在当前国际商务谈判课程的双语教学实践中，传统讲授式教学法运用较多，案例教学法、探讨式教学法没有得到普遍运用，导致教学过程中师生互动较少，教师对学生学习效果缺乏有效反馈，学生学习主动性、积极性未能有效激发。综上，教学方法相对单一导致国际商务谈判课程双语教学效果不佳。

（三）对策与建议

1. 提升师资素质

一是根据承担国际商务谈判课程所需的师资知识结构及技能结构，进行有针对性的培训。对于专业知识功底扎实英语语言能力不全面的教师，可选派到国内外语类院校，参加有针对性的双语教学语言能力提升培训；对于具备英语专业教育背景，但国际商务谈判知识不足的教师，可选派到国内水平较高的商学院或专门的商务谈判培训机构进行专业知识提升培训。二是在新教师引进过程中，注重引进那些既具备国际商务谈判专业知识及实践经验，又具备全面英语语言能力的教师。

2. 提高学生英语言能力

一是招生应有英语单科成绩要求。计划开设国际商务谈判双语课程的专业，招生分数线除总分要求外，还应有英语单科成绩要求，这样将有助于大学英语教学及双语教学的开展。二是强化英语教学。计划开设国际商务谈判双语课程的专业或班级应单独制订英语教学计划，增加英语课时，培养学生全面英语语言能力。三是实行淘汰机制。对经过强化教学仍然无法达到相应英语语言能力的学生，在开设双语课程前进行淘汰，分流到未开设双语课程的专业或班级。

3. 改进教材选用

一是对于国外引进版教材，应尽量选用语言难度适中、国际商务谈判理论及实践前沿、使用案例较为国际化的教材。二是地方高校应加强与以英、美等国高校为主的双语教材编写国际合作，使所编写的双语教材既适应我国国情，又紧扣学科理论与实践前沿，且语言规范，从而增强教材的适应性。

4. 创新教学方法

教师在进行国际商务谈判双语教学的过程中，应根据教学内容的不同，采用不同的教学方法。一是对于理论性较强的内容，主要采用传统讲授式的教学方法，且在讲授过程中以英语讲解的同时，应以中文进行适当解释与补充，让学生对所授内容理解更充分、更明白。二是对于实践性较强的内容，应更多地采用案例教学及问题探讨式的教学方法，增强学生的参与性与积极性，培养分析问题与解决问题的能力。

七、地方本科院校国际贸易专业课程改革探讨
——基于创新创业人才培养

（一）引言

据最新统计，2014 年我国高等教育普通本专科毕业生数为 659. 37 万人、其中本科毕业生数为 341. 38 万人、专科毕业生数为 317. 99 万人。本专科毕业生数比 2013 年增长 3. 23%，其中本科毕业生数增长 6. 69%、专科毕业生数略微下降 0. 24%。面对因产业结构调整等因素引致的经济增速下行，新增就业不足的宏观经济环境，广大毕业生的就业压力可想而知。因严峻的就业形势，各级政府、各类高校采取各种措施，鼓励广大毕业生积极投身创业，以创业带动就业，经过数年努力，取得了不错的成绩。据麦可思 2013 年中国大学生就业报告显示，2012 届大学毕业生自主创业比例达到 2%，比 2011 届的 1. 6% 高出 0. 4 个百分点，比 2010 届的 1. 5% 高出 0. 5 个百分点。尽管数据显示选择创业的毕业生占比仍然较低，但却显示出积极发展的态势。诚然，政府政策、高校人才培养、社会氛围等都会影响广大毕业生创业积极性，但高校毕业生是否具备创新精神、创业意识及创新创业能力与高校人才培养目标、专业设置、课程设置、课程内容、课程实施及课程考核等息息相关。因此，本文试图基于创新创业人才培养视角，从当前地方本科院校国际贸易专业切入，分析国际贸易专业课程存在的问题，在此基础上对专业课程改革进行探讨，借由课程改革，使地方本科院校所培养的国际贸易专业毕业生具备创新精神，增强创新意识，提高创新创业能力。

（二）当前国际贸易专业课程存在的问题

1. 课程设置

高校课程设置是实现高校办学指导思想、办学理念、人才培养目标及培养规

格的集中体现，是保证人才培养质量的关键环节，是高校教学改革的突破口。高校课程设置首先要考虑生产力及科技发展的水平，其次要考虑社会发展的需求，再次要考虑知识的更新，最后还要考虑学生健全人格培育需要及身心全面发展需要。当前地方本科院校国际贸易专业课程设置存在如下主要问题：一是重必修课，轻选修课。表现在很多地方本科院校国际贸易专业由通识课、学科基础课及专业核心课所组成的必修课学时比达到将近90%，学分比超过80%。二是重理论课，轻实践课。表现为地方本科院校国际贸易专业理论课学时比与学分比都占到将近70%。三是忽视课程间的内在联系，课程内容重复现象时有出现，既占用了课时，又不利于教师教学及学生学习积极性的激发。例如，国际经济学与国际贸易学及国际金融学两门课程部分内容重复，国际技术贸易、国际服务贸易及国际经济合作三门课程，其主体内容与世界贸易组织教程这门课程内容也存在重复现象。四是未设置创新创业课程。

2. 课程内容

高校课程内容应服从并服务于人才培养目标与课程目标，是人才培养目标及课程目标得以实现的载体与保障。地方本科院校国际贸易专业课程内容存在的问题主要如下：一是理论性与实践性的矛盾。其具体表现为课程内容理论性有余，实践性不足，充斥理论知识的讲解与论证，缺乏理论与实践的有机联系。二是知识性与技能性的矛盾。其具体表现为课程内容强调对知识的理解与记忆，缺乏对技能的培养。三是稳定性与动态性的矛盾。其具体表现为课程内容的稳定性有余，动态性不足，课程内容陈旧，缺乏前沿性与前瞻性。四是缺乏创新创业相关内容。表现为国际贸易专业课程的相关内容没有与实践要解决的主要问题进行对接，不利于引导学生运用所学知识思考现实问题的解决办法，当然也不利于在教学中培育学生创新精神、创业意识与创新创业能力。前述地方本科院校国际贸易专业课程内容存在的问题，不利于学生学习兴趣的激发及分析问题与解决问题能力的培育，妨碍创新创业人才培养。

3. 课程实施

课程实施即将规划的课程付诸教学实践，以实现课程目标进而实现人才培养目标的过程。课程实施的形式主要包括课堂教学、实验教学、实践教学、课外活动、社团活动。课程实施的空间范围既可以是校内，也可以是校外企事业单位，甚至可以是国外院校或企事业单位。课程实施效果影响因素较多，概括起来主要有课程管理者、课程规划者、课程实施者、课程参与者及课程实施的硬件环境条件。就当前地方本科院校国际贸易专业而言，课堂教学及实验教学依然是课程实施的主要形式，实践教学重要性尽管不断得以强调，但由于缺乏广泛开展的资源条件，往往流于形式，课外活动及社团活动的组织及资源投入仍有待加强，教师及学生参与积极性依然不高，且上述各实施形式中，教师的主体性有余，学生的主体性不足，没有坚持实施过程中的问题导向、实践导向及创新创业导向。在课程实施空间上，由于地方本科院校资源有限，实施空间绝大部分仍以校内为主，偶有少量校外教学活动作为补充，无助于学生在实践中发现、分析及解决问题等的创业创新能力的培育。在课程实施影响因素上，课程实施者教师，由于配备不足，教学任务承载过多，高质量实施教学精力难免不够，缺乏必要的时间思考如何在日常课程教学中融入创新创业内容，且国际贸易专业教师构成中，绝大部分除教学外鲜有其他校外企事业单位等社会工作经历，教师这一与实践相脱节的特点，往往使其难于敏锐并准确把握有待解决的现实问题，在指导学生实践教学中往往心有余而力不足，不利于在实践教学环节培育学生创新创业能力。至于课程参与者学生，由于长期受填鸭式教育毒害，学习自主性不足，缺乏思考习惯与思辨能力，动手能力严重缺乏。课程实施硬件环境条件包括教学设施、仪器设备、实践教学基地建设等也有待进一步增加投入。

4. 课程考核

课程考核既是对教师教学效果的评价，又是对学生学习结果的检验，恰当的考核内容与考核方式，既能帮助教师修正教学，又能帮助学生改进学习，是促进教育教学、实现人才培养目标的重要手段。高校课程考核应有别于我国义务教育阶段及高中教育阶段主要偏重对知识掌握程度的考核，考核不应以识记性的内容为主，考核的形式也应多样。遗憾的是，当前地方本科院校及其国际贸易专业课程考核内容仍然以偏重知识掌握程度的识记性内容为主，考核方式仍然以封闭式课堂闭卷考试为主。上述课程考核内容及考核方式忽视了高校课程特点及课程目标，违背了高校人才培养目标，不利于学生发现、分析、解决问题能力的培养，更妨碍了学生创新精神、创业意识及创新创业能力的培育。

（三）对策与建议

地方本科院校国际贸易专业课程存在的上述问题，不利于为区域经济及社会发展培养创新创业人才，有必要进行如下改革。

（1）调整课程设置，增加创新创业课程

首先，要紧紧围绕国际贸易专业创新创业人才培养目标及创新创业人才培养特点进行课程设置调整，要将创新创业课程作为通识课、必修课，并分配足够课时，要明确创新创业课程目标，科学规划课程内容。其次，要针对国际贸易专业的专业课程内容部分重复现状，组织专业教师进行研究，合并相关课程，对于内容重复过多的课程，要坚决撤销，为创新创业课程腾出必要课时。最后，要研究增加应用性好、实践性强、契合学生个性发展、对培育学生创新创业能力有益的专业选修课程。

（2）变更课程内容，融入创新创业知识

一是国际贸易专业的专业基础课经济数学、政治经济学、经济学、管理学及专业核心课国际贸易、国际经济学、国际市场营销、统计学等课程内容，都应坚持理论与实践并重，培养学生理论联系实际的能力，培育学生发现问题、分析问题、解决问题的能力。二是专业基础课、专业核心课要尽可能增强创新创业导向，增加创新创业内容。三是专业方向课及专业拓展课则必须以创新创业内容为主导，以培养学生创新创业能力为目标。

（3）改进课程实施，增强创新创业人才培养效果

一是要积极拓展课程实施的空间范围，坚持校内与校外并重，除应加大对实验教学软硬件设施投入外，还应坚持与校外国际贸易相关企事业单位开展合作，扩大实践教学基地。二是课程实施中应坚持理论教学、实验教学与实践教学，应以学生创新精神、创业意识、创新创业能力培育为依归的“三位一体”理念，真正将学生创新精神、创业意识及创新创业能力培育内化为国际贸易专业一切课程实施之魂。三是明确国际贸易专业教师创新创业教育责任，强化教师创新创业教育能力建设，通过培训、进修及到企事业单位挂职锻炼等方式，不断提升教师的创新创业教育能力。四是广开渠道，创新机制，扩大国际贸易专业教师来源范围，通过聘请国际贸易相关企事业单位专业人员担任专业课的兼职教师、实践导师，弥补校内专职教师实践经验欠缺、问题意识不足、解决实际问题能力偏弱等不足。

（4）改进课程考核

考查创新创业能力改变国际贸易专业课程考核内容，将考核重点由重知识掌握转变到重知识运用、重分析问题及解决问题的能力上来；改进考核方式，积极探索适合国际贸易专业课程特点，且能考查学生创新创业能力的多元考核方式，要改变标准答案式考试，积极探索非标准答案式考试。

八、管理会计在高校财务管理中的运用

信息系统运行是管理会计运行的基础，以高校发展为服务对象，管理高校的经济活动。在我国，管理会计虽然取得了一定的成果，但在实施过程中还存在着许多问题，例如，管理会计的理论和实践体系结合的还不够融洽，有待提高。需要将理论落实到实践工作中，才能更好地管理高校财务。

（一）高校财务管理中存在的问题

（1）高校财务管理中制度的问题

高校的投资者是国家，国家的资金投入是高校发展的渠道，而且是无偿的投资，资金下达到各个高校手中后，就交由高校自行管理和调控。我国现如今还没有对投入高校的资金进行明确的使用规定，所以高校在资金的管理和监督方面没有严格的要求，不对财务进行管理，导致财务管理功能的丧失。

（2）没有完善的评价体系

随着社会的快速发展，我国高校的规模也在不断地扩大，高校也不断地加入了市场经济，随之，高校的经济活动不断地增加，而且种类丰富，对于财务管理是一个巨大的挑战。面对这样的局面，高校的管理会计和财务分析内容越来越重要，高校也对财务进行统一的指标设定，但是其中还是缺乏效益和速度方面的要求，不能符合当今高校发展的要求。财务分析在高校的财务工作中还没有受到足够的重视，财务分析是提高高校财务管理水平和效率的关键，没有受到相关的重视是财务工作的缺失。由于管理工作的缺乏，导致没有形成完善的评价体系，直接影响了高校财务管理作用的发挥，阻碍高校的发展。

（3）没有完善的财务运行机制

高校财务现有的制度是绝对服从高校领导的指示，直接听命于高层领导的决定，不考虑高校的发展情况，这种情况直接导致财权分配的矛盾。高校财务管理中主要存在财务管理制度不完善、个人追求自身利益等问题。我国的高校财务决定权都在高校的高层领导手中，没有将财务责任制落实到个人或者部门的身上，没有实际的意义，就无法发挥相应的作用，而且在使用的审批中，没有将支出与收入进行考虑，不能确保高校的稳定发展。

（二）管理会计在高校财务管理中的具体应用

（1）管理会计在高校投资决策中的应用

由于我国的高校正处于不断扩招的阶段，对于投资方面有了更大的需求，财务管理起到了非常关键的作用，能够提高资金的利用率，降低投资风险和成本。投资决策的重点在于时效和风险，资金在使用中具有时间价值，在投资计算中应该讲时间因素考虑在内，对资金进行统一时间的计算，才能得出更精确的结果。然后将投资时间和风险纳入管理会计中，进行决策分析。主要对风险和回报进行对比，达到投资的目的。投资具有周期长、风险大、环境多的特性，所以决策一旦失误，就会对高校的财务造成非常大的影响，所以，在决策前需要对投资进行科学化的有效分析。高校投资需要从长远的角度考虑，做出合理的策划，对实施中的财务进行核算，确保投资项目能够顺利地实施。

（2）管理会计在高校预算管理中的应用

我国高校财务管理中的首要问题是：没有形成预算管理意识。国家的资金投入是高校的资金来源，高校可以无偿使用这些资金，导致许多高校对于无偿使用的资金进行不合理的使用，在没有合理计划的前提下进行使用，降低了资金的使用率，所以造成这种轻易的主要原因是没有预算管理意识，监管机制还不完善。就算有预算意识，预算机制还不完善，缺乏科学性。许多高校没有相应的激烈机制，没有对预算起到有效的约束，应该建立一套完善的绩效机制，对于节约资金的预算提出者进行相应的奖励，鼓励财务工作者的热情，而现实并非如此，对于预算资金不足的情况，一味地进行资金追加，对于财务管理的随意性较大。没有健全的管理机制和评价机制，监管也处于缺失的状态。高校的改革对这样的问题进行规范，将预算管理落实到工作中，结合高校的发展情况，以年度为单位进行财务预算工作，采取科学化的管理方式。无论采取任何方法都需要认真地对于回报与支出进行预算，进行科学化的财务分析，在预算中需要结合高校的实践情况进行思考，严格地把控资金的流动，与高校中的各个部门进行紧密的合作，提高工作效率。

（三）高校推广应用管理会计的途径

1. 在高校财务管理部门设定管理会计信息系统

管理会计的应用为高校财务管理带来了有价值的决策信息，满足了高校的发展要求，确保了高校的发展。管理会计主要是通过数学分析和数学公式对财务信息进行核算，过去的传统方式无法达到这样的效果，但在高校财务管理中，信息化的引入，却提高了高校会计业务的效益。

2. 改变传统的管理观念，建立优秀的管理会计队伍

由于我国高校管理会计良莠不齐，管理会计的发展无法顺利地实施，造成这样后果的主要原因是，高校领导缺乏先进的思想、管理会计人员的专业素质缺乏。想要改变这样的情况，需要提高高校领导思想，改变传统财务管理模式，对会计人员提出更高的要求，积极地投入到财务决策中。在财务理念的实施过程中，需要将理论和实践进行更好的融合，鼓励创新，建立业务扎实、灵活性强、观念新的会计队伍，确保高校财务管理事业的顺利发展。对于财务人员的业务进行规范，从大局的角度考虑，对财务决策进行分析，将管理会计的理念落实到实际的工作中，提高资金的利用率。

3. 结合高校的实际情况完善管理会计理论

随着社会经济的发展，管理会计在实施的过程中，实践问题不断地凸显，想要提高管理会计在高校财务管理中的应用，需要从高校的实际情况进行考虑，重视实践性，对于不足的问题进行改革。

结束语：高校的财务管理是高校发展的基础，确保高校的稳定发展，管理会计需要结合高校的实际情况，对财务状况进行分析，由于高校财务管理受到多方面的约束，需要高校各个部门的共同努力，才能将管理会计更好地落实到高校财务管理工作中。

第二章

课堂教学改革与创新

一、高校微课教学应用研究——以《物流设施与设备》课程为例

随着“现代信息教育技术”不断的深化发展，高等教育数字化、信息化、网络化的变革趋势日益显著。研究学者已经从中小学层面对微课进行了探索与尝试，而微课在高校的研究则相对较少，特别是结合具体学科专业的针对性实践与应用则更少，比如物流管理专业。《物流设施与设备》作为物流管理专业的核心课程具有较强的应用性和实践性，而知识点涉及大量概念、方法和实际操作等内容。要让学生在有限的课时内既能懂得专业理论知识，又能结合实践进行操作和问题分析，这就需要充分发挥学生课堂外的思考与实践，提高学生自主能力，仅靠传统的教学方法难以达到预期的效果，且容易使学生产生枯燥、厌学情绪，这是教学改革面临的重要问题。因此，通过合理的规划和设计，合理选取学科知识点，将其微课化并建立起适用于学科专业的课程教学体系将具有相当的价值。

（一）传统物流管理专业教学存在的问题

1. 网络教学资源有效性利用不足

现代网络社会的发展，信息技术越来越大范围地深入到教学过程中，教师的教育技术能力不断延展，水平也较之以前提高很多，网络上每时每刻都有新的教学资源上传，网络的教学资源相对以前更加丰富，可是我们也看到真正适用好用有效的教学资源却不多，利用率也不高。究其原因，目前很少看到以学科专业为基础的系统教学资源库，更多的是一些零散杂乱的资源，分散了教师的精力，效果却不甚理想，教学资源大部分以一课时或者一个单元为单位，既占空间又需要较长的时间去学习，课程视频的时间以 40 分钟为标准，教学重难点不够突出，时间太长，学生会有疲劳感，这就使得资源利用有效性大大降低。

2. 微课教学应用没有形成体系化

目前，“微课”作为一种新型学习资源在国内外基础教育中已有较多应用探索，并在促进自主学习和配合“翻转课堂”教学等方面发挥了积极的作用。相对而言，把微课与高校物流管理教学相结合的实践和研究相对较少，教学手段落后，特别是针对具体学科专业的特性，进行系统化应用研究就更少了。因此，以《物流设施与设备》为载体，探索微课与高校课程教学的有效结合，研究微课在设计、开发、应用等方面存在的问题，以便更好地调整和把握设计、开发与应用物流管理专业微课应用方向。

3. 有限课时不足以应对知识快速更新的需求

目前，高校向应用型方向转型，这就要求其面向区域或行业发展需求，培养技术技能型人才，因此在课程教学内容的比例上，加大了实践教学比重，理论课时会相对减少。而与此同时，物流管理行业发展迅速，跨境电商、移动互联网、物流设备自动化与智能化等新生概念将颠覆传统的物流管理知识结构，物流管理企业对人才的需求提出了更高的要求，物流管理专业的学生要想适应市场的需求，必须掌握科学的技术方法和顺应行业变化的操作管理能力，学生应具备的知识容量与有限的课时分配产生了矛盾。

（二）微课程的开发与建设

1. 确定课程开发目标

微课建设的目的是提高师生之间的教学实效性。通过制作优质的微课，帮助学生提高学习的兴趣和主动性。最终目的是组织教师建立起各学科专业的微课资源库，并对资源库进行定期更新与维护，彻底弥补课前教学环节的缺失与不足。

2. 梳理课程知识理论

主要通过研究现阶段大量有关微课程的文献资料，厘清微课在高校教学中的应用，分析物流管理专业微课程的研究现状。为了规避无序和重复开发课程，要按照课程标准结合教材对微课程知识理论建设进行总体规划，形成规范化体系，确定建设方案和进程。课程知识理论规划是微课程开发的一项重要工作，组织高校物流管理专业教师和物流企业专家，共同确定物流管理课程的知识点脉络，共同规划与设计课程内容。

3. 设计课程教学环节

从《物流设施与设备》中，选取若干合适的专题，充分利用微课的特点，将各个专题制作成微课的形式，时间控制在十分钟以内，以此作为课前环节的重要环节，课堂上围绕该专题内容着重解决重难点问题，在课后制作在线测试类微课检验学生的学习效果，形成课前、课中和课后的闭环教学效果。

4. 组织微课程开发制作

微课内容开发是一个较为复杂的系统工程。其开发过程需要用到相应的微课制作软件，目前市面上制作软件多种多样，考虑到教师的多媒体制作水平，要注意选取简答而又快捷的技术。微课资源建设为了能确保其质量，一般要经过前期宣传、选题设计、技术培训、课例拍摄、后期加工、审核发布、在线报送、评价反馈等环节。其建设模式分为“原创性开发”和“吸收消化式开发”两种，前者是面向学校和机构，而后者是面向教师个人。

5. 搭建信息化教学平台

微课资源建设、共享和应用的基础和载体是微课平台。平台功能要在满足微课资源日常管理和建设的基础上增加便于用户研究和应用的功能模块，从而一站式完成微课建设、应用、管理和研究的教学过程。

(三)《物流设施与设备》微课教学

1. 课前视频类微课导入

教师在上课前 3 ~5 天制作一个关于课堂教学的一个知识点微课视频，例如，本次课利用 CamtasiaStudio 交互式微课制作软件制作时长 8 分钟的出入库操作微视频，通过视频详细讲述出入库涉及的物流设备、作业流程和方法运用，并通过微视频布置课前的作业和思考题，提前将它发送到 QQ 群。学生利用碎片化时间完成微视频观看，学习知识点，完成所布置的任务并进行思考。这样可以调动学生学习的积极性，让学生带着问题学习。

2. 课堂专题讨论

课堂上首先检查学生学习情况，包括课前作业完成情况和学生的思考，根据检查情况，发现学生学习和思考的效果，并对学生提出的疑问进行解答，当然课堂上主要用来讲解难点和重点，在这个过程中师生的互动效果会非常好，因为前期已经对所要探讨的课题做了预习和准备，所以这就避免了课堂教学陷入知识点的堆砌，而缺乏思考与提升，相反，它着重围绕知识点挖掘其深度和广度，提高运用知识点的能力。

3. 课后测验类微课检验

课后主要用来检验教师的教学效果，可以借助 QuizCreator 在线测验技术，将本次课涉及的内容以测验的形式检查学生的学习效果，运用在线测验可以方便学生完成任务，并可以将测验结果反馈给老师。课后每个学生根据自己的学号登录网站完成测验试题，老师可以在线查看学生的测验结果，并做出反馈，并在下次课当中提出来，达到教学过程闭环化。

二、基于大数据理念的翻转课堂教学实践改革研究

（一）问题探讨

大数据是指蕴含有效价值但不易被挖掘、管理和处理的海量复杂数据集合。大数据呈现出数据量大、来源广泛、不易抓取、数据种类繁多并且有结构化数据、半结构化和非结构化数据并存的特点。大数据处理对数据信息的真实性和有效性要求较高。大数据技术就是要运用智能分类等数据挖掘技术从海量复杂数据中抓取有效信息。大数据理念就是运用大数据思维来解决现实问题的一种解题思路。

李文莲等人（2013）指出大数据是一种新生活方式的一种代表，改变了消费者的需求内容、结构和方式，并为企业发现价值、创造价值和解决问题提供了一种新的思路和方法，迫使或者引导企业优化业务流程，创新商业模式：倡导客户价值创新、业务流程创新和收益模式创新。大数据为课堂教学实践改革提供了可供参考和借鉴的方向，抓住学生价值需求、优化课堂教学内容和过程，改进学生学业考核评价体系，倡导学生个性化发展和成才。

Siemens G 和 Long P（2011）指出未来高等教育变革朝着灵活的课堂设计和创新的视觉表现发展，而其中最为关键的在于大数据的分析与运用，透过大数据分析，掌握学生学习进度与表现，帮助教育工作者根据变化调整教学方式或方法，从而改进教学和提高学生学习水平，同时有利于学习者掌握自己在同龄人中的位置，起到促进和激励的作用。

翻转课堂是指调整课堂上下内外时间，课下完成学习任务，课上与教师和同学互动交流解决问题，将学习的主动权由教师转移到学生的一种教学模式。

赵兴龙（2014）指出翻转课堂主要是通过教学过程调整来分解知识内化难度，增加学习次数，提高学习者对知识的获取能力。他将翻转课堂的过程划分为三个阶段：一是问题引导，二是观看视频，三是解决问题。而翻转课堂的好坏主

要取决于微视频的制作技术、课前课后课中的流程教学质量以及持续系统的学习环境。

刘小晶等人（2014）指出翻转课堂的成功与否在很大程度上取决于教师与学生、学生与学生之间的互动交流程度。大数据技术的日益成熟为改进翻转课堂，加强师生之间和学生之间的互动提供了技术和理论指导，基于大数据理念的翻转课堂教学改革是未来教育发展的方向之一。

伴随着大数据技术的逐渐成熟，大数据被应用于各行各业，人们的日常生活越来越离不开大数据的支撑。如何改进传统课堂教学，优化翻转课堂内容和流程，是本文教学改革需要解决的重要问题，本文基于大数据理念的翻转课堂教学实践改革展开探讨和研究。

（二）基于大数据理念的翻转课堂教学实践改革探索

1．基于大数据理念的课堂教学价值理念创新

基于大数据理念的课堂教学价值理念创新强调把握课堂教学规律，紧跟时代脚步，变革传统课堂教学模式，提高课堂教学水平，鼓励学生个性化发展和创新创优。大数据本身蕴含着目标对象的潜在信息，传递着事物本身的发展状况和趋势，是分析事物发展变化规律的基石。传统教学课堂往往通过课堂提问、平时作业和测验以及期末测验等方式来测验学生的学习状况，虽然可以在一定程度上掌握学生学习进度和状况，但缺乏及时性和全面性，无法掌握学生情绪变化，无法了解学生真实的想法和思维，为进一步提升课堂教学质量造成了一定程度的阻碍。如何洞悉学生的真实想法和课堂学习需求是课堂教学改革的重中之重，直接关系学生的学习积极性和有效性。基于学生日常课堂内外的学习交流数据使教师及时获得学生的真实学习需求和意愿成为可能。借助互联网通信交流平台，通过学生课后学习记录和课堂回答问题和交流讨论学习的数据信息来综合评价和跟踪每个同学的学习进度和参与积极性，从而有助于掌握学生的真实数据信息，进而有助于提高课堂教学质量和学生的学习热情。学生在课堂教学网络平台留下的足迹、点击、留言和评论等能够客观上反映学生学业状况和内心的真实想法和兴趣点。

与传统课堂教学强调课堂知识掌握不同，基于大数据理念的课堂教学强调学生兴趣，注重学生偏好和意愿，鼓励学生有独创性的学习体验和自我约束和学习

的能力，教师仅起监督和引导的作用。根据学生日常课堂内容的数据信息对学生进行细分，根据兴趣、爱好和专长来分配课堂任务，鼓励学生相互合作共同完成课堂任务，教授学生基本知识的同时提高学生的团队合作精神。日积月累的大数据会越来越能够反映出学生的真实学习需求，引导学生培养自我爱好和兴趣。学生日常的兴趣、爱好、价值观、学习方式和沟通方式等都能够通过数据呈现出来，从而利用这些数据特征来对学生进行有针对性的细分。

大数据的多来源、及时快速等实时个性化特点，为人们提高对事物的综合分析能力提供了支持和帮助，能够快速、即时、精准、动态地把握事物的发展规律和变化趋势。运用大数据理念改革传统课堂教学，解决教师和学生之间沟通困难的症结，提高学生自由开放的个性化自我学习能力。

2. 基于大数据理念的课堂教学流程和内容创新

基于大数据理念的课堂教学流程和内容创新强调课堂教学过程更加符合学生学习的基本规律，借助互联网大数据技术和理念更新教学内容，提高学生学习兴趣。大数据技术日渐成熟，正在改变着生活中的方方面面。大数据技术作为一种基础工具，能够释放巨大的变革力量，改变人们对事物的传统认知，优化变革传统的业务流程。传统的课堂教学亟须适应时代和技术的变革，优化教学内容和教学流程，注重学生个性化学习和发展，以培养创新性人才为首要任务。互联网每天都以数以百计的级量生成数据，课堂学习已经不是学生求学求知的唯一途径，甚至网络课堂知识远远好于部分教师课堂的讲解。传统课堂教学必须顺应时代潮流，亟须变革，优化教学内容和流程。基于互联网的翻转课堂，改变了传统的课堂教学流程和模式，将课堂内外、网上网下学习结合，采取课下网上学习和课上网下交流讨论的新型模式，大大提高了学生课堂学习效率和效果。如何掌握学生学习进度和知识掌握程度，成为翻转课堂教学改革的重点。大数据技术的出现为解决这一问题提供了技术支持。传统以课本知识为主的课堂教学，普遍存在知识信息陈旧问题，对学生学习的积极性产生不良影响，基于大数据理念的课堂教学内容创新，强调课堂知识的前沿性和实用性。借助开放的互联网平台，收集和获取最新的专业知识，吸引学生的注意力，提高学生兴趣，优化课堂教学内容安排。通过采用最新的移动互联网平台，架构师生移动教学平台，记录课堂内外师生互动交流数据，根据学生兴趣和学习进度等变化跟踪学生学习动态，有针对性地进行动态教学内容和流程改革，最大限度调动学生学习的积极性。翻转课堂通过翻转课堂教学流程，分解课堂教学内容和知识难度，增加知识内化频率，促进学生快速理解和获取知识和分析学习问题的逻辑思维。

3．基于大数据理念的课堂学习考核评价体系创新

基于大数据理念的课堂学习考核评价体系创新强调学生学习过程的数字化和教师管理课堂的智能化。翻转课堂从本质上说相当于传统课堂的课前预习，不同的是翻转课堂强调课前使用在线视频学习的方式来加强和引导学生学习，大大提高了课前的预习效果，而且课堂上不仅仅只是课本知识的重复和简单评说，而是将学习的主动权交给学生，教师起到抛砖引玉的作用。然而课前在线网上学习缺乏监督和约束，如何能够让学生完成课前所需的基本任务成了翻转课堂的重要前提。课前学习是翻转课堂的重要前提，课前学习的好坏直接影响到翻转课堂的课堂教学效果。大数据理念强调通过数据来表现和监督事物的发展变化，采用大数据技术跟踪学生课堂内外学习状况，加强翻转课堂的监管和约束，驱动学生学习的自主性。

依据大数据理念，借助移动互联网平台技术搭建师生教学交流学习平台，跟踪学生在平台上的阅读、作业和交流数据信息，能够快速直接生成有效的数据信息，学生通过师生交流学习平台学习互动来获取平时成绩加分，作为学期综合测评成绩的重要参考标准，从而促进学生主动学习交流的动力。通过日积月累产生的数据信息可以客观有效地反映学生最新学习动态，掌握和了解学生课堂学习状况，为优化和改进课堂教学质量提供最直接的数据和技术支撑。

在遵循知识内化和遗忘规律的基础上，教师根据平台和课堂数据信息反馈结果，动态了解学生学情变化，及时有效调整课堂内外教学策略，并能够及时查看变革效果，做出针对性的调整和优化。

（三）基于大数据理念的翻转课堂体系框架设计

大数据时代的到来，改变了各行各业的生态布局、运作流程和模式，教育领域也不例外。教育改革面临前所未有的严峻形势，大数据技术的成熟运用为课堂教学改革提供了技术支持。为了解决传统课堂教育模式的不足，我们运用大数据理念和技术架构了基于大数据理念的翻转课堂体系，如图 2－1 所示。翻转课堂强调课前在线平台的学习和交流，为课堂教学指导和讨论奠定基础，课堂教学不再是简单的教师课堂讲解，更加强调学生的主动参与和主动思考，教师起到引导的作用，帮助学生解决课堂内外的知识要点，鼓励学生有独到的自我见解和创

新，课后鼓励学生学习最新最前沿的相关知识要点并完成适量的开放性课后作业。

为了搭建基于大数据理念的翻转课堂体系，运用移动互联网 app 平台技术建立移动互联网师生交流学习平台，链接和更新互联网大数据学习资源。如图2－1所示，通过师生学习平台进行课前在线学习，布置课前启发问题，课中课堂讲台讲解指导外加移动互联网师生交流学习平台，教师通过平台布置课堂作业，学生通过平台即时完成课堂作业，快速评价课堂问题，提高学生学习和讨论的积极性。课后通过师生学习平台扩展练习，设置开放性问题和日常兴趣模块，及时更新平台系统，引导学生开阔视野，并通过学习交流论坛进行师生之间、学生之间的交流讨论和互动。整个翻转课堂体系辅助数据支持系统，记录师生学习全过程数据信息，通过师生评价考核系统对课堂教学进度、学生知识掌握程度和学习积极性展开动态跟踪评价，为改进课堂教学质量提供数据评价体系，从而提高课堂教学水平。

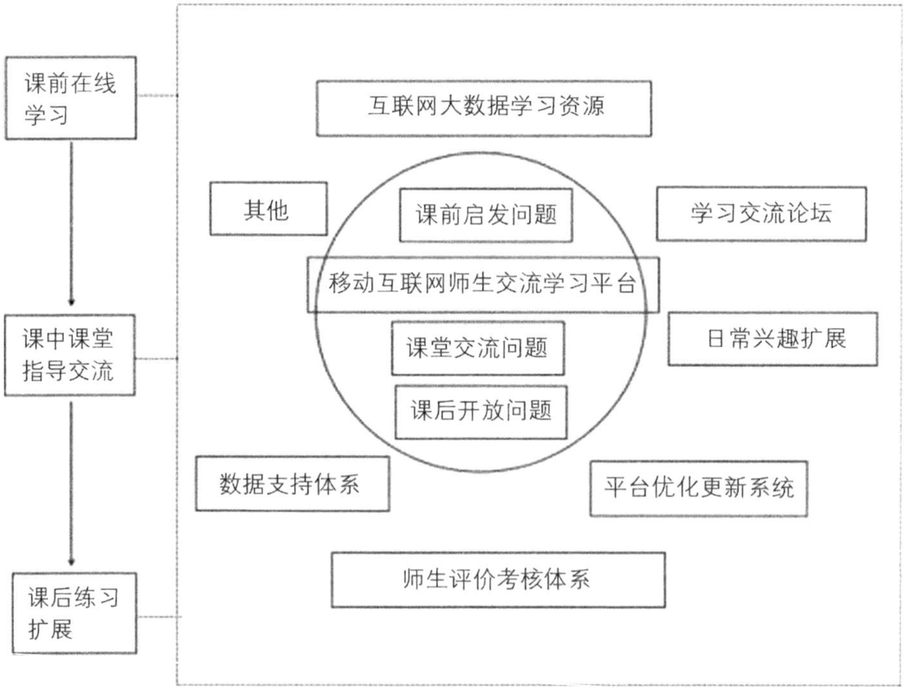

图2－1　基于大数据理念翻转课堂体系框架设计

（四）结论

大数据技术正日渐成熟，大数据产业正在迅猛发展，课堂教学改革应顺应时代发展变化。大数据从2015年爆发元年开始正以迅猛的几何速率改变这各行各业，推动企业进行数据变革，促进经济发展和社会进步，更加趋于智能化和系统化。课堂教学改革迫在眉目，基于数据变革的原动力进行课堂教学实践改革是当前教育改革领域关注的焦点。运用互联网和大数据技术，改进课堂教学模式，创新课堂教学思维，基于大数据理念优化翻转课堂，是提高教学水平的有效方式和探索方向。通过对课堂内外师生教学数据的生成、存储、整理归类、数据分析等方式全面改进课堂教学模式，提高学生积极性，动态实时跟踪学生学习状况，及时引导和纠正学生不良学习情绪，最大化程度促进课堂教学的数据化和智能化。大数据技术和价值的应用正在提升企业业务运营水平，运用大数据帮助改革课堂教学模式，帮助教师改进课堂教学水平，提高课堂教学效率和效果，降低师生时间和学习成本，有助于解决学生低头一族的课堂学习效率低下的问题。

三、普通高校电子商务专业案例库建设的理念与流程研究

电子商务作为网络经济的重要商业模式，发展异常迅速，已经成为21世纪新的经济增长点，各类企业为提高自身企业的竞争力，都在积极推进电子商务应用，使得企业的网上交易成本与管理成本大幅度减小，电子商务已延伸至企业的每一个角落。但问题与教育界高涨的培养热情相比，毕业生在人才市场上却遭遇了就业寒流：电子商务专业应届毕业生就业率仅为20%，远远低于全国70%毕业生的平均就业率，从而表现为一方面是市场需要大量的电子商务人才，另一方面又是电子商务专业就业率却不高，高校商务人才培养与实践脱节。造成这一现象的原因很多，但有一点是肯定的——高校课堂教学脱离企业真实需求。因此，如果在高校电子商务专业推行案例教学将会有助于这一矛盾的解决，因为案例，特别直接来自企业的案例，会使得课堂的理论教学回归于企业真实的实践需求，而案例教学中的一个重要环节是案例库建设，本课题组将主要对案例库的建设方面做些研究。

（一）电子商务专业推行案例库建设的意义

案例也称为个案或个例，最早见于医学领域，后来广泛运用于军事学、教育学、管理学等学科。案例教学是一种通过模拟或者重现现实生活中的一些场景，让学生把自己纳入案例场景，通过讨论或者研讨来进行学习，以培养和提高学习者知识和能力的一种教学方法。查阅相关的文献我们可以看到，自哈佛商学院院长华莱士·B. 汤哈姆于1921年出版了第一本商学案例集之后，案例教学法作为一种新型的教学方法便开始风靡世界各地商学院并取得极大成功。电子商务专业是在计算机信息技术和互联网技术日新月异的背景下迅速成长起来的一个全新专业，它培养的人才应当既熟悉经济活动基本规律，又掌握现代计算机信息技术；既具有先进的营销管理理念，又熟悉商务运作流程，是一门交叉性和应用性都很强的专业。案例教学在电子商务教学中扮演着重要的角色，其意义主要体现在以

下几个方面：

1. 案例教学有利于提高电子商务专业学生分析和解决问题的能力

对于电子商务专业的学生而言，案例教学通过呈现商务活动中的真实情境，告诉学生“答案不止一个”，答案是开放的、发展的。在案例教学过程中，学生从特定的商务情境出发，面对复杂多变的商务环境去独立地做出判断和决策，这有利于锻炼其综合运用各种知识、经验来分析问题和解决问题的能力。

2. 案例教学有利于培养电子商务专业学生的团队协作精神

在案例教学的具体过程中，一般是分组进行。这就要求班级小组、大组能相互合作和交流，以相互取长补短，做好案例的分析。同时，案例教学也非常注重教师与学生之间、学生与学生之间的互助合作活动，学生们为了达到共同解决问题的目的，就要相互尊重，平等相处，善待同伴。除此以外，案例教学也有助于增强他们说服别人以及聆听他人的能力，在合作中互相沟通，在沟通中增进合作，这有利于培养学生的团队协作精神。

3. 案例教学可以培养电子商务专业的学生口头表达能力

教学中，由于不断变换教学形式，学员大脑兴奋不断转移，注意力能够得到及时调节，有利于学员精神始终维持最佳状态。案例教学的侧重点在于讨论和交流，要想完成学习任务，需要锻炼自己的语言表达能力，加强与他人的沟通交流，清晰地阐明自己的观点并力争说服对方。学生在积极参与、广泛合作过程中，学会了与人相处和合作交流，培养了团队意识。在交流过程中，使他们感到了自身的价值，又赢得了别人的尊重，从而体验到学习过程的乐趣。

4. 采用案例教学法有助于提高电子商务专业教学的效果

教学中，一方面，教师是整个教学的主导者，掌握着教学进程，引导学员思考、组织讨论研究，进行总结、归纳。另一方面，在教学中通过共同研讨，不但可以发现自己的弱点，而且从学员那里可以了解到大量感性材料。在案例教学中，学生拿到案例后，先要进行消化，然后查阅各种他们认为必要的理论知识，这无形中加深了对知识的理解，而且是主动进行的，学生经过准备、参与讨论、分析思考等一系列学习活动，成为课堂教学的主体。案例教学能较充分地调动学生的学习积极性，提高学习的兴趣，有助于所学的知识及理论的内化。采用案例教学法，实现教与学的双方良性互动，增强教学的可接受性、科学性和有效性，是提高教学效果的有效途径。

既然案例教学对电子商务人才的培养扮演着重要的角色，那么作为案例教学的基础——案例库的建设就同样具有重要的意义。

（二）电子商务专业案例库建设的理念

电子商务专业案例库建设的理念应源于案例教学的要求。案例教学在对学生培养的过程中发挥着重要的作用，但是要很好地应用案例教学则不是很容易的事情。作为老师首先要清楚，案例教学不是由教师在课堂上举例说明，二者有很大区别，具体体现在以下三点：第一，案例在案例教学法中占据中心地位，教师传授知识和培养学生能力的目的是借助案例研讨来实现的，而举例在一般教学活动中仅处于次要地位；第二，案例教学是组织学生们自我学习，锻炼综合能力的一种有效手段，而举例则是说明问题的一种方法；第三，学生的独立活动在案例教学法中占了很大比重，当然这些活动都是在教师指导下进行的，比如从案例的编写、选择、布置、组织讨论，以至最后的评价，无不体现出教师的指导作用，而举例完全是教师单方的教学行为。

针对案例教学的上述特点，电子商务案例库的建设要注重以下理念：

1. 被选案例应具有立体性，基于不同视角透视会有不同“景观”

在案例教学中，看待问题和处理问题的方法因人而异，案例的设计也要符合这一客观现实。案例教学培养的学生不一定是“知识分子”，但却必须是“能力分子”，因为案例教学重在理论的应用而非高深理论的本身。在这种教学法中，教师也能够充分发挥作用，实际上这是对教师的要求更高了，教师可以因材施教，根据不同学生的特点，运用不同的方法来发挥各种类型学生的优势，挖掘他们的潜能，只要学生能运用所学的相关理论对自己的分析“自圆其说”便可，这点是所有管理学案例分析的共同特征。

2. 被选案例应能寓原理于案例的讨论之中

在案例教学的课堂上，不单纯地去追求一种正确答案，而是重视得出结论的案例分析过程。每个教学案例所涉及的问题都必须由同学们自己进行分析、解释和讨论，显然，这种教学法的成功取决于学生参与的程度，而能否参与，又与学生是否为每个案例做了充分的准备有关。为了准备参与，学生们得一头扎进图书馆查找资料，自觉学习。有时为使学生对问题讨论得更加深入，故意出难题，在所展示的案例中把必要的条件去掉，让学生提出假设，使课堂非常活跃。只要是你说得有道理，能把自己的观点阐述清楚、表达明白，就是有能力的表现。在案例设计时，必须要考虑这一因素。

3. 被选案例所用知识的可操作性应强

案例教学不能仅仅是理论来解释实践，还有一个重要的层面就是案例内容的处理应具有好的可操作性，通过这种可操作性使得学生能学以致用，从而有利于促进学生的理论与实际的结合。作为电子商务专业的老师，必须清晰地认识到电子商务专业是一门实用性和可操作性都非常突出的专业，在进行案例库的建设时要高度注意这一问题。

（三）电子商务专业案例库建设的流程

通过前面的论述可以看到，案例库的建设具有重要的意义，作为老师要正确理解电子商务专业案例教学的要求，确立好电子商务案例库建设的理念。但是，要进行案例库建设，必须理顺电子商务专业案例教学中案例库建设的流程模式。当前国内一些高校开发案例，就是直接从网络、报刊、杂志上摘抄一些资料，然后整理整理，就出版成册了。整个过程很简单，但其结果是：这些管理案例集内容多是简单的小故事，甚至是企业成功经验的总结报告，几乎没有研究或讨论的价值。案例库建设是一项复杂的系统工程，它由一系列紧密衔接的工作环节组成。案例库建设应遵循自顶向下和自底向上相结合的方法，严格依照全面性、典型性和准确性的原则选取案例。一般而言，电子商务专业案例教学中案例库建设的流程如下：

1. 明确案例教学的目标

确定案例教学目标是案例教学课程设计的第一步，只有在案例教学目标明确的前提下，教师教学材料的收集和组织、教学行为的选择、教学组织形式的设计等活动才能有方向、有序地进行下去。电子商务课程案例教学的目标是：理解电子商务的基本理论和概念，并能运用这些理论分析和解决实际企业中的电子商务问题。

2. 明确案例库使用的条件

①教师条件

案例教学法不是教师简单地列出几个案例，然后让学生们回答几个问题，教师再将正确答案进行评析。其实，案例教学对教师的理论素质和能力要求都很高，因为教师必须依据教学的目的和学生水平层次正确地选取相关的案例，太难的案例学生无法正确分析，太容易的案例学生一看案例就知答案，这种情况都无法达到培养学生的目的；同时，作为教师还必须具有从理论知识到实践知识的综合分析能力，能突出案例的重点，把握案例讨论的主题，提高案例的教学效果；教师还要更新教育观念，探寻案例教学的规律，熟悉学生，了解学生的知识背景和能力结构，如此等等。

②材料条件

有较齐全的管理学专业图书馆和相关数据库，便于学生查阅相关专业资料，有各行各业的代表性企业的资料，特别是非常成功的和惨遭失败的，因为这样更有利于学生积累成功的经验和失败的教训。如果能收集学校所在地区的相关企业的案例材料最好。

③学生条件

适合对象一般是大学高年级的学生或研究生。人数要求方面，哈佛工商管理学院认为 15 人最为恰当，这为老师对课堂的控制和学生的充分参入创造了有利的条件。就我国高校的实际情况看，在 70 ~ 120 人的大班规模下开展案例教学很困难，不会产生应有效果，所以实施案例教学必须实行小班授课制，这样效果会更好。

④设备条件

要有一定的教学软件和电教仪器设备，如电子商务模拟软件、多媒体和设计合理的实训室等，这些设备会有极大地提供案例的使用效果。

3. 设计案例教学中案例的类型

案例类型设计是建立案例库、收集、加工、整理案例的指南。根据案例与教学环节的联系，可分为课堂引导案例、课堂讨论案例、课外思考案例；根据案例与讲授知识的联系可分为描述性案例、问题型案例和混合型案例；根据师生在教学中扮演角色的地位不同，可以分为插入型案例、讨论型案例、模拟型案例；根据国外案例教学看，案例有一般个案、导入个案、哈佛式个案、事件过程法、行动个案。教师在进行案例库的建设时，必须理清案例类型，进行归类整理。

4. 收集、编写和选择教学案例

案例收集主要有三个来源：（1）现成的案例，由公开出版的案例集或教材等资料中获取；（2）在报刊资料或电视录放的案例中搜集；（3）根据相关资源和一定的实证材料，通过创设一定的问题情境，进行编辑组合成一个新的案例。案例的编写，要注意以下三个基本要求：首先，清晰案例编写的目的和使用的对象。其次，开展具体的案例研究工作，使案例更具有科学性。案例的研究一般有两个阶段：一是图书资料和相关文献的查阅阶段；二是实地采访阶段。第三，撰写案例。撰写案例要注意案例的格式，案例的格式指案例的结构和式样，一般由标题、编号、制作者及其基本情况、版权声明等几部分组成。对于案例的选择，必须以专业课程的教学目标为依据，一般应符合下列要求：案例的内容符合教学目标的要求，案例涉及的问题富有启发性和针对性；案例的具体情节符合客观实际，不能太偏离现实。因此，要建设好案例库，对案例的选择非常重要。对电子商务专业案例库的选择中应注意以下四个问题：（1）案例要根据教学目的有针对性地收集与整理，案例的内容必须适应具体教学环节的需要，要能解决或者说明具体的知识要点问题。（2）案例选择要注意时效性。一般来说，案例的发生通常在一定的背景之下，因此，过期的案例通常也就不能解释现有的企业现象。（3）正确把握案例的难易程度，适应学生知识水平和能力结构。（4）适当选用视听型案例。

总之，为了培养合格的高校电子商务专业人才，必须在教学模式上推行案例教学，以促使课堂的理论教学回归于企业真实的实践需求，作为案例教学中的一个重要环节，案例库建设扮演着重要的角色。同时，任何一门课程的案例库都需要随时间和学生对象的变化而更新和充实，因为技术环境、经济环境和文化环境等都在变化，这些变化就要求案例的相关内容能与之相适应，这样的案例才具有现实意义，电子商务专业的案例库的建设也不例外，因此，案例库的建设实际上是一个长期的动态完善过程。

四、终身学习背景下 MOOC 及地方“二本”院校人才培养研究

（一）引言

总体而言，地方性“二本”院校与中央、部属院校相比，办学的硬件条件与软实力均有较大差距，这种客观存在的差距促使地主性“二本”院校在办法思路与办学目标方面要转好型，以实现错位发展。MOOC 即“大规模在线开放课程”，它的出现和快速发展可以弥补此方面的劣势，缩短了地方“二本”院校与名校在人才培养方面的差距。

（二）终身学习背景下 MOOC 及对地方院校人才培养影响的现状分析

MOOC 时代的高等教育是对大学的“革命”培养，其是现代信息技术不断发展下远程教育的新形式，目前主要为 Coursera、edX、Udacity 三大教育机构，MOOC 模式的高校教育联盟不断出现，它向人们提供了大规模的在线学习课程资源，受到众多学习者的推崇。国内外对“MOOC”背景下高等教育与终身学习进行了大量研究，主要围绕以下三方面进行：“MOOC”特点与现状、对传统（高等）教育的影响和国内外对“MOOC”与终身学习。

一是国内外对“MOOC”的特点的研究。国外方面，MOOC 起源美国，大规模、在线、开放等显著特点得到大多数研究者的认同。研究国外教与学的研究尤为关注 MOOC 中教师和学习者的体验以及学习方法和学习评价等方面。如 John-Mak（2010）等就关注了 MOOC 融入博客、论坛和 wiki 等社交性工具进行了研究；Kop 等（2012）认为，应当以学习者为中心，更多地关注学生而非资源，要

为学生与学生之间建立良好的关联，通过这种关联相互促进与提高；CathySandeen（2013）着重点研究了 MOOC 中的各种学习评价方式；JessicaThornton 等关注 MOOC 学生学习的动机、行为等因素。总体而言，国外对 MOOC 的研究现状方面比较全面，积累了较丰富的经验。国内方面，近年来对 MOOC 研究与报道日益趋热，对其特点同国外基本一致，但有的更具体，如徐魁鸿（2015）认为，MOOC 的特征有“可扩张性、开放性、交互性、国际化及自主性”，樊文强（2015）、李青（2012）、袁莉（2013）、王颖（2013）、王文礼（2013）、李华（2013）从不同视角梳理了 MOOC 的产生、发展及现状，郝丹（2013）提到应当把 MOOC 的注意力从资源转向“人”本身方面，关注 MOOC 中学习者更重要，也更有意义，但国内文献描述得较浅显，专业深入研究还有待加强。

二是国内外关于 MOOC 对传统（高等）教育的影响。国外方面，MOOC 一开始就流行并与高等教育结合在一起，斯坦福大学计算机学家达夫妮·科勒（DaphneKoller）和吴恩达（AndrewNg）共同创建的 Coursera 公司，在 2012 年 7 月 17 日成立时就宣布同 12 所综合性研究型大学合作。2012 年秋天，Coursera 提供百余门免费的 MOOC。Daniel（2012）研究了 MOOC 对高等教育教与学的模式创新；ZacharyFeinberg（2012）等从 MOOC 在高等教育中的接受度与认证进行了研究；此外，国外还从 MOOC 运行与管理的角度研究了其对高等教育的影响。这些研究对我国 MOOC 的研究和运行打下了良好的基础。国内方面，王文礼（2013）探讨了 MOOC 的发展对高等教育的影响，认为机遇与挑战共存；老松杨、江小平等（2013）从教育的社会属性、科学属性以及管理属性三个方面分析了其对高等教育的影响；袁莉（2014）等从破坏性创新理论视角分析了其对高等教育的影响；谢佩军（2015）“针对 MOOC 大力助推传统高等教育的教育职能体现、教育教学研究、教学管理改革等方面进行分析与探讨，以及 MOOC 促进青年教师及时转变角色定位、提升综合素质、更新教育理念与提高知识创新能力等方面开展研究。”这些研究从多层面剖析了 MOOC 对远程教育、高等教育的关联，对将来高等教育变革产生了巨大的影响。

三是国内外对“MOOC”与终身学习的相关研究。国外方面，日本高度重视 MOOC 与终身教育的关系，政府在此方面下了大力气，2008 年就提出要“开拓新时代的生涯学习（即终身学习）的振兴方针上努力构建知识循环型社会”，此后一个重要途径便是利用“JMOOC（Japan Massive Open Online Courses）”等。Apostolos Koutropoulos 和 Rebecca J. Hogue（2012）等认为 MOOC 促进了终身教育的实现，但也发现其自主学习能力差的学生会出现困难。国内方面，国内关于终身教育的文献很多，但把 MOOC 与终身教育相关起来的相关研究不多。徐魁鸿（2014）在介绍 MOOC 内涵和特征的基础上，充分利用 MOOC 发展，积极参与各种在线课程建设，特别是开展 MOOC 等形式的教学改革，以促进终身教育发展和学习型社会建立；齐桂芹在 2015 年阐述了 MOOC 时代的终身教育，指出 MOOC 背景下终身教育表现出新的特色，终身学习有了技术的支撑。在我国终身教育的发展中，建立教育纵贯线、发挥高校的人才优势、组成“终身学习助教人才库”、建设多元终身教育体系能够加快教育生态化进程，实现教育公平；师帅（2016）指出，“终身学习靠传统的大学教育是难以实现的”，构建终身教育体系必须利用现代信息技术，而 MOOC 平台在此过程中发挥了重要作用。此外，还有陈岩（2016）等从网络与终身教育的关系进行了研究。总体而言，国内这方面的研究要适当加强。

综上所述，国内外有关 MOOC 课、MOOC 课对高等教育的影响及其与终身教育的关系等研究取得了较大成绩，为本研究打下了良好的基础，必将为我国“二本”院校人才培养开辟新的方向。

（三）终身学习背景下 MOOC 对地方院校应用型人才培养的影响

《国家中长期教育改革和发展规划纲要（2010—2020 年）》指出“信息技术对教育发展具有革命性影响”。MOOC（Mas - sive Open Online Course）即“大规模在线开放课程”，利用 MOOC 可为“二本”院校经济管理类人才培育提供历史性机遇，有利于其创新教学模式，有利于促进教育均衡和公平，为实现与终身教育相耦合提供客观条件。加强对 MOOC 及其对“二本”院校人才培养研究意义重大，本文以地方“二本”院校的经济管理类人才培养为例，其影响体现在以下三方面：

一是 MOOC 为“二本”院校带来了全新的机遇与挑战。机遇主要表现在地方“二本”院校可借此缩小同“一本”院校在办学与教学条件的差距，甚至为其追赶“一本”院校，实现“弯道超车”提供了全新机遇；同时，也将给部分教师带来“失落”甚至“失业”。总体而言，“二本院校”相对于国内外名校而言，无论是师资、硬件、学术氛围等均有较大差距。而 MOOC 以内容方式的创新性，以互联网为手段，以大规模、在线、开放为特征，“互联网 + 教育”的飞速发展有利于缩小地方“二本”院校经管学类和知名高校之间在软硬件方面的差距，为“二本”院校经济管理类人才培养实现“弯道超车”提供了条件与可能。同时，名校优秀教授“MOOC”资源会对高校教师（特别是“二本”院校）带来巨大冲击，教学模式的改变导致部分教师可能会从教学者变成助学者，思想上可能产生“失落感”，甚至还可能出现“失业”。

二是MOOC将为“二本”院校经济管理类人才培养提供新模式。近年来“二本”院校课堂教学、实践教学与质量工程等教学改革为“二本”院校经济管理类人才提供了巨大贡献。“二本”院校经济管理类学生数量大，所学与经济社会发展紧密相关，相对名校而言，较少有名师，教学条件与教学理念有一定的差距，如能以MOOC为手段的教学方式，将给“二本”院校的教学职能、教学组织与管理制度等带来空前变革，为地方“二本”院校经济与管理学人才培养提供了新模式。

三是MOOC将为“二本”院校经济管理类人才培养与终身学习耦合提供全新途径。MOOC实现了高等学校在校教育与毕业后教育全新结合，学生在校时实践能力培养相对不足，需要加强；毕业后实践中却需要理论支持，而基于“互联网+”MOOC的出现，可实现学生与教师基于“教学互长”两方面紧密结合，双向互补，注重学科内在体系之间的有机联系，真正达到理论与实践全新结合、学校教育与毕业后的教育有机结合。

四是实现“二本”院校教育流程的再造。20世纪90年代美国学者Michael Hamme和CSC管理顾问公司董事长James Champy提出了企业流程再造BRP（business process reengineer-ing）：“为了显著改善成本、质量、服务、速度等现代企业的主要运营基础，必须对工作流程进行根本性的重新思考并彻底改革。”利用MOOC达到实现教育流程再造是未来地方“二本”教育发展的一个新方向，可以借助MOOC的名校、名师、免费、开放和移动等优质教育资源实现“二本”院校在经济管理类应用性人才培养新转型，重新设计“二本”院校的课程模式，重新设计“二本”院校的组织机构，最终打造出适应将来发展的地方性“二本”院校全新的培养方式。

五、独立学院会计电算化教学存在的问题及对策研究

随着现代信息、网络技术的快速发展，传统的会计核算方式逐渐向电算化、网络化发展，社会对会计人员电算化能力的要求也越来越高。独立学院作为应用型的高校，应培养出具有熟练会计电算化操作能力的应用型财会人员。独立学院财会相关专业都开设有会计电算化这门课程，但在该门课程的教学方面还存在诸多问题，为了保证独立学院会计电算化教学的发展和教学目标实现，解决会计电算化教学中存在的诸多问题便成了当务之急。

（一）独立学院会计电算化教学中存在的问题

1. 教学目标不科学

独立学院对会计电算化教学的目标着重于财务软件的操作，教学内容主要是让学生学会财务软件的操作方法，而对于会计电算化信息系统的开发、维护基本很少涉及。这就导致培养出来的学生只会使用某种具体的财务软件，而缺乏会计电算化系统的维护及解决一些常见软件运行问题的能力。

2. 课程设置不合理，教学内容落后

（1）大多数独立院校只开设一个学期的会计电算化课程，课时量较少，会计专业课程与会计电算化脱节。这种情况下，学生只能学到一些简单的软件操作方法，没有更多的时间去学习系统的维护等知识。

（2）在课程的实践教学方面也存在问题，老师过多地讲授理论，留给学生的实践时间较少，至于校外实训则基本上流于形式。

（3）缺乏好的会计电算化教材。大多数的教材仅以某种财务软件为基础来编制，主要是讲述该财务软件的基本操作，没有会计电算化相关理论的介绍。而且这类教材使用的财务软件大多版本比较低，不能满足会计电算化教学的需要。

还有一些教材理论知识详尽，但在实践操作方面又不尽如人意。

3. 教师自身能力不足

很多独立学院的会计电算化专业教师从学校一毕业就进入到教学岗位，没有企业的实际工作经验，对于课程也只是具备理论方面的知识，自身缺乏足够的实践经验，以至于形成大部分专业教师讲起理论来头头是道，一涉及实践的地方则力有所不及，严重影响会计电算化的教学质量。

4. 教学方法呆板、教学手段陈旧

独立学院会计电算化专业课教师在课堂上主要还是采用传统的讲授法和演示法。老师先讲授理论知识，然后给学生演示财务软件的具体操作过程，再让学生实践操作。这就导致学生不会独立思考，被动地接受知识，达不到理想的教学效果。

5. 考核方式单一

很多独立院校的会计电算化期末考核评价存在形式单一的问题。大多数是以期末闭卷考试为主，以学生考试成绩的优劣作为评价根据。这种考核方式并不能满足全面综合地评价学生会计电算化综合素质的需要，更无法对学生给出客观公正的评价。

6. 实践教学不到位

校内实践教学方面，很多独立学院实验室短缺，硬件条件不好，财务软件种类较少、版本低，更新速度慢，满足不了教学的需求。在教学过程中，教学内容偏重于财务核算和报表编制，而对财务预测、财务分析等内容很少涉及，范围过窄，致使实践教学与理论教学相脱节。而校外实践教学这一块，由于实训单位难以落实，学生很难有到企业进行实习的实践机会，难以达到实践教学的目的。

（二）会计电算化教学存在问题的解决对策

1. 明确教学目标

独立学院会计电算化教学目标不仅仅是培养财务软件的操作人员，而应定位为培养既懂会计电算化理论知识、能进行软件系统的日常维护又能熟悉财务软件操作的应用型人才。

2. 加强课程建设，规范教学内容

（1）增加会计电算化课程比例

增加会计电算化教学课时，可开设两个学期的课程，加大实训课程的比重。将计算机知识、主流财务软件的学习结合在一起，加强会计专业课程和电算化课程的联系，实现会计课程电算化。

（2）改革教材体系

为了使会计电算化教材更具适用性和针对性，应鼓励独立学院会计电算化老师自编教材。教师可到企业中去收集实际案例并结合自己教学需要编写适合的会计电算化教材，还可邀请企业会计电算化专家一起编写教材，使教材更具实践性和可操作性。

（3）加强会计电算化师资力量的培训

独立学院会计电算化教师应深入企业，了解企业对会计电算化人才的需求，提高自身的实践经验。同时，独立学院可以聘请企业专家进入课堂教学，独立学院专职老师与企业专家兼职教学相结合。这样既可以发挥独立学院老师理论性强的特点，又可以发挥企业外聘专家实践工作经验丰富的特点，达到强化老师队伍素质的目的。

（4）运用先进的教学方法，丰富教学手段

为了活跃课堂气氛，改善教学效果，独立学院在会计电算化教学中应改变传统、单一的讲授法和演示法。可以采用设错教学法、项目教学法、逆向思维教学法、案例教学法、沙盘模拟演练等多种合理的教学方法。特别是在当前网络技术迅猛发展的情况下，可以进行会计电算化课程的慕课建设，充分利用网络平台，发挥学生的自学能力，让学生可以在网络上随时进行自主学习。通过这些多样化的教学方法和手段达到激发学生学习的积极性和创造性的目的，使学生由被学习向主动学习转变。

（5）丰富教学考核体系

对学生的考核应从单一的期末书面考试方式转变为采用多种手段对学业生进行综合考核。在平时的实训中可以对学生的实训报告打分，期末采用无纸化的上机操作考核方式，可以要求学生取得相应的资格证书，鼓励学业生参加一些会计

电算化操作比赛等，从而达到全面考核及评价学生会计电算化综合素质的目的。

3. 加强实践教学改革措施

（1）加强实验室建设，完善实验设施

建设足够教学使用的实验室，提升硬件条件，软件方面应进行升级，至少配套两种以上不同的较新版本财务软件操作系统。在教学中，要求学生学会两种以上的财务软件的学习。学生可以完整详细地学习一种软件，然后在此基础上了解其他软件，重点是了解不同软件系统之间的差别。

（2）建立多层次的校内模拟实训体系

可先针对某一财务软件的各个子系统进行单项练习，要求学生熟练掌握各子系统的操作技能；再采用分组、分角色的形式让学生进行轮岗实训，保证每个学生熟悉实际工作中的系统管理员、制单、复核等多岗位的操作；最后可以进行多种财务软件的综合实训，让学生使用多种财务软件模拟企业一个会计期间完整的会计电算化业务的处理，拓宽学生的视野，熟悉不同财务软件的操作。

（3）校外实践教学的设计

独立学院应积极开拓校外实训基地，开展校外实习。学校可以采取校企合作的办学模式，有一批数量稳定的校外实习基地以供学生到企业实习，感受企业会计电算化的实际场景及操作程序；也可以采取多种形式，发动学生自行寻找合适的实训企业；还可以尝试自己创办独立的会计咨询公司等，为学生提供多方位的校外实训机会。

（三）结束语

总之，为了提高独立学院会计电算化教学水平，需要进行多方面的探索与实践。我们可以从教学目标、课程设置、师资力量、教学方法、实践教学等多方面着手，培养出适应社会及企业需要的高素质会计电算化人才。

六、独立学院经管类专业沙盘企业模拟经营实践教学探讨

独立学院经管类专业的人才培养目标定位于培养从事企事业单位实际管理工作的高级管理人才，但企业不大可能把自己的管理岗位空出来让在校学生进行实习，因而，独立学院经管类专业学生很难找到机会在现实的企业中进行岗位实习和实践学习。沙盘企业模拟经营实践课程将企业搬进课堂，借助虚拟系统，将企业运营内外环境抽象为一系列规则，通过沙盘模拟企业实际运行状况，以具体企业为点，以企业经营流程为连接线，让学生进行实际经营操作，实现零距离的企业经营业务对接，将每位学生置身于真实的商业实践场景，实地体验商业竞争的激烈性，能解决传统教学体系与实践脱节的症结，可以有效激发大学生自主创业热情，提高大学生实践运用能力和创新能力，对培养创新型应用人才能起到很好的推动作用。

（一）企业模拟经营实践教学的组织

沙盘源于军事战略战术指挥，它是用沙堆对地形地貌进行模拟仿真，现已广泛应用于各种商业培训。沙盘企业模拟经营是构建一个仿真的企业环境，学生以电脑游戏的方式扮演不同的角色，对企业经营的各个环节进行模拟，在遵守一系列的市场规则下，体验完整的企业经营过程，从规划企业发展、组织产品生产，到产品市场销售、进行财务结算，最后获得所有者权益，以全面了解企业的经营理念和基本流程，感受企业由小到大的发展经历，从而让学生认识到企业资源的有限性，市场竞争的激励性，感悟出正确的经营理念和管理思路。

企业模拟经营实践教学将学生分为多个组，每个组为一个团体，每个团队包括 5 名学生，分别担任企业的总经理（CEO）、采购总监（CLO）、生产运营总监（CPO）、营销总监（CMO）和财务总监（CFO）五个角色。每个团队经营一个拥有一定资产、面临一定市场需求和有一定融资渠道的制造型企业，在仿真的竞争市场环境中，从战略层面、运营层面、营销层面和财务层面经营管理该企业，

连续从事6个会计年度的经营活动。总经理（CEO）主要负责企业发展决策规划的编制与实施、长中短期策略的制订等；采购总监（CLO）主要负责原材料订购、订单交货等；生产运营总监（CPO）主要负责订单选取、产能扩张及安排、库存管理等；营销总监（CMO）主要负责市场开拓、新产品开发、广告投放、产品组合、产销结合匹配市场需求分析等；财务总监（CFO）主要负责财务报表的编制及分析、资金的来源及使用管理等。

（二）沙盘企业模拟经营实践教学的特点及优势

1. 游戏化教学，增强学生的学习主动性

企业模拟经营实践课程与理论课堂不同，无须安静地坐在教室认真听讲，学生们可以自由地讨论，扮演不同的岗位角色，运用电脑操作，因此，该课程更像一场游戏，增强了学生学习的娱乐性，使枯燥乏味的课程变得生动有趣，深受学生们的喜爱。企业经营涉及筹资、生产、销售、财务等多个方面，需要学生拥有全面的专业知识，而且企业经营面临着激烈的竞争环境，学生们如果碰到不懂的知识点，就会积极主动地查找相关资料，有的放矢，掌握此知识点的来龙去脉并学会灵活运用，从而激发他们珍惜在校时间，利用各种机会和资源进行学习，以弥补知识结构上和深度上的欠缺。同时，通过参加沙盘企业模拟经营实践，学生们可以了解到企业对员工的素质要求和经营管理所需的知识储备，为以后的创业奠定基础。

2. 多学科教学，提高学生的综合协调能力

沙盘企业模拟经营实践课程涉及市场分析预测、战略规划制订、产品广告投放、订单选取、设备改造、生产物料订购、市场开拓、筹资管理与现金控制等多方面内容，需要《西方经济学》《市场营销学》《企业战略管理学》《生产运营学》《财务管理学》等多门课程知识作为基础，因此学生需要整合这些学科知识，融会贯通。市场是预先未知的、发展变化的，各团队均要在市场中抢占资源，在成本、利润和市场方面进行激烈竞争，这就需要学生综合考虑，规划平衡，从而提高他们的综合协调能力和分辨能力。当企业陷入困境，进退两难时，学生需要沉着冷静、勇敢面对，从而能培养学生的抗压能力和责任心意识。

3. 体验式教学，培养学生的创新创业精神

沙盘企业模拟经营实践最大的特点是“在实践中学习”，它不同于传统的课堂灌输授课方式和简单的案例分析，也不同于企业参观等实践课程的走马观花，而是学生扮演不同的角色真正参与到企业经营过程中，融创业理论与实践于一体，避免学生学到的理论知识与实际脱节，而且还赋予学生足够的自由尝试企业经营环节中的各种决策，这样学生既可以将学到的理论知识运用于企业经营中实践；也可以将自己设计的决策方案在企业经营的竞争环境中进行印证，让他们直接看到自己实施决策的结果，从而在模拟企业经营体验中完成从知识到技能的转化，激发他们的创新创业意识。

4. 互动式教学，培养学生的团队合作精神

沙盘企业模拟经营实践课程兼有角色扮演、案例讨论和专家分析等教学方式。学生扮演不同角色模拟经营一个成长型企业，在经营过程中会遇到各种问题，学生们需要收集各方面的信息，一起讨论分析，并提出应对措施，即典型的案例分析。老师再进行专家点评，整个课程需要老师和学生的良好互动，才能取得较好的效果。“三个臭皮匠顶个诸葛亮”，一个人的能力再强，也不可能脱离团队的力量。企业在经营过程中需要面对同行竞争、资金紧缺、产品老化、市场拥挤等困境，攻克这些困难，取得成功并不断成长，需要团队中所有岗位的积极配合，相互协作，发扬团队精神。通过几次沙盘模拟企业经营，角色岗位的互换，可以启发学生进行换位思考，培养他们的团队合作精神。

(三) 独立学院经管类专业开展沙盘企业模拟经营实践课程的建议

1. 教师点评与学生讨论相结合

企业模拟经营实践课程涉及多学科，综合性强，首先各团队收集基础资料，制订企业经营计划，由教师带领其根据定义的流程进行沙盘操作，经营完第一年，并讲解经营管理的理论、沙盘规则和注意事项，让学生熟悉企业经营的基本流程。然后留给学生充足的时间，让他们在经营操作前查找丰富的资料、进行充

分的讨论和决策，在各年度经营结束后，每个岗位根据工作任务进行小结，团队内讨论，形成团队的经营年度小结，再进行团队间讨论交流，相互点评，互相借鉴，吸取经验，从而激发学生的参与积极性。同时，由于企业每个经营阶段会面临不同的困境和危机，教师需结合各个团队所犯的典型错误，在各个经营年度末对经营难题进行针对性的点评。最后经营完6个会计年度，学生逐一对照电子沙盘中产生的报表与物理沙盘运用中所形成的报表，查找错误或遗漏处，剖析问题产生的原因，总结技能点，并分享经验教训；教师进行综合点评，画龙点睛式点评。

2. 实行学生角色互换

在沙盘企业模拟经营课程中，由于团队中每位学生担任的角色不同，职责不一样，关注点也不一样，虽然职责分工能发挥学生各自的特长，但单一的角色会导致学生只侧重于学习本职责涉及的知识，从而学习得不够全面、不够系统。为了让学生全面把握沙盘企业模拟经营实践课程，在课时充足的条件下，尽量实施岗位角色轮换，让每个学生都体验到不同岗位的职责，掌握多个岗位的专业知识。有了各种岗位经历，学生在做决策时就会设身处地为他人着想，从而能更加全局性地考虑问题。

3. 合理地评判课程成绩

沙盘企业模拟经营实践课程具有灵活性和结果无法预测性，因此它不能像理论课一样，以最后期末考试一张试卷的分数作为学习好坏的评判标准，需要合理地考核与评判成绩。沙盘系统通常按6年经营结束后考虑企业综合发展潜力的所有者权益来计算每个团队的成绩，其中，企业综合发展潜力是按生产线条数、市场开发个数、ISO投资、产品开发程度及建立的厂房数加权计算而得，但这只是每个团队的经营业绩，而团队中每个人的表现不同，因而，这种评判方式不够全面和科学，合理有效的成绩评判需要考虑个人的综合表现。个人的综合表现包括决策判断能力、全面分析能力、合作协调能力、突发应变能力及语言沟通能力，每个部分占10分，由学生自评、小组综合评定和CEO评价3个成绩取平均值。最后的总成绩则为综合能力和经营业绩加权而得。

4. 加强教师培养

教师水平的高低直接决定了学生的学习效果。学生的学习成绩和个人能力与教师的高素质密不可分。沙盘企业模拟经营涉及市场分析、生产规划、销售经营、财务管理等多方面的知识，综合性极强，并且理论知识也随着经济和互联网+的发展而不断更新，这就需要教师持续学习，不断提高。有条件的院校要积极与沙盘研发公司合作，进行校企合作。教师可以利用寒假和暑假到企业实践，真正参与企业的经营过程。

（四）总结

独立学院经管类专业沙盘企业模拟经营实践课程对于提高学生的专业技能和融合理论与实践于一体起到了重要的作用。沙盘企业模拟经营实践课程突破了传统理论课堂教学枯燥乏味的瓶颈，让学生以竞赛形式参与其中，增强了学生学习的兴趣和主动性，提高了学生的分析研判、创新创业和综合协调能力，增强了学生的团队意识。同时，学生通过参与沙盘企业模拟经营，可加深对理论知识的理解，检验自己在专业知识方面的局限性，以便在以后的学习和工作中引起注意，全面提高自己的整体实力，增强今后走向并融入社会的竞争能力。因此，沙盘企业模拟经营实践课程是经管类专业教学中值得推广的一种实践教学模式。

第三章

实践教学体系运行机制改革与创新

一、当前应用型本科高校实践教学中存在问题分析

传统实践教学内容在教育实践过程中虽然曾发挥了重要的作用，但却在“理论教学为主，实践教学为辅”“实践教学是理论教学的一个补充”等思想观念的指导下，实践教学未能摆到应有的位置。随着社会进步和高等教育的发展，改革传统的教育内容已是大势所趋，因为传统的实践教学内容形式单一，体现在本科教学计划规定的实践教学，具体指实验课、课程设计、教学实习、毕业论文等，特点是每一个实践教学单元与理论课紧密衔接，实际是理论课延伸到实际生产、社会应用的内容，每个实践单元的内容简单，时间较短，缺乏必要的动手能力培养的内容。传统实践教学内容在教育过程中表现出如下问题：

（一）实践教学体系不完善

一是实践教学体系不完整，实践教学环节的组织缺乏连续性、系统性、相互协调性和衔接性，缺乏专门的实践教学规划、管理、研究、评价机制。实验课完全依附于理论课程，在具体的教学实施过程中由理论课教师根据需要安排实验课时和实验内容，实验室和实验教师处于较为被动的位置。二是实践教学培养模式不科学。目前高校各专业普遍采用的人才培养模式主要还是以课堂传授理论知识为主，实习和实验操作、实践调查实践较少，教学评价也主要看学生理论知识的掌握程度。这种理论与实践相脱节的模式培养出来的学生实践创新能力、操作技能都较差，不受用人单位青睐。

（二）实践教学内容陈旧、形式简单

实验内容以演示型和理论验证型为主，缺乏设计型、工艺型、综合型、应用型和创新型实验，一些验证型实验的项目和内容也比较陈旧，且许多实验安排在理论教学之后。这样的教学安排在很大程度上已使实验成为理论教学的辅助手

段，使得学生常常处于被动状态，难以激发他们的学习兴趣，其主观能动性很难在实践过程中得到发挥。随着经济形势、科学技术、国家经济政策的不断发展变化，高校实践教学的内容也应随之更新。同时，教学形式普遍比较简单。

（三）教学方法和教学手段较为落后

部分实验的教学方法和实验手段比较落后，一些教师的实验教学改革意识、运用现代教育技术的能力和编制实验教学辅助软件的能力还不能适应教学改革的需要，能够运用现代教学技术进行实验教学的课程还相对较少。传统的实验教学程序通常是学生按规定时间进入实验室，待教师讲解后再按规定的步骤操作，进而得出实验结果，这样显然是难以发挥学生的主观能动性的，更谈不上开展创新教育和个性化教育。

（四）实践师资队伍不适应

由于实践师资的缺乏，部分课程的实验教学由理论课教师兼任，而理论课教师兼任实验教学的一个最大弊端是实验内容往往由他们自己确定，实验要求由他们自己确定，一些比较大的、费时、费力的实验项目得不到落实，设计性、创新性实验项目考虑不多。同时，实践教学人员中缺乏具有“技师型”素质的专、兼职实践教学师资力量，部分专职实验操作人员没有经历过系统的工程实践和技术应用锻炼。教师从学校到学校、从理论到理论，没有经过教师职业技能训练的实践，加之课务繁重，学历进修压力大，生产锻炼的时间较少，实际经验不足，动手能力不强，学生的实践学习效果不容易得到体现。

（五）实践教学考核体系不科学，制度不严格

一是教学考核方法不科学。高校长期以来采用以课堂教学为主的人才培养考核评价体系，不利于学生创新意识和动手能力的培养。二是缺乏独立的实践教学考核体系。大多的学校没有制定专门的实践教学考核办法和考核标准，实践教学学分一般是按 1 周 1 个学分来考核，由于考核办法简单且容易合格，有的学生常常不去单位实习，调查报告、毕业论文等都是抄袭别人的资料来应付，实践能力得不到有效提高，缺乏应有的激励机制。多数高校对学生参加学术报告、科技发

明、小创造等各种学科竞赛活动、参加科研立项或参加科研课题的科研活动、参加社会实践调查活动、科技科普宣传活动等基本上不给予相应的学分，严重抑制了学生参与实践活动的积极性。

基于以上种种原因，现行的实践教学体系已经跟不上高等教育特别是应用型本科教育人才培养的要求，必须对实践教学组织和管理模式进行改革与创新，必须架构起应用型本科教育特色的实践教学体系。

二、高校转型背景下地方本科院校经管类专业实践教学体系运行机制建设研究

（一）地方本科院校转型发展、经管类专业、实践教学体系运行机制的内涵

地方本科院校指的是省属高校和省直属市属高等院校，其定位立足于地方，一是为地方区域经济、文化和社会发展服务，培养具有实践能力和创新能力的高级应用型人才；二是为地方经济、文化和社会发展服务。

高校转型发展就是高校从不同维度，主动应对教育生态环境的变化，进行内部结构要素及相互关系调适，以形成新的结构、形态及运转模式的变革过程。地方本科院校转型发展的内涵，按照《教育部关于地方本科高校转型发展的指导意见（征求意见稿）》的要求，是指“以培养产业转型升级和公共服务发展需要的高层次技术技能人才为主要目标，以融入所在区域经济社会发展作为转型发展的重要突破口，以推进产教融合、校企合作为主要路径，通过试点推动、示范引领，引导和推动部分地方本科高校向应用技术类型高校转型发展，提高地方高等教育支撑产业升级、技术进步和社会管理创新的能力”。在治理结构、专业建设、人才培养模式、师资队伍建设、管理服务模式等方面进行全面改革，走一条创新发展之路。

从经管类专业本身出发来分析，经管类专业大体分为经济学类与管理学类两个方面。地方本科院校经管类专业人才培养要突出以下特点。人才培养方案制订、课程体系的构建、教学内容的选择要以应用、实用为目的，培养地方经济发展第一线需要的生产、建设、服务方面的高等技术型应用人才；重视实践教学环节，突出专业技能的培育；加强校企校地合作，通过学校、政府、企业等合作模式共同培养人才。

实践教学体系是由实践教学活动各个要素构成的有机联系的总体。实践教学

体系运行机制是指实践教学体系运行机制是学校实践教学体系运行过程中各环节内部以及各环节之间本质的内在相互关联、相互制约的工作方式的总和。各种因素相互联系、相互作用，要保证实践教学体系各项工作的目标和任务真正实现，必须建立一套协调、灵活、高效的运行机制。

（二）地方本科院校经管类专业实践教学体系运行机制存在的不足

1. 实践教学体系运行机制建设重视不够

长期以来，人们普遍认为，地方本科院校经管类专业的教学和全国重点大学一样，理论教学是主体、是重点，实践教学是理论教学的一个环节、一种补充；地方本科院校的发展及其在社会上的影响力大小、竞争力强弱，起决定作用的是学校的硬件设施、学生规模、师资队伍、课堂教学、科研水平等，而不是实验实训、实习见习等实践教学。因此，在经管类专业的人才培养方案中，课程实验、实训、见习、实习的学习所占专业总课时的比例越来越低。同时，由于实践教学比理论教学难度大，既要知识又要技能，不仅需要与校内关联部门打交道，而且还要与校外有关单位沟通。这样使得部分教师怕麻烦、怕辛苦，不愿承担实践教学。因此，如果在安排这类老师在指导实验、实训、实习等实践教学时，往往只是走过场，应付过关了事。这样，由于思想上的不重视，观念上的偏差，专业的实践教学得不到重视，而以实践教学为基础的实践教学体系运行机制就自然而然地不会得到应有的重视，机制建设显得严重滞后。

2. 实践教学体系运行机制建设目标不明确

目标是努力的方向，目标是奋斗的动力。建设实践教学体系运行机制，首先就要明确实践教学体系运行机制建设的目标，让全体师生知道为何这样做，让各参与群体知道实践教学体系运行机制的建设给自己带来的收获，这样就会调动参与者的积极性、主动性，既达到了实践教学的目的，又推动了实践教学的健康发展。但从现有地方本科院校经管类专业实践教学体系运行机制建设目标情况看，有的目标单一，如同理论教学一样，就是为了完成人才培养方案上规定的实践教学任务；有的目标模糊不明确，建设运行机制就是虚拟几份纸质文件，没有实质内容，没有具体目标。老师上课的目的就是完成教学任务，不关心教学效果，学生上课的目的就是为了获得学分，不关心学习效果。

3. 实践教学体系运行机制较单调，内容不全面

实践教学体系的构成要素是多方面的，这些要素之间相互联系、相互作用。实践教学体系运行涉及的参与者也是多方面的，如学校、教师、学生、企业、政府部门，为了保证各参与者的利益，促进实践教学体系快速健康发展，我们应有一套较为系统、内容详尽的实践教学体系运行机制。然而，现状并非如此，很多地方本科院校经管类专业的实践教学体系运行机制较为单一，一般为计划机制，即大学四年的实践教学计划安排，而与实践教学体系紧密联系的监管机制、激励机制、领导机制、调节机制等都比较缺乏。这样将严重阻碍实践教学体系的有效运行。

4. 实践教学体系运行机制管理不到位

近年来，地方本科院校在教学管理制度建设方面取得了一定的成绩，得到了大家的认可。但相比之下，实践教学运行机制管理还存在一定的不足，管理不到位的现象普遍存在。一是缺乏专门的领导管理。表面上，管理部门很多，你也管，我也管，但由于没有专门部门或专人负责，最后变为无人管。二是管理制度缺乏或者不完善，如对于任一运行机制，谁管，管什么，为何管，如何管，这些制度在一般地方院校很少见到。三是缺乏过程监督管理，很多的实践教学，如毕业实习等，大多学校还是采取放羊式管理，实习结束后，学生只要把毕业实习相关材料上交就行，学生是否去企业参加实习，指导老师是否指导到位，一般都没过问。四是缺乏绩效管理。教学教得好坏与否，学生学得好坏与否，结果都一样。这样不利于提高老师、学生的积极性和经管类实践教学的教学效果。

5. 实践教学体系运行机制不协调

实践教学体系运行机制缺乏协调，主要表现在：一是不同机制之间缺乏协调。实践教学体系运行机制是由多种不同机制组成的，不同的机制，其目标、要求、实施手段和方法存在差异，甚至会产生冲突，需要有一个专门机构进行协调。二是同一运行机制内部缺乏协调。每一个实践教学体系运行机制的相关当事人基本都是学校、老师、学生和企业，不同的当事人追求的利益是不一样的，因而，为了保证实践教学的共同利益，必须对相关当人进行一定程度的沟通交流，

从总局出发，求同存异，实现实践教学系统运行的利益最大化。

（三）地方本科院校转型背景下经管类专业实践教学体系运行机制建设建议

1. 高度重视经管类专业实践教学体系运行机制

地方本科院校经管类专业的实践教学不是无关紧要，不是流于形式，更不是可有可无。实践教学是社会对人才培养的客观需要，是国家教育体制改革，实现地方高校转型发展的必然要求。实践教学对提高学生的专业综合素质，培养学生的创新、创意和创业能力，具有十分重要的积极意义。为了确保实践教学顺利进行，进一步加强地方本科院校实践育人工作，全面提高高等教育质量，学校要高度重视实践教学工作，建立健全完整和相对独立的实践教学体系运行机制，探索有效的实践教学模式，完善政策，加大投入，统筹安排，加强管理，强化对实践教学工作的领导。要成立专门的组织机构，建立一支相对独立稳定的具有较丰富的教学经验及教学研究能力的评估专家队伍，负责监督、检查、反馈实践教学信息，指导学校的实践教学工作，促进教学管理规章制度的执行力。

2. 建立多元化的经管类专业实践教学体系运行机制

（1）建立经管类专业实践教学体系运行的领导机制

地方本科院校经管类专业实践教学体系运行机制建设不理想，运行不畅顺，效果不明显，一个很重要的原因就是学校领导重视不够。因而，加强地方本科院校实践教学体系运行机制建设，必须要建立一个健全的领导机制，从学校高层、中层到基层部门，都要有专门领导对实践教学体系运行机制工作进行具体负责。通过决策、规划、实施、反馈和调整等多个环节，加强对实践教学体系进行强有力的领导。

（2）建立经管类专业实践教学体系运行的多赢机制

实践教学体系的运行涉及到学校、教师、学生、企业和政府等各方利益，因此，为保证实践教学体系高效运行，取得最佳的实践教学效果，必须建立一个有助于实现各方利益的多赢机制。从学校利益来说，一是通过多种形式的实践教学，可以培养符合劳动力市场需求，满足区域经济社会发展需要的合格专业技术技能人才，提升学校的生存能力，增强自身吸引力、核心竞争力和可持续发展能力的外部动力。二是学校需要企业提供具有实践经验的教学师资、真实的实践实训环境、学生去企业见习、实习和就业的机会等。从教师利益来说，通过参与指导实践教学，可以更加了解企业、熟悉企业，可以提高自己的专业操作能力和教研水平。从学生利益来说，通过实践教学，可以学习专业技能，培养创新能力、创业能力，适应激烈竞争的人才市场，提高创就业竞争能力。从企业利益来说，销售企业参与实践教学体系建设是为了销售实验实训器材，实现自身利益最大化，合作企业参与学校实践教学体系建设。一是对企业员工进行培训，实现知识更新改造；二是从学校选择更多优秀的人才，增强企业的人才实力和市场竞争能力。

（3）建立经管类专业实践教学体系运行的沟通协调机制

建立实践教学体系运行的沟通协调机制主要包括以下两个方面：

首先，建立信息沟通机制。学校、企业、师生之间的信息沟通不畅，是影响实践教学体系有效运行的主要障碍。因此，学校应加强实践教学体系运行管理信息化建设，建立健全实践教学体系运行管理信息沟通平台，加强校企之间、实践教学部门之间、师生之间及时沟通，做到实践教学体系资源的充分共享和高效利用。一是建立微信、QQ、短信等多渠道网络交流平台，保持实践教学体系运行信息的及时沟通；二是建立由主管领导、教师和学生代表参加的实践教学体系运行的例会制度，及时总结实践教学体系运行管理的经验和存在的问题，保证实践教学的质量；三是不定期召开实践教学座谈会，并邀请行业、企业和用人单位专家参加，认真听取他们的意见和建议，适时修订人才培养方案，调整教学内容，改革教学模式，做到人才培养与市场需求有机统一。

其次，建立利益协调机制。合理的利益协调机制是保障组织高效运行的重要基础，上述已经分析，政府、合作企业、学校、教师、学生都有自己的利益需求。因此，我们应建立一个能够协调各方利益的有效机制。政府可以通过税收、融资优惠方式引导企业积极参与地方高校实践教学体系建设。地方高校应重视合作企业需求，按企业要求培养专业技能人才。政府应为企业提供资金支持，企业为学校提供实践教学提供硬软件设施和学生实习基地。学校内部教学管理部门重在组织管理实践教学活动，教师重在完成实践教学任务，学生重在参与实践教学活动，获得专业技术技能。

（4）建立经管类专业实践教学体系运行的激励机制

实践教学体系运行的激励机制对于调动实践教学体系运行管理部门、教师和学生积极性，搞好实践教学非常重要。激励机制的建立可以从以下三方面考虑：一是激励对象，主要包括实践教学管理部门、实践教学指导老师和学生。对于在实践教学体系运行中，积极负责、主动参与、表现突出、成绩优秀的管理部门、教师和学生都需进行激励。二是激励形式，根据被激励者的实际情况采取不同的方式，可以是物质的，也可以是精神的。对于老师而言，可以采取资金奖励、职位提拔、职称晋升、外出深造等形式进行激励；对学生而言，可以在评先评优、获奖、入党等方面进行优先考虑。三是激励力度。激励力度的大小，决定了激励的效果。激励力度既不能太大，也不能太小，太大增加激励成本，太小就等于无激励，因而，激励力度要适中。

（5）建立经管类专业实践教学体系运行的评价机制

为了确保实践教学体系运行的正确导向和激励作用，提高实践教学质量，改进和促进实践教学，必须建立和健全实践教学体系运行的评价机制。一是确定评价主体，即由谁评价，主要由政府、行业、企业、学校、学生及社会等来评价。二是确定评价内容，即评价什么。应根据实践教学体系的构成要素分别进行评价，同时也需根据不同的评价主体确定不同的评价内容。三是确定评价标准，即用什么尺度去衡量。对于不同的评价内容应分别确定不同的评价标准，如校内实验实训评价标准、专业实习见习评价标准、毕业论文（设计）评价标准等。四是确定评价方法，即用什么方法去评价，方法要有多样性，可采取政府、企业、学校、学生与社会评价相结合，运行过程和运行效果评价相结合、定性和定量评价相结合，现实条件和前瞻性评价相结合等方法进行全面评价。

（6）建立经管类专业实践教学体系运行的保障机制

建立健全地方本科院校经管类专业实践教学体系运行的保障机制体现在四个方面：一是组织保障，成立由主管校长牵头，教务处、二级学院教学办、专业教研室、实验实训室等分层的实践教学管理体系，各部门分工合作，相互支持，共同强化对实践教学体系建设与管理。二是制度保障。加强与行业、企业、师生交流，听取各方意见，逐步建立和完善健全实践教学管理制度，不断提高实践教学质量。三是人员保障。首先要配备数量充足、素质优良的实践教学教师，保障实践教学的顺利组织实施和较高的教学质量。其次要配备既懂专业又懂技术的实践教学管理人员，为实践教学管理提供保障。四是经费保障。要加大实践教学体系运行的经费投入，加强实践教学软硬件建设，建好校内实验实验室、学生课外科技活动的环境和校外实习基地，确保实践教学体系规范有序地进行。

3. 强化经管类专业实践教学体系运行机制管理

（1）明确专门部门或专人负责，加强责任管理

学校实践教学管理的职能部门要加强对实践教学体系运行机制进行宏观管理，制定和完善实践教学体系运行机制的管理办法和措施，做好实践教学体系运行的规划、组织协调、监督考评等管理工作；各院系要充分认识实践教学体系运行机制建设的重要地位和作用，建立实践教学体系运行工作领导小组，负责实践教学体系运行工作的组织与实施。

（2）加强对经管类专业实践教学体系运行的过程管理

各院系要负责各个实践教学内容的落实和组织工作。每个实践教学内容的实施都应有指导小组，负责落实教学大纲、教学计划、教学经费、实践场所和成绩评定。抓好实践教学前期准备环节、初期安排环节、中期开展环节和后期评价激励环节。

（3）建立完善实践教学体系运行的制度管理

没有规矩不能成方圆，为了规范实践教学体系的有效运行，学校和院系都必须制定完善一系列有关实践教学的规章制度，如《实践性教学管理办法》《实践性教学教师职责》《实践性教学班主任工作职责》《实践性教学考核办法》等，并严格监督检查其落实情况，努力做到实践教学体系运行的制度化、科学化、规范化管理。

三、应用型本科教育实践教学基地建设的相关要求

实践教学基地为实践教学提供了良好的、能适应岗位需要的、规范有序的实践场所。其中校内基地着重模拟生产现场的实际，训练学生的专业基础技能，并以此激发学生动手操作的兴趣，为后面的学习打下良好的基础。校外基地是利用社会资源，把学生放到生产、管理的第一线去学习和锻炼，让学生在真实的工作环境中体会一个生产者的感觉，使他们的知识、能力、素质在实践中得以增强和提高，全面达到社会对应用型人才的要求。

（一）校内实践基地建设要求

应用型本科院校的实践教学基地建设应采用集中式管理的设计方案，构建网络协同管理平台，快速、有效地建立各实验（实训）室间的联系和互补。并注重开发性要求，使学生、教师等可根据教学进度或研究需要以及自己的时间安排，进入实验或实训室，完成教学计划及研究要求的实践环节。另外，建设还要注重以下几个结合：

1. 实验、实训与教学相结合

为了更好地将理论与实践教学相结合，应该考虑以实验、实训为主要教学内容的某些课程的大部分实践教学环节在实验、实训室进行。

2. 实验、实训与科研相结合

实验、实训与教师的科研开发工作相结合，可以有效地提高实验、实训的水平，增强基地的学术氛围，因此在基地的规划中，应设立相应的研究室，既可用于教师的科研开发，也可用于试验性质的实验和实训。

3. 学生实训与社会实训相结合

实训项目的选择上应考虑学校的特点，对于某些大型或特大型设备，若利用

率较低时，应考虑到社会上去实训，或校内完成一部分实训、社会完成一部分实训。即使学校建立了功能较为完善的实训基地，也应建立相应的校外实训基地。

4．基本教学要求与学生创新能力培养相结合

对于学生来说，实践教学基地除应满足基本的教学要求以外，还应考虑学生创新能力的培养，要使那些能力较强的学生有一个发挥自己能力的条件和环境，为在学生中开展第二课堂活动和各种竞赛活动提供有效的支持和指导。

（二）校外实践基地建设要求

1．见习、实习要求

见习主要是到相关企业的实际岗位进行参观性的学习，让学生初步了解实际操作岗位，教学时间短，教学方法以讲解为主，学生不需要动手操作，是使学生对实际岗位有感性认识，加强对理论知识的理解和认识。实习是在掌握一定的理论知识和实践操作技能后，到相关企业的工作岗位上进行实际训练的教学过程。特点是教学时间较长，每个岗位有固定的指导教师，目的是使学生熟悉或掌握岗位运作原理并动手实际操作，培养岗位操作基本技能和基本职业素质。

2．教师锻炼要求

有计划地派教师到校外实习基地挂职锻炼，亲身参与开发研制，参加技术性生产劳动，可以进一步拓宽知识面，加深实践教学能力，了解相关技术在企业的应用情况，而这些知识和能力很难在书本上学深学透。另外，可以争取横向课题，帮助企业解决生产中的问题，提高教师的科研水平。

3．校企形成互惠双赢的局面

通过校外实践教学基地这个载体，以校外实践教学促进校企合作与产学研结合。通过产学合作，拓展技术与技能培养的教育资源，提高毕业生对职业岗位能力要求的适应程度。校外实践教学基地的建设直接关系到校外实践教学的实施和质量。但大部分校外基地都是企业，不属于学校，因此应积极与他们进行多方面的合作，建立互惠双赢的合作，使企业发展成为学校稳定的实践教学单位。作为学校要同企业合作，首先要树立为企业服务的意识，认识到学校既有培养人才的

职责，也有为企业服务的责任，学校应主动为企业服务。其次，使企业认识到学校是在为企业培养有知识、有技能的应用型人才。

4. 师资合作

企业教师与学校教师共同制订实践教学大纲、教学计划、实践指导及教学总结等一系列教学活动。学校对企业指导教师进行资格审核后，颁发聘书，使企业指导教师成为校外兼职教师，这对企业教师在职称评定、升级中有一定的帮助，既调动了企业人员参与教学的积极性，又保证了教师队伍相对稳定性，保障了实践教学质量。技术先进、管理水平高的企业是先进生产力的代表，有较强的生命力。

5. 考察与跟进

学校要对企业要进行全面考察，包括生产技术的先进性、生产工艺水平、生产管理水平、产品的市场占有量和企业文化等方面进行调研，选择优秀企业作为实践教学基地，为实践教学创造良好的教学条件和氛围。随着经济的迅速发展，新的企业不断出现，要求学校密切关注本专业相关企业的发展动态，不失时机地与优秀企业进行联系和合作，共同建设高质量的校外实践教学基地。

四、计量经济学理论与实践教学相融合教学模式探讨

（一）引言

计量经济学与宏观、微观经济学共同构成经济类专业三门核心的必修课程，是现代经济学教育中不可或缺的组成部分，因而计量经济学的教学引起越来越广泛的关注，但计量经济学的教学仍明显落后于宏观、微观经济学的教学。计量经济学的教学目标是让学生能理解与掌握计量经济学的基本原理和方法，并能熟练运用，以解决实际中的经济问题。因此，计量经济学的理论与实践教学相融合的教学模式，有利于促进理论教学与实践教学的协调发展，是实现计量经济学教学目标的有效途径。

目前，在计量经济学的教学实践中，普遍存在“教师难教”与“学生难学”的双重困境，对于这样一门教和学难度都很大的课程，如何调动学生学习的积极性和主动性是提高教学效果的关键，而计量经济学的理论教学与实践教学相融合发展是提高教学效果的必要手段。

（二）计量经济学理论教学

理论教学是计量经济学教学的基础，国内高校计量经济学的教学方式主要是教师课堂讲授书本知识，由于理论本身的枯燥乏味，很容易使学生感到疲惫厌倦，很难形成感性认识，这种为应付考试而进行的学习，并不能给学生带来更多的思考。这一教学模式在我国高校中普遍存在，虽然在人才的培养中起到了一定作用，但总体效果却不甚理想，要提高理论教学效果，应从以下几个方面入手改变当前教学模式。

1. 教学内容要与时俱进，推陈出新

人才培养要以社会需求为导向，要敢于打破落后的教学计划，根据社会需求

来制订教学内容，争取在有限的时间传授给学生有用的知识，激发学生内在的学习欲望，为实践教学奠定基础。经济理论是经济实践发展到一定阶段的必然产物，且随着经济实践的发展而深化，因此，在教学内容安排和教材的选定上，要推陈出新，引进前沿的学术理论和最新的经济范例。同时，鉴于教师在教学活动中具有主导作用，教师要对教学内容及时进行调整，以缩短理论和现实之间的距离，强化计量经济学理论与实践的结合。

2. 创新教学手段，提升教学质量

打破传统的“填鸭式”教学方式，取而代之的是互动授课方式和反向教学模式。传统的“填鸭式”教学方式，理论教学枯燥乏味，适当增加互动式授课，让学生走上讲台讲解自己的观点，理论知识变得更生动、更形象，通过同学间的相互讨论，互相补充和启发，化被动为主动，学生学习的积极性得到显著提高，学生积极参与到课堂教学过程中，既活跃了学习氛围、提高了学习效果，又锻炼学生独立思考和表达的能力。反向教学模式是满足学生求知欲的一种有效方式，学生发现一些在实际生活中不能理解的经济问题，带到课堂向老师请教，在与老师探讨的过程中，深化了对经济问题的理解，完成理论与实践的初次结合。教学手段的丰富不仅能使学生理论学习的兴趣得到提升，而且锻炼了学生语言表达和逻辑思维的能力，思考问题的广度和深度显著提高，理论联系实际的能力明显增强，从而提升了理论教学的质量与效果。

3. 加强教师队伍建设，提升教学水平

教师是创新理论教学的主体，是实现人才培养目标的主导因素，计量经济学师资队伍的建设是提升其教学水平的关键。计量经济学是一门处于动态发展中的学科，新的知识和理论不断涌现，因而要重视对青年骨干教师的培养，提升其理论水平和创新意识，引导其投身于教学和科研之中，从而提升教学水平。

（三）计量经济学实践教学

经济学的宗旨就是要解释和解决现实中的经济问题。经济学是一门致用之学，须对现实世界的经济现象进行描述，对经济规律做出解释，能否准确地解释经济现象与规律，能否有效地指导社会经济实践，是评判经济理论的一个重要标准。因此，实践教学是高等教育的重要且必不可少的组成部分。实践教学作为理

论教学的有益补充，可使学生对理论知识产生全面而感性的认识。但目前许多高校对实践教学不够重视，只是做做形式，走走过场，导致理论教学与实践教学不相匹配，直接影响到人才培养质量的提升。我们要想使实践教学真正取得实效，应做好以下几个方面工作。

1. 加强理论教学的过程化学习，为实践教学夯实基础

计量经济学的理论教学活动中有实验教学环节，安排在计算机房进行，在每一章都有一个综合案例，既能诱发学生学习兴趣，又能使学生熟悉计量软件操作。将抽象的计量经济建模方法贯穿于具体的经济范例分析之中，将枯燥而乏味的理论分析变为生动而有趣的案例分析，从而使学生能够主动接受相关的知识。这种从感性认识上升到理性认识的教学模式，契合大多数学生的认知习惯，能激发出学生的学习热情，提高学生的学习效果，从而使学生能够有扎实的专业基础，并提升其分析解决实际问题的能力，从而为实践教学夯实基础。

2. 调动师生参与实践教学的积极性

激发学生的主体意识是进行实践教学的关键性因素，要适当地引导并激励学生，发挥其在实践教学中的主体作用，只有提升学生参与实践教学的积极性，从根本上改变学生在实践教学中的被动状态，才能真正达到提升学生实践能力的目的。老师既是理论教学的组织者，又是实践教学的引导者，学校应鼓励和支持老师进行更多的课程实践教学，还应尽可能地创造条件让老师多接触社会，提升教师队伍的实践教育能力，同时邀请社会上一些有实战经验的专家来学校做专题讲座，让同学多了解社会，以弥补校内教师实践经验的不足。

3. 重视探索性实践教学，强化理论与实践教学的融合

计量经济学教学要注重培养学生实际应用能力，切忌照本宣科，作是一门应用性与实践性都很强的课程，其教学的目的就是要提升学生“学以致用”的能力。计量经济学教学不仅要使学生具有扎实的理论基础，更为重要的是培养学生分析解决现实经济问题的能力。通过“探索性案例”使学生深刻体会发现、分析和解决问题的全过程，学会如何进行定量分析，并清晰地进行阐述。在这过程中，教师要加强对学生探索性学习过程的引导和考核，以提高教学的效果，真正使学生做到“学以致用”。

（四）计量经济学理论与实践教学相融合模式

理论与实践教学相互依存，相得益彰。扎实的理论功底是理论与实践教学相结合的基础，实践教学改革必须在理论指导下进行，没有理论指导的实践是盲目的，同时，失去实践的理论是空洞而乏味的，理论教学和实践教学具有内在依存性和统一性。我们按照问题导向—研究探索—理论提升—指导实践的教学思路，建议采用如下几种有效的教学模式。

1. 案例教学与课堂讨论

首先，利用案例教学提出问题，让学生查阅相关资料，然后进行课堂讨论，让他们提出对问题的理解和解决问题的方法。其次，老师针对学生的分析进行指导，对问题进行理论上的分析与总结，让学生较好地体验与感受计量经济学，而不只是空谈理论。利用案例来提出计量经济学所探讨的问题，案例教学可让学生更直观地理解与掌握抽象的理论，提高其学习兴趣，教师对关键知识点进行讲解，鼓励学生相互讨论，发表自己的见解，让学生在独立探索和共同探讨中，获得一种自我价值实现的满足感与成就感。

2. 学术论文探讨模式

阅读一些经典的学术论文有利于学生更好地理解相关的计量经济理论，采用学术论文探讨模式应注意论文的选择，既要尽量贴近现实生活，又要难度适中，教师可选择一些经典的学术论文让学生先阅读，然后进行讨论，这可对有学术兴趣的同学进行启蒙，而且学术论文的精读是把握计量经济学前沿的有效方法，对那些希望进一步深入研究的学生来说，研读学术论文更是一种将其引入计量经济研究的有效方法。

3. 项目团队学习模式

由教师设计教学项目，将学生分为几个团队，引导学生团队协作完成教学项目，在此过程中培养学生的团队合作精神，提升其理论和实践能力。基于项目团队的教学模式，既能够提升学生的团队合作精神，又能够让学生利用课余时间进行社会调研，将所学理论知识运用到实际问题的分析中去，加深对计量经济学的理解和运用。

（五）结论

在计量经济学的教学过程中，我们要充分认识到理论教学和实践教学既相辅相成，又相对独立的特性，理论教学和实践教学相互融合应是一种互动的发展模式，符合理论教学与实践教学未来的发展方向，只有将理论和实践教学有机融合，才能达到提升人才培养质量的最终目标。

五、经济学专业科研训练与实践教学相结合模式研究

（一）引言

如何提高经济学专业学生的创新意识与实践能力，培养适合社会需要的高素质人才，是经济学专业建设关注的核心问题，为此国内外许多高校进行了理论与实践层面的探索。其中，美国麻省理工于1969年首创的“本科研究机会计划”是一种有益的尝试，经过几十年的发展和完善，已为许多高校所认可和效仿。科研训练被人们普遍认为是培养学生创新意识和实践能力的有效途径。经济学专业科研训练是指在学好专业课程的基础上，让本科生在老师的指导下，参与到研究项目和各种科研活动中去，接受科研训练，以提高学生的创新意识和实践能力，进一步调动学生学习研究的主动性与积极性。

（二）经济学专业科研训练的作用

科学研究具有知识性和探索性的特点，通过科研训练可以提升学生的综合素质，提高学生的创新能力，因此，对经济学专业学生进行科研训练具有以下几个功能。

1. 拓宽专业视角，完善知识结构

由于传统的经济学教育，侧重于书本知识的传授，专业口径狭窄，接受知识的广度和深度都不够，不能适用社会发展的需要，通过科研训练，可以探索和认识未知的世界，让学生了解学科的前沿，接触新知识和新方法，从而形成比较完善的知识结构，扩宽专业视角，为今后的学习和工作奠定坚实的基础。

2. 培养创新思维，提升创新能力

以书本为中心的传统教学模式，学生思维方式单一，创新意识不强，科研训

练可以培养学生敏锐的观察力和创造性的想象力，充分发挥学生的聪明才智，释放学生的创新激情，培养创新思维。在科研训练中培养学生勇于挑战、敢于质疑、善于超越的品质，从而提升学生的创新能力。

3. 塑造健全人格，适用社会需求

科研训练有助于学生树立投身科研的宏大理想，培养和强化学生的创新兴趣，克服自卑胆怯等心理障碍，使学生形成健全的人格。同时，科研训练使学生参与科学研究的全过程，提高学生运用所学知识发现、分析和解决问题的能力，培养了学生的交流能力和表达能力，在研究中提高学生的创新能力和实践能力，使科学研究和人才培养有机结合，从而更能适用未来社会发展的需要。

（三）科研训练与实践教学相结合模式

学生科研训练不同于一般教学活动，它贯穿于教学活动的全过程，体现于教学活动的各个环节之中。要使经济学专业科研训练起到实效，需将科研训练与实践教学相融合，从实践中来，到实践中去。我们按照“兴趣培养—参与科研—形成能力”的人才培养思路，建议采用如下“三结合”模式，以提高教学效果。

1. 科研训练与研究项目相结合

科研训练应主要以项目形式进行，项目分为教师负责的项目和学生负责的项目，以科研项目为载体，对学生进行科研训练，能促进教学思路和教学方法的创新。在教学思路上实现三个转变：一是引导学生由接受型学习向研究型学习转变，学生参与科研训练属于研究型学习，在学习的过程中尝试进行探索与研究，在研究探索的过程中加强学习，将学习与研究融为一体。二是教学由课堂讲授向课外拓展转变，学生参与科研训练本身是一种很好的课外拓展训练形式，引导学生走出课堂，投身社会实践，拓宽学习视野，关注学科前沿，培养学生的逻辑分析能力、语言表达能力和团队协作能力。三是教学形式由强调整体共性向个体特性转变，以往的教学多注重学生的整体共性，据此来设计教学内容，忽视了个体的特性，而引导学生参与科研训练，可以在一定程度上弥补这种不足，针对每个个体开展科研训练，凸显这一教学形式的个性化特征。在教学方法上实现三个转变：第一，是培养学生“研究意识”，学生参与科研训练是对其“研究意识”的深度培养，在研究的选题上融入学生感兴趣的和有很强现实意义的问题，使学生

"研究意识"在更广的空间能得到更自由的提升。第二，是促进师生之间的互动，教师指导学生进行科研训练，会带来双向的锻炼和提高，丰富科研训练的内涵和意义，收到良好的互动效果。第三，提升学生的团队精神，研究项目要由研究团队来完成，这种形式的科研训练，不仅是专业的学习和训练，也是对学生团队意识的培养，让学生学会如何在实践中进行团队协作。

2. 科研训练与实验教学相结合

"开放式实验"以学科为依托，用项目的形式将科研训练与实验教学相结合，实现科研与教学的互动，将科研的成果引入实验教学之中，丰富实验教学的内涵。通过实验教学，老师在传授知识的同时，还向学生传授科学研究的方法，学生在老师的指导下，设计研究方案，收集经济数据，运用经济软件进行分析，撰写研究报告，并宣讲自己的研究成果。这能够开阔学生的视野，调动学生的学习热情和科研兴趣，激发学生的创新思维，提升科研创新能力。

3. 科研训练与课外活动相结合

学生课外活动不仅能培养学生创新精神和实践能力，还能培养学生的交流能力和团队精神，将科研训练与课外活动相结合既能保证学生研究学习的时间，又能提升研究学习的效率。学年论文与毕业论文可以与研究计划结合起来，进一步深化项目研究，开展科研训练，同时充分利用寒暑假的时间进行调研，不仅能使科研训练取得更好的效果，还能提高学年论文与毕业论文的质量。积极邀请校内外专家学者举办各种学术活动，促进学术交流，活跃校园科研氛围。鼓励学生举办学术沙龙，为学生交流科研成果和研究心得提供有效阵地，资助学生参加国内外的学术研讨会，扩展研究视野和交流渠道。

（四）科研训练与实践教学相融合的保障措施

要实现科研训练与实践教学相融合，培养学生的创新能力和科研水平，还需要一定的配套机制、硬件条件和师资队伍做保障。我们应从以下几个方面加以落实。

1. 建立和完善相关配套机制

作为新生事物必然要经历一个发展完善的过程，我们应对其规范化。一方面要建立科研创新培育机制和激励机制，为了保障科研训练的实践效果，应选派科研能力和实践能力较强的老师担任负责人，以确保科研训练和实践教学的顺利进行，同时，要建立科研创新的激励机制，以调动老师和学生的科研积极性，确保研究的顺利进行。另一方面要进行人才培养模式改革，实施“弹性学习制”和“完全学分制”，在教学计划中增加研究性学习课程，促进学生参与科研的积极性，为创新人才培养提供一个宽松的环境。

2. 实验实践条件保障

要从多方面争取经费投入，建立本科生科研训练专项资金，专款专用，制定专业实验室本科生科研训练管理制度，加大实验室对本科生的开放力度，建设一批集实践、教学、科研训练于一体的实践基地，有效整合和利用实践教学资源，为学生科研训练与创新能力的培养提供有效保障。同时，加强校外实习基地的建设，聘请基地的依托单位专家参与学生的科研训练指导，积极吸引社会资源参与学生实践能力的培养，缓解教育资源不足的瓶颈。

3. 培养科研师资队伍

优秀的师资队伍是实现科研训练与实践教学相融合的关键性因素，为提高学生的科研训练质量，必须全面提升教师的素质。制定政策鼓励教师参与学生的科研训练指导工作，并给予一定的物质和精神奖励。加大力度聘请外单位的专家、学者为学校的兼职教授，充分利用社会资源。同时，抓好“双师型”教师的培养工作，通过各种途径，提升教师的科研能力和实践能力。在科研训练的指导上，要完善导师个人指导和集体指导相结合，大力推进导师集体指导，可使学生博采众长，形成自己的创新思维方式，从而提升自己的研究能力和实践能力。

（五）结论

采用“三结合”教学模式，对经济学专业学生开展科研训练是教学改革的一次有益尝试，更是一次教育观念的更新和突破。在“三结合”教学模式的组织和实施过程中，我们深刻体会到科研训练和实践教学的巨大作用，尤其是在学生创新能力和实践能力的培养方面，其作用不是课堂教学所能替代的。我们要充分利用“三结合”教学模式这一平台，积极探索更有效的教学方式，进一步拓宽学生的学科视野，激发学生的研究兴趣和创新精神，提高学生的研究能力和实践能力，提升学生的综合素质，以培养更多的创新型人才。

六、新形势下地方高校物流管理专业实践教学改革的探讨

（一）引言

在《国家中长期教育改革和发展规划纲要（2010—2020年）》中，明确了地方高校的职能定位：服务于地方的经济社会发展。为地方经济社会发展培养大批应用型、创新型人才是地方高校服务于地方经济社会发展的主要途径之一。在此形势下，地方高校在学科及专业建设、人才培养模式等方面都要自觉地与地方的经济社会发展紧密结合，与地方政府和企业开展广泛的产学研合作，提高自主创新能力，为促进地方经济社会的可持续发展，实现地方产业结构优化、资源和能源的有效开发利用提供科学的、可行的解决方案，不断增强服务地方经济社会发展的能力，并在服务于地方经济社会发展的过程中实现自身的特色化发展和专业化发展。

物流业是现代经济增长的新的利润源泉，对国民经济的增长发挥着支撑和带动作用，是国民经济发展的“动脉”产业。物流业作为现代服务业的重要组成部分，也在我国经济社会发展中扮演着越来越重要的角色，对此国家有关部门已经有清醒的认识。2009年国务院将物流业列入十大产业振兴规划，预示着物流业在我国还将有更大的发展空间。现阶段我国物流业发展的一个主要瓶颈就是合格的物流管理人才供不应求，据调查统计，物流管理人才已成为我国十二类紧缺人才之一。物流管理专业是实践性、应用性很强的专业，要求高校在人才培养的过程中，以学生的实际应用能力培养为导向，不断改进物流管理专业的人才培养模式和方法，为我国物流业的发展培养大批理论知识和应用能力兼备的应用型、创新型人才。这要求地方高校在物流管理专业的教学过程中重视实践教学，既要注重培养学生对物流管理相关理论和方法的掌握，也要注重培养其实际应用能力，使学生将来走上工作岗位时，能够运用物流管理的理论和方法解决工作中遇到的问题。然而当前地方高校物流管理专业在实践教学过程中还存在不少问题，

影响了专业人才培养质量，本文首先对这些问题进行了总结，然后就地方高校物流管理专业的实践教学改革提出了可资借鉴的解决方案。

（二）目前地方高校物流管理专业实践教学存在的主要问题

目前地方高校物流管理专业的实践教学中还存在不少问题，主要体现在：缺少合适的实践教学教材，实践教学流于形式，没有实质效果，合格的实践教学师资缺乏，合格的实践教学基地难以建设等。

1. 缺少科学的实践教学教材

目前地方高校的物流管理专业实践教学主要包括：见习、实训、实习、社会实践和毕业论文等几个环节。在见习、实训、实习和社会实践等环节中，通常都没有正规的教材或手册，往往是根据系部或教研室事先拟定的方案来进行，这样的方案具有很大的随意性，一旦系部领导班子换届了，可能这些实践教学方案又要重新拟定。由于没有科学的实践教学教材，使得实践教学过程缺乏科学性和稳定性。

2. 实践教学流于形式、没有实质效果

不少地方高校在物流管理专业的见习过程中，由于没有找到跟物流管理专业对口的见习企业，在见习之前学生也没有进行准备，见习之后也没有相应的考核手段，使得物流管理专业的见习教学走马观花、流于形式，很难起到见习教学的作用。物流管理专业实训由于实训条件有限、合适的实训教程缺乏，使得专业实训往往只是在实验室操作物流管理软件，实训效果大打折扣。学生实习过程中，由于缺少合适的实习基地，往往由学生自行联系实习单位，不少专业实习跟本专业没有关联性，这样使得专业实习的效果也很不理想。

3. 合格的实践教学师资匮乏

由于没有合适的选拔和激励机制，目前许多地方高校物流管理专业的“双师”型或“双师素质”型教师比较缺乏。专业任课教师往往是从高校毕业以后又直接到高校任教，缺乏实际工作经验，无法对专业的实践教学进行有效指导。

4. 合格的实践教学基地难以建设

地方高校由于办学经费和办学条件的限制，在建设校内实践教学基地时，购

买、使用和维护教学设备和软件的成本耗费较大，使得地方高校难以独自承担。此外，物流业本身发展速度很快，高校所购置的实践教学设备和软件容易过时，不少地方高校都在使用早已过时的教学设备和软件，这使得学生学非所用，降低了实践教学的质量。在建设校外实践教学基地的过程中，由于目前物流企业的经营风险较大，地方高校组织学生去物流企业进行实践学习，不但不能给企业带来直接效益，反而会给企业的经营带来不确定因素，增加企业经营的隐性成本，因此不少地方物流企业都不愿意接纳地方高校的实践教学任务。

（三）新形势下地方高校物流管理专业实践教学的改革探讨

针对目前地方高校物流管理专业实践教学中存在的问题，根据新形势下地方高校的办学目标和物流管理专业本身的特点，提出以下应对措施。

1. 构建完整的实践教学体系，组织编写符合地方高校特点的实践教学教材

由于物流管理专业的实践性和应用性，实践教学应该渗透到地方高校物流管理专业教学的各个环节中去，建立包括入学见习、课程实训、综合实训、专业见习、毕业实习、假期实践教学和毕业论文等完整的实践教学体系。在物流管理专业学生入学之初，可以组织学生参观当地有代表性的物流企业，给学生留下一个直观的印象，增强学生的专业兴趣；在重要专业课程的学习过程中，应该导入课程实训，增进学生对所学知识的理解，提高学生的知识应用能力；在所有专业课程学习完成后，应该安排专业综合实训，考查学生综合运用所学专业知识来分析和解决问题的能力；在专业见习过程中，应该组织学生到当地有代表性的物流企业进行参观学习，理解所学专业知识在企业中的具体应用，明确专业学习的重点和难点；毕业实习要让学生进入地方物流企业的具体工作岗位进行实际操作，让学生综合运用所学专业知识来解决实际工作中遇到的问题；毕业论文环节是对专业学习的总检阅，考查学生综合运用所学知识来观察、分析和解决问题的能力。对于这些实践教学环节，应该分别编写相应的实践教学教材或手册，并在教学中不断总结和改进，使得物流管理专业实践教学教材能够契合地方经济社会发展的现状和专业的特点，能够切实达到实践教学的效果。

2. 建立完备的实践教学效果评价机制

应该改变传统的实践教学后考核的单一考核方式，建立包括实践教学前的准备情况考查、实践教学过程中的监管和实践教学完成后的考核等全面的教学效果评价机制。首先，在开展实践教学之前，应该有一个准备阶段，让学生了解实践教学目的并布置实践教学的任务，使学生从知识上和心理上做好充分的实践教学准备；其次，在实践教学过程的每一个环节，应该有相应的监管机制，确保实践教学环节的完成质量，使得实践教学的目标顺利达成；最后，在实践教学结束后，要对实践教学效果进行综合评价，根据学生对实践教学目标的完成情况给出相应的成绩。

3. 加快“双师型”师资队伍建设

为保证地方高校物流管理专业实践教学的质量，建设一支“双师”型或“双师素质”型的专业教师队伍是必需的。地方高校可以根据实际办学条件，考虑采取“走出去”或“引进来”等措施进行实践教学师资培养。“走出去”是指地方高校通过与地方物流企业建立良好的合作关系，派出专业教师到地方物流企业中任职，或者与地方物流企业合作攻关项目，增强教师理论联系实际的能力，从而提高教师的实践教学水平；“引进来”是指聘请企业的技术骨干定期对教师进行培训，或者对学生的实践教学过程进行直接指导；鼓励专业教师考取相关的专业技术职业资格证书，如物流师证、采购师证等。在招聘专业教师时，设定相应的标准，优先聘用有相关工作经验的教师。

4. 多渠道构建合格的实践教学基地

地方高校要根据实际情况，通过多种渠道建立合格的校内外实践教学基地。对于校内实践教学基地，由于建设成本较高，可以考虑跟企业共同建设或跟其他高校共建共用等形式来构建；对于校外实践教学基地，可以采用“政校企”联合共建的模式来构建，具体来说，就是由政府牵头和协调，地方物流企业和地方高校共同参与的模式。由地方物流企业负责提供实践教学的硬件设施和设施的维护，由地方高校提供实践教学软件和技术支持，共同建设合格的实践教学基地。

七、地方本科院校转型背景下经管类专业实践教学体系构建研究

（一）地方本科院校转型背景下构建经管类专业实践教学体系的必要性

地方本科院校转型发展，就是指基于高等教育发展趋势、经济需求以及高校自身特点的科学定位，在办学体制、专业建设、教学模式、人才培养模式、师资队伍建设、管理服务模式等方面进行改革。2014 年 3 月，教育部为贯彻落实《国家中长期教育改革和发展规划纲要（2010—2020 年）》，加快现代职业教育体系建设，推进地方高校转型发展，提高服务区域经济社会发展的能力水平，提出了《关于地方本科高校转型发展的指导意见》（以下简称《意见》）。《意见》指出地方本科高校今后要逐渐向应用技术类型高校转型发展，通过产教融合、校企合作等途径，培养产业转型升级和公共服务发展需要的高层次技术技能人才。

然而，地方本科院校因所处地域和自身条件的不足，在办学理念、师资力量、学科专业、软硬件建设、文化氛围、竞争力等方面与办学历史较长的老牌重点大学相比都存在很大差距，在高校竞争中处于劣势地位。在毕业生就业方面，由于地方本科院校经管类专业在很大程度上忽略实践教学，培养出来的学生，实践操作能力不高，达不到用人单位的要求而被拒之门外。因此，基于地方本科院校转型发展背景，加强地方本科院校经管类专业实践教学体系建设显得非常必要。第一，有利于传统教学观念的改变，促进经管类专业实践教学理念的形成；第二，有利于经管类专业实践教学的内容更全面、手段更完善、平台更丰富、效果更明显；第三，有利于学生的专业技能和实践能力培养，提高学生的创业就业能力；第四，有利于加强学校与政府、企业等合作，培养“双师型”教师和社会所需人才，进一步推进专业建设和学校发展。

（二）地方本科院校经管类专业现有实践教学体系存在的主要问题

随着高等教育的不断改革和人才培养方案的不断修订，地方本科院校经管类专业的实践教学得到了一定加强，实践教学体系逐渐得以建立。但根据我们对国内部分地方本科院校经管类专业的实践教学体系现状调研的结果看，目前，地方本科院校经管类专业实践教学体系仍然存在许多问题，其主要表现如下：

1. 实践教学目标体系不明确

任何教学活动都应有目标性，都要根据教学目标组织教学活动，最后实现教学目标。没有了教学目标，就失去了教学方向，实践教学也是如此。长期以来，由于受传统教学理念的影响，重理论、轻实践，重课堂教学、轻课外实践的培养模式，在地方本科院校经管类专业的教学过程中普遍存在。将实践教学游留在课堂教学之外的可有可无状态，实践教学目标模糊、不明确，完成规定的教学任务就算了事，实践教学体系结构简单、不完整，也就是说，地方本科院校经管类专业实践教学具有很大的盲目性。这种状况严重制约了教学质量和学生实践应用能力的提高，也最终影响了地方本科院校经管类专业的人才培养目标。

2. 实践教学内容体系不全面

经管类专业的实践教学包含的内容非常丰富，如课堂中的案例讨论、课程实验、仿真模拟、专业见习实习、论文设计、技能竞赛、科技创新、社会调研等，这些内容是培养学生专业技能、应用能力和创业就业能力必不可少的项目，应根据人才培养方案要求，有计划、有目标地予以组织实施。然而，目前相当地方本科院校经管类专业的实践教学体系的内容显得很不全面。一是专业课时和学分的设置上，实践教学不管是课时还是学分都在专业总教学课时和学分中所占的比例偏低；二是在专业人才培养方案制订上，主要集中在课堂讨论、毕业论文和毕业实习等三个环节上，课程实验、模拟实训、专业见习、学科竞赛、科技创新等实践教学环节安排不明显；三是在组织实施上，实践教学系统过程不完善，很多实践教学活动缺乏集中组织，都由学生自身完成，缺乏有效监督，完成的质量取决于学生自觉和自身努力程度。毫无疑问，不完整的实践教学内容体系和偏低的课时、学分安排，培养出来的学生综合实践能力肯定偏低。

3. 实践教学平台体系不充足

实践教学平台是经管类专业实践教学体系的物质保证。完善的实践教学平台是培养应用型创新人的重要保障，特别是针对经管类专业实践教学特点，积极构筑校内外实践教学平台更为重要。但由于实践教学平台的建设，需要一定的人力、财力和物力的投入，同时，实践教学平台的建设和维护复杂，难度大，地方本科院校经管类专业实践教学平台普遍缺乏、不充分。一是校内的实验、实训平台缺乏。这种缺乏主要体现在实验实训场地缺乏、实验实训设备缺乏和实验实训软件缺乏。二是校外见习和实习平台缺乏。在市场经济体制下，企业无培养人才义务，特别是接纳经管类学生实习可能打乱单位工作秩序，泄露单位商业机密等，同时，由于人才市场供求失衡严重，企业需要员工可直接从人才市场招聘，而且，从人才市场招聘，既方便又快捷。因此，一般单位都不愿接纳学生实习。三是学科竞赛平台发挥不充分。学校每年都有一些省级和校级的学科竞赛，尽管每次竞赛鼓励学生积极参加，但最终参赛的学生总是少数，得到锻炼的也只是少数学生，大多数学生没有从学科竞赛中得到锻炼。

4. 实践教学保障体系不完善

实践教学目标的实现，学生综合素质的提高，一定要有相应的实施条件做保障，否则，再好的方案、再好的规划都会成为空谈。那么，目前地方本科院校经管类专业实践教学的保障体系现状怎样呢？答案是问题很多，不容乐观。一是指导学生实践教学的“双师型”教师严重不足。目前地方高校的教师基本都是从学校到学校的纯理论型教师，实践经验缺乏。二是实践教学平台不足。上述已经提到，有些学校学生实验实训，没场地、没设备、没软件，学生见习实习，没见习实习基地。三是实践教学经费得不到保障。不管是校内实验实训还是校外见习实习，都需要投入一定的经费，但学校在这方面的投入严重不足。四是实践教学缺乏制度保障。各学校的教学管理制度很多，有的甚至非常完善，但关于实践教学管理的制度相对不足，特别是关于实践教学质量评价考核制度非常少，甚至没有。没有制度，就没有规矩，就不能对实践教学进行有效监督管理。实践教学不实践，最终变为好看的一纸空文。

（三）地方本科院校转型发展背景下经管类专业实践教学体系的构建设想

1. 地方本科院校转型发展背景下经管类专业实践教学体系的构建原则

（1）适度超前原则

随着社会经济的发展，技术的快速更新，人才知识结构的不断转化，经管类专业实践教学体系构建必须具有适度超前性。一是实践教学发展规划适度超前，即根据专业的中长期发展规划构建实践教学体系；二是实践教学的软件建设适度超前，既能保证校内实验实训教学需要，又能满足师生从事科学研究的需要；三是实验实训室设备建设适度超前，逐步实现从一般设备向现代智能化设备过渡。

（2）资源整合原则

经管类专业很多，但其实践教学具有很大的共性。因此，我们在构建实践教学体系的时候，打破分专业进行实验室、见习实习基地建设的界限，对专业的实践教学进行分类，将具有共性的实践教学项目归为一类，将资源进行整合，建设共同的实践教学平台，这样既避免了重复建设、节省了实践教学建设经费，又提高了实践教学设施设备及基地的利用效率。

（3）专业特色原则

随着我国高等教育的迅速发展，高等学校的数量与规模日益扩大，学校之间的竞争变得越来越激烈，但就竞争的本质而言，高校间的竞争主要体现在教学质量的竞争和高素质人才培养的竞争。就地方本科院校经管类专业来看，教学质量的好坏、学生创业就业能力的高低，最主要的影响因素要归结于相关专业的实践教学质量。而经管类专业实践教学的质量高低决定于实践教学的专业特色，即实践教学的内容、教学手段、教学平台等要真正体现出“人无我有、人有我优”的实践教学专业特色。

2. 地方本科院校转型发展背景下经管类专业实践教学体系的构建设想

根据地方本科院校经管类专业实践教学体系存在的实际问题和构建原则，从以下四个方面进行实践教学体系构建。

（1）实践教学的目标体系构建

①总目标与分目标构建。由于实践教学体系是由许多要素构成的一个总体，那么，作为实践教学目标体系来说就可分为总目标和分目标两大部分。总体目标是指通过一定时期后要实现整体目标，例如：实践教学体系更加完善，人才培养方案更加科学，更好地促进专业建设和学院学校发展；培养学生的实践能力、职业素质、创新能力等基本技能和专业技术技能；增强学生的实践情感和实践观念，培养良好的职业道德与责任意识。分目标就是总目标的各构成部分所有实现的目标，如实验室建设目标、见习实习基地建设目标、校企合作目标、双师型教师建设目标、学生总体素质培养目标等。②中长期目标和分期目标。从时间上来说，实践教学目标应是一个动态的建设目标，可分为中长期目标和短期目标。经管类专业实践教学的中长期目标是指在未来一段较长时期内所要达到的目标，包括中长期总体目标和分目标；分期目标就是分阶段所要达到的目标，如大学四年，每年的实践教学所要达到的目标。

（2）实践教学的内容体系构建

①课程实践教学。课程实践教学是对每门课程的课堂教学而言的，在人才培养方案的课程设置中，每门课的课时一般都分为讲授课时和实践课时两部分。根据课程性质的不同，实践教学的形式不一，可采取案例分析、虚拟情景、岗位角色扮演等，让学生边学边练，增强学生的感性、悟性，以及分析问题、解决问题的能力。②实训仿真平台教学。实训仿真平台是专门利用计算机模拟软件开设的专业技能实习平台。自己创立虚拟公司，设置公司组织结构，扮演岗位角色，在虚拟竞争的环境中运用自己所学到的各种专业知识，充分体验企业经营管理程序、环节、方法等全过程，培养学生的自主思维能力、团队协作能力、公司业务的操作技能与技巧，为学生将来从事相关业务工作打下良好的实际操作基础。③专业见习。专业见习也称专业现场学习或专业实地观察。为了提高学生对现实企业或专业岗位的感性认识，获得新的知识，加深所学专业的了解，使今后的专业学习更具有针对性和方向性，由学校教学部门组织专业教师带领学生到生产现场

或服务现场进行岗位实地观察或者短暂的跟班学习。在经管类专业课学习中，恰当地运用专业见习，对提高学生的学习兴趣、开阔学生视野、巩固专业意识、培养专业技能将起着巨大的推动作用。④专业实习。毕业实习是地方本科高校经管类专业学生在毕业之前，即在学完全部课程之后，以集体或分散的方式到企业等单位从事一定的顶岗实际工作，企业按照准员工的要求对实习学生进行各项管理的一种极其重要的综合技能提升形式。学生通过综合运用所学的全部专业知识分析和解决实习工作中面临的各种问题，从而提高自己发现问题、分析问题、解决问题的专业技能和团队协作、社交公关等综合素质能力。为学生走向社会，增强创就业能力打下坚实基础。⑤毕业论文。毕业论文或毕业设计工作是高等学校人才培养计划的重要组成部分，是地方本科教学过程中重要的实践教学环节，是人才培养质量的全面、综合检验与反映。毕业论文工作的目的是培养学生科学的思维方式、研究方法，正确的设计思想和科研态度，以及培养学生综合运用所学理论知识、专业技能、分析和解决实际问题的能力。在毕业论文工作中，要坚持理论与实践相结合，教学、科研与生产相结合，教育与经济建设和社会发展相结合的原则，加强学生创新精神和实践能力的培养。⑥社会实践。大学生社会实践是在校大学生利用课余时间，到企业进行市场调查或到企业做学徒或进行顶岗式的工作。每年的暑寒假，尤其是大一、大二、大三的寒暑假，是经管类专业的学生进行社会实践和提高自身综合能力的理想时间。通过假期社会实践，学生既可以加深对企业工作的认识和了解，又可以增强劳动意识，培养其自主自立的精神与能力，为他们毕业后进入企业工作打下基础。

（3）实践教学的平台体系构建

①专业实训教学平台。专业实训教学平台是经管类专业实验、模拟实训的前提基础。专业实训教学平台建设，包括实验室体系建设、实训教学体系建设和实训教师队伍建设。专业实训平台建设的目的，就是全面提高学生的专业技能。在专业实训平台，学生通过企业的角色扮演和业务模拟，体验在社会层面的资源配置与服务业分工及企业的生态环境，体验在行业层面供应链的运营及服务业与制造业融合的经营模式，体验在企业层面的决策运营、内部管理、风险防范、市场竞争；体验岗位层面在手工作业或信息化环境下不同的岗位技能要求。②校企合作平台。校企合作平台就是通过校企合作实践教学模式来培养学生的实践能力平台。学校通过企业反馈与需要，结合市场导向，注重学生实践技能，有针对性地培养人才。通过校企合作培养，学生在实习中初步具备了顶岗生产的能力，在实际生产岗位上和企业员工同劳动、同生活，可以切身体验严格的生产纪律、感受

劳动的艰辛、协作的价值和成功的快乐，使毕业与就业接轨。校企合作的模式有共建实训室，课程/教材开发与建设，订单培养、特色办班合作；顶岗实习、实训基地合作，教师培训、兼职教师合作，成立专业教学指导委员会、开展专业技能竞赛、人才技能认证与就业推荐、共同开发科研项目。③专业技能竞赛平台。专业技能竞赛平台就是每年针对不同的专业，学校或二级院系开展面对院系本部或者全校学生的专业技能比赛，如市场营销策划大赛、企业经营模拟大赛、现代物流优化设计大赛等，参赛的形式可以是个人，也可以是团队。通过专业技能竞赛平台，可以实现以下目标：强化大学生的实践动手能力、增强大学生的团队意识、增强大学生的自信心、培养大学生的创新意识和能力、发展兴趣爱好、磨炼意志品质以及加强师生交流等。④社会实践平台。大学生社会实践，是大学生利用课余时间，以提高自身素质为目的，以了解社会、服务社会为主要内容的体验性活动。社会实践丰富多样，主要有教育体验类、公益服务类、勤工助学类、扶贫支教类、考察调研类、就业创业类等。各类社会实践活动的开展，一是有利于大学生在实践中巩固自己的知识，调节理论与实践之间的关系，培养实际工作能力和分析能力，以达到学以致用的目的；二是有利于学生获得更多与自己专业相关的知识，拓宽知识面，增加社会阅历；三是有利于学生接触更多的人，在实践中锻炼胆量，提升自己的沟通能力和其他社交能力；四是培养更好的职业道德，树立好正确的职业道德观。

（4）实践教学的保障体系构建

①制度保障。为保证正常有序开展实践教学活动，学校各部门必须制定涵盖实践教学各环节的管理制度、工作规范、质量标准和岗位职责等在内的一系列规章制度，对实验实训、见习实习、校企合作、毕业论文、社会实践等“指导性”实践教学活动进行全员全过程监督管理。通过制度化质量考核与评价，一是对表现的学生、对指导学生实践教学做出突出贡献的教师，给予必要的制度化激励；二是积极调动师生在实践教学活动中的主动性、创新性、开拓性，推动实践教学活动全面、持续深入发展。②经费保障。加大实践教学的经费投入，是实践教学开展的重要物质条件，是提高实践教学效果的有效保证。因此，为了保障实践教学的正常运行和良好效果，必须加大以下经费投入。一是要加大实验实训中心的经费投入，完善实验实训的软件和硬件设施建设，提高实验实训效果。二是要加大实习见习经费尤其是基地开拓和维护经费的投入，不断扩大见习实习基地规模和见习实习效果。三是要设立实践教学专项基金，对各类实践教学尤其是社会实践活动予以资助，如建立学科竞赛基金、主题性社会实践专项经费、创新创业专

项基金等，调动学生参与各类学科竞赛的积极性和参与性。四是要建立精神和物质奖励相结合的社会实践带教指导激励机制，提高指导教师的积极性。如对在各类实践教学活动中做出突出贡献的教师基于常态化的物质和精神激励、年度考核奖励等。五是对表现优秀的学生，按照一定标准、比例，实施精神和物质相结合的奖励。③师资保障。健全的师资队伍，是实践教学组织实施的关键。因此，开展实践教学，首要任务就是要加强实践教学师资队伍建设，提高教师对实践活动的指导能力。一是对现有教师进行实验实训技能操作培训；二是有计划地安排专业教师对企业进行挂职锻炼，掌握企业专业技术和岗位职责，提高教师的职业教学能力；三是聘请企业行业专业技术人员担任专业技能课程教师，培养学生的职业意识和职业技能能力。通过这些措施，努力实现校内师资资源双师化、企业行业技术队伍资源校内化。

八、地方高师院校电子商务专业人才培养的思考
——以衡阳师范学院为例

（一）引言

我国电子商务目前正处于一个飞速发展的时期，中国电子商务研究中心监测数据显示，截至2013年6月，全国电子商务交易额达到4.35万亿元，电子商务服务企业直接从业人员超过220万人，其间接带动的就业人数已超过1600万人。而在2013年“双11”这一天，淘宝网总销售额达到350.18亿元。中国电子商务研究中心的《2012年中国电子商务人才状况报告》认为未来5年，随着国家对电子商务政策的升温，我国3000多万家中小企业将有半数企业尝试使用电子商务工具，电子商务的人才需求也将随之逐渐趋紧。目前教育部已经批准了1000多所本专科高校开设电子商务专业，每年大约有8万多毕业生，而淘宝网半个多月的时间里全部电子商务岗位需求数为8万多条，也即高校每年培养的电子商务人才，只能满足电子商务产业半个月的人才需求，可见电商人才缺口巨大。然而电子商务专业毕业生就业难却是一个不争的事实。高校人才培养体系与企业实践严重脱节从而导致了电子商务毕业生需求旺但就业难的尴尬局面。高校特别是地方高师院校如何破解这一困境是一个很现实的问题，本文主要结合衡阳师范学院电子商务专业的具体实践，谈谈其电子商务专业人才培养的困境和尝试性的做法。

（二）当前地方高师院校电子商务专业人才培养存在的问题

众多学者对当前高校电子商务专业人才培养中所存在的问题进行了研究，大致可归纳为培养目标和定位的不明确、专业课程体系缺乏和教材建设滞后、实践教学和教学方式方法、师资力量和教学条件等方面的问题。就地方高师院校而

言，主要存在以下一些困境。

1. 课程体系安排合理但运作出现问题

地方高师院校大多按照“厚基础、宽口径、强能力、高素质、重应用”的基本原则，把培养掌握现代信息技术与现代商务知识的应用型电子商务人才作为基本目标。同时结合学院特色和电子商务专业的知识体系框架构建了相应的课程体系，合理安排了课程内容的衔接和开课的先后顺序，基本保证了电子商务专业课程体系的合理性和系统性。然而未充分考虑学生入学质量问题，在具体的教学实践中学生实际操作能力太弱，而相关实践教学课时分配不足，进而未能达到教学要求。有部分院校会在培养方案中会出现因人设课和专业任选课程受限等问题。

2. 教学难以找到合适的专业教材

电子商务领域发展迅速，新的理论、技术与实践中的应用技巧层出不穷，可能昨天还为大家所推崇的商务模式，今日就可能失去了它的魅力或被别的商务模式所颠覆。而这些新的理论、技术和实战技巧很难及时列入专业教材，使得电子商务专业的教材建设与实际存在一定的脱节。而受地域限制的地方高师院校，鲜有派遣任课教师定期走访行业内高科技企业进行学习和调研的计划，繁重教学任务使得教师无力涉猎前沿领域同时专业教材又存在滞后性，这些严重影响到了教师的教学效果。

3. 专业教师知识结构合理但相对缺乏

相比一些部级院校和省会城市院校，地方高师院校在师资力量上明显落后，但会招到专业对口的教师，由于待遇和地域问题以及片面强调引进高端人才，导致师资力量匮乏。如衡阳师范学院电子商务专业任课教师中都具有硕士及以上学历，且部分教师本科就是电子商务科班出身；有的虽不是科班但在本科层面和研究生层面就已接触电子商务并进行了相关研究。但专任教师总体人数过少，拥有信息技术和工程背景以及双师型的教师相对更少。大部分专任教师都在 35 岁以下，缺乏教学经验且教学任务繁重。部分专业教师积极响应学院“双百”工程建设，在外脱产攻读博士学位，这进一步加剧了在校工作的专任教师的教学负担，专任教师一个学期上 4 门专业课程是普遍存在的现象，师资缺乏非常严重。

4．未充分整合利用实验室资源

电子商务实验室在电子商务专业的实践教学过程中占有重要地位。地方高师院校在电子商务专业建设初期，优秀教职员工难以留住，教师流动性大，而这期间也是实验室建设的起步期，由于缺乏相应的实验管理人员以及负责实验室建设的教师离职，造成实验室建设的混乱。而后续接手的专任教师没能很好地理清实验室资源，进而造成实验室的极大浪费。在我系曾经有一个奇怪的现象为电子商务实验室有硬件无软件，专任教师进行实验课时无法找到相应软件教学系统，当多年之后任课教师在进行专业软件采购讨论时，竟然发现某款软件在五年之前就已经购买，只是至今从未安装而一直在实验室立柜里沉睡。

（三）地方高师院校电子商务专业人才培养的对策研究

1．专业案例库与实验室建设相结合

针对优秀专业教材难觅和现有教材中理论与实践脱节的问题，要求电子商务专业的教师在教学过程中，把握前沿方向，开展灵活教学，通过案例教学等多种教学方式方法与专业学生共同开展案例谈论，遴选具有代表性和地方特色的案例，进行整理归类构建自己的专业案例库。地方高师院校可以通过省财政专项资助建设好实验室的同时与案例库建设相结合共同发展。如本系就成功申请到省财政用于地方高校的实验室建设专项资金，建设了三个经济管理类实验室，购买了金蝶 K/3 企业管理信息系统实训软件，实时供应链管理系统模拟软件和国际物流一体化平台系统软件等专业教学软件，并与电子商务企业建立了校内实训平台。实验室也正处于建设期，并把相关案例库通过实验室平台向学生开放，让其进行自由学习和交流。

2．利用多种手段和平台拓展学生创新与实践能力

首先，创新校内实训方式方法。地方高师院校大多具有极强的文科背景，其突出的特色就是培养师范生。学校在校园信息化技术的应用方面处于相对的劣势。电子商务专业要求学生具备极强的信息处理能力和商业创新能力。学生可以在已建设好和投入使用的专业实验室进行模拟演练，也可以充分利用自身专业知识开展创造性的校内实践。如本院就没有校园内部论坛和校园电子商务平台，这

正好给电子商务专业的学生提供了实践的机会。我们将在接下来的教学工作和实训中给学生提供这样的机会和金钱支持，让电子商务专业的学生利用所学的信息技术和商务运营管理知识创建和管理好学校的论坛和商务平台。

其次，充分利用区域内集散型的校外实习基地。电子商务使得众多中小企业获益，阿里巴巴初创的目的就是服务于中国众多的中小企业。我们要把学生的观念转变过来，要在衡阳市内寻找不同行业内的中小型电子商务企业进行合作，以小聚多，形成集散型的校外实训基地。让学生把自己的知识和能力与不同行业中的企业进行融合，在实践中检验知识，提升能力，为将来的就业打下基础。

再次，通过专业科技竞赛平台，提升学生创新和实践动手的能力。目前学院开展"一系一赛"活动，学生不仅可以参与本系的学科竞赛，还可以组团参与其他院系的学科竞赛，同时学生也可以参加全国和省内的赛事。例如：全国大学生电子商务"创新、创意及创业"挑战赛、全国大学生网络商务创新应用大赛、挑战杯大赛和学院的科技创新等。通过这些赛事可以帮助和引导学生树立创新观念、培养实践能力、提升专业素养。

3. 提升师资队伍建设

电子商务专业要求学生具有极强的动手能力，培养面向企业的应用型人才，这必然要求任课教师也是应用型的人才。本系大部分年轻教师都是从高校到高校，很少有企业实践经验，具有"双师"型的教师就更少。因此，在师资建设方面应该以"用好现有人才，培养后备人才，引进急需人才"作为指导思想。在用好现有人才方面努力根据现有的教师自身条件和专业特长，安排好其发展和教学任务；在培养后备人才方面挑选骨干教师，在教学科研减压的同时要鼓励和派遣他们深入企业学习和调研，提升其实践能力。在引进急需人才方面要加大人才引进力度，引进优秀且合乎电子商务专业发展要求的人才。与此同时，保持与企业的互动和联系，要加大力度邀请校外企业家和高官来学校讲学或担任兼职教师，指导学生实习实训。

4. 推动专业群和课程群联动发展

目前，衡阳师范学院经济与管理系已经拥有了经济学、国际经济与贸易、电子商务、物流管理和财务管理五个专业，系部在专业群和课程群的构建中的集群效应和联动发展，将会提高电子商务专业的教学质量和办学效益。

第四章

创业与就业能力教育改革与创新

一、地方高校国际贸易专业本科生就业能力培养模式创新研究

（一）地方高校国际贸易专业本科生就业状况及根本原因

自我国改革开放以来，特别是加入世界贸易组织以后，外贸企业数量急剧增加，进出口贸易高速增长，2012 年我国对外贸易总额超越美国跃居世界第一位。飞速前进的对外贸易不仅极大地促进了我国社会经济的发展，而且也提供了大量的就业机会，需要大量的国际贸易专业人才，从而导致了几乎所有地方高校都普遍开设了国际经济与贸易本科专业，招生规模迅速扩大，本科毕业生人数也迅速增加。但从近两年的国际贸易专业本科生的就业形势来看，就业状况很不乐观，相当数量的学生找不到专业对口的工作，甚至出现了毕业即失业的现象。特别是在当前世界经济严重滑坡、国际贸易大幅萎缩的背景下，用工减少，企业裁员，国际贸易专业本科生的就业形势更为严峻。根据麦可思研究院发布的《中国大学生就业报告》统计，国际经济与贸易专业自 2009 年以来均为年度就业红牌或黄牌的本科专业之一（红牌或黄牌专业：失业量较大，就业率较低，月收入较低且就业满意度较低的专业。）

一般人都认为就业环境的变化是造成地方高校国际贸易专业本科生就业难的主要原因。然而，笔者认为，造成地方高校国际贸易专业本科生就业艰难的根本原因还在于传统落后的就业能力培养模式所导致的毕业生就业能力低下。因为，在当前国贸专业毕业生就业形势越来越严峻的情况下，不少外贸企业对外贸人才的大量需求常常得不到满足。尤其是江苏、浙江等外贸企业林立的省份，外贸人才更是缺乏，企业找不到自己想要的外贸人才，这就反映出在传统培养模式下，地方高校培养出来的国际贸易专业人才达不到企业的择才标准。因此，在目前形势下，探讨地方高校国际贸易专业本科生就业能力培养模式的创新，对于增强学生就业能力，增加就业机会具有十分重要的现实意义和实践价值。

（二）地方高校国际贸易专业本科生就业能力传统培养模式的不足

目前，地方高校国际贸易专业本科生就业能力培养大多还是采用传统模式，即忽略专业特色，忽略学生个性，采取“满堂灌”的理论知识传授，严重忽视实践及操作技能等就业能力的培养，培养的毕业生“千人一面”，与社会市场需求脱轨。这种就业能力传统培养模式存在的不足主要体现在以下几个方面。

1. 人才培养目标趋向同化，不能适应市场的实际需要

传统培养模式强调“宽基础、强技能、高素质、创新性”的培养要求，势必造成学生样样都要学，样样都要强。但由于大学学习的总体时间有限，结果是什么都学，什么都不精。国际贸易专业就业岗位有高低之分，从而要求就业能力有高低之别，如高级管理能力、高级技术能力、一般技术能力等。而传统培养模式下的就业能力培养缺乏针对性，因而不可避免地造成了专业人才能力与社会实际需要不吻合的状况。

2. 忽视了大学生专业技能操作能力的培养

眼下，许多地方高校国际贸易专业的课程体系从总体上来说仍然延续传统的课程体系，整个教学计划的安排主要围绕专业来进行，在课程的设置上以学科为主，强调学科之间纵向的系统性、关联性和整体性。课程按照学科的知识体系组织教学内容，以传授理论知识为主要目标，忽视了大学生专业技能操作能力的培养和个性发展。

3. 教学方法陈旧，课程的实践性无法彰显

虽然近年来各地方高校普遍认识到就业能力培养的重要性，但大多数的国际贸易专业仍然停留在理论灌输和简单的案例讨论阶段，在现有的高校课堂教学中，仍有不少教师沿袭传统的“灌输式”的教学方法。这种方法过分注重知识的传授、机械的记忆和被动地模仿，使课程的实践性一直得不到充分彰显。学生发现问题、分析问题、解决问题等实践应用能力未能得到很好的发展，学生基本上是会说而不会做。

4．忽视对学生基本技能能力的培养

国际贸易专业基本技能能力是指除专业技术技能以外的一般技能，如适应社会能力、表达沟通能力、人际交往能力、果断决策能力、外语应用能力、团队合作能力、计算机应用能力等，这些基本技能是国贸专业技术技能得以发挥的前提与基础。而这些技能在今天的很多大学生中没有得到很好的教育和锻炼。

5．忽视对企业外部环境变化反应能力的培养

国际贸易经营很大程度上取决于对环境变化的反应速度，对于环境变化的反应能力是国际贸易工作者关键的能力之一。反观我们的国际贸易专业教学，在相当程度上只注重教给学生基本理论知识，而忽略培养学生对企业外部环境特别是国际市场环境发展变化的敏感性和应变能力。

（三）传统培养模式下地方高校国际贸易专业本科生就业能力的缺陷

在传统培养模式下，地方高校国际贸易专业本科生的基本文化素质有了一定的提高，但就业能力较为低下。

1．缺乏有效的职业生涯规划

职业生涯规划就是一个人在对职业生涯的主客观条件进行测定、分析、总结的基础上，结合自身特点，根据自己的职业倾向，确定其最佳的职业目标，并为实现目标做出行之有效的安排。职业指导的目的是帮助大学生树立职业生涯发展目标，激发大学生主动学习的热情，培养职业胜任能力，帮助大学生找到适合自己发展的职业道路。现在的地方高校虽然都开设了职业指导方面的课程，但大多偏重理论性而缺乏针对性和实效性；加之学生的职业生涯规划意识淡薄，所以开设的职业指导课程大多没能发挥其应有的作用。

2．缺乏实践能力

实践能力主要是指毕业生的动手实操能力。当前，高绩效企业对大学毕业生期望明显升高，很多企业希望学生一毕业就能马上胜任工作，但是用人单位大多

认为大学生缺乏实践能力，需要较长的适应期才能投入实际工作。“会说不会做、眼高手低、实践能力低下”这些话道出了许多企业家对高校毕业生的不满意。虽然有些偏颇，但大部分高校毕业生缺乏实践能力却是不争的事实。

3. 缺乏专业技术能力

专业技术能力主要是指毕业生对专业和行业知识的掌握及应用能力。供需不对口，大学生普遍专业能力不足，是构成就业率低下的另一个因素。随着经济的快速发展，社会对人才提出了许多新的要求，而地方高校国际贸易专业培养模式的滞后性及不合理性则日益凸现。学校培养的人才，社会不需要；社会需要的人才，学校不培养。要改变这种状况，高校只有以市场为导向，面向社会，充分考虑社会发展变化中企业的需求，改革落后的课程体系和人才培养方案，才能真正帮助学生提高专业能力。

4. 缺乏社会适应能力

受应试教育和封闭教育的影响，学生在进入大学后对社会缺乏了解和认识，对社会的看法过于简单化、片面化和理想化。加之高校不重视学生了解社会、接触社会、融入社会等方面的能力训练，致使毕业生对就业形势认识不清，对就业竞争的残酷性估计不够，人际交往能力差，缺乏竞争意识、抗挫能力、团队协作精神和自我调适能力。

（四）地方高校国际贸易专业本科生就业能力培养模式的创新

地方高校国际贸易专业本科生就业能力培养的新模式是与传统的培养模式相对而言的，它克服了传统培养模式的不足，具有以就业为导向、紧靠市场，以素质为基础、能力为本，理论与实务相结合的特点。发达国家国际贸易专业教育的经验表明，采用具有上述特点的新模式，学校与企业相互合作是培养国际贸易专业应用型人才的基本途径。

1. 优化课堂设置、完善人才培养方案模式

地方高校国际贸易专业本科生就业能力的培养主要包括实践能力、适用能力、创新能力等。因此，人才培养方案在课程设置和培养方法上要注重“应用”二字，要根据应用型本科人才培养的要求，优化课程结构，增设实操课程，改革

培养模式，突出实践教学。在课程设置上，一是增加专业实践课程，特别是专业技能课程，如国际贸易单证制作、国际贸易实务模拟实训等；二是增加单一专业课程中间的实训环节和实训时间，专业课程一般可以采用6∶4 的比例安排讲授与训练课时，即60% 的时间讲授，40% 的时间训练；三是增加大学四年中的专业见习时间与专业实习时间。见习时间为 2 次，每次为 2 周，专业实习时间至少 1 个学期。在就业能力培养的方法上，要注重使用参与式、案例式的教学方法，注重实践能力的培养。一是要针对学生对于技能的不同需要，在实践教学中运用“模拟教学法”，让学生身临其境；二是带领学生到实验室、实训中心或企业生产一线现场讲授知识的“现场教学法”；三是组织学生进行社会调查、访问企业家的“市场调查与专题访问法”；四是采用案例来组织学生学习、研究和锻炼的“案例教学法”等。

2. 校企合作培养模式

校企合作培养模式是一种以企业为主导的实践能力培养模式，它是提高地方高校国际贸易专业本科生就业能力的一种最重要的培养模式。该模式主要包括以下两种模式：一是学生走向企业见习实习培养模式。学生在大学期间到企业进行短暂的考察、观摩、感受企业生活的见习模式和主要专业课程完成后去企业进行顶岗实战式的较长时间的实训模式。二是学校和企业共建实践基地培养模式。学院与企业就实训、实习场所和设备、实验室等方面的建设进行全面合作。具体做法是学院提供场地，企业提供资金和设备共建实验（训）室。实训基地以平台教学为特色，项目开发训练为发展方向，学生在企业生产实际环境中进行理论和顶岗实训相结合的学习，实现学生实习实训与企业岗位的“零距离对接”。通过校企合作培养模式，一是可以让学生亲临工作岗位，认真思考自己未来的职业方向，正确做出自己的职业选择，使自己的学习、工作更具有针对性；二是让学生更加了解目标工作的内容、重点方式方法、企业需要的团队合作以及与人沟通交际能力等，在操作中明确自己的优劣势；三是让学生了解企业的使命和行业标准，以企业的最高标准来要求自己；四是让学生在实习中找到自身与企业人才需要的差距，为今后的学习和工作提供了努力方向。

3. 校内实训培养模式

校内实训培养模式是一种在校内建立类似于实际工作环境的实验中心和虚拟仿真中心，开展实验实训的实践教育模式。校内训练模式有效运作的关键是按照实际生产经营流程设计且便于学生观摩、操作和虚拟仿真的实验实训平台。校内训练模式是在学校可控条件下能给学生提供接近实战的训练条件，进行系统的实践能力培养的经济有效的模式。为了强化校内实训培养模式，可创建与本专业相关的实验室，如ERP实训中心、电子商务与物流实验室、国际贸易与电子金融实验室、财务管理实验室、区域管理行为决策实验室和区域实验经济实验室等。购置主要仪器设备和教学软件，如金蝶K/3企业管理信息系统（ERP）、实时供应链管理系统、国际贸易与物流一体化平台、德意通电子商务、国际贸易实训仿真互动平台、大学生创业模拟实践软件、营销管理模拟实战系统、企业经营决策软件和三维企业模拟经营系统等。通过校内综合实训，国际贸易专业学生的动手操作能力会大大提高。

4. 学生学科竞赛培养模式

学生学科竞赛模式是一种学生团队在教师的指导下，自主进行科学探究、创业训练与实践、学科竞赛与训练、文体竞赛与训练等活动，以培养实践创新能力的模式。学科竞赛是在教学“质量工程”全面实施的背景下推出的学科教学性的竞赛活动。教育部、财政部《关于实施高等学校本科教学质量与教学改革工程的意见》（教高〔2007〕1号）文件中明确把加强学科竞赛工作纳入“实践教学与人才培养模式改革创新”这一重要建设内容，并提出“继续开展大学生竞赛活动，重点资助在全国具有较大影响和广泛参与面的大学生竞赛活动，激发大学生的兴趣和潜能，培养大学生的团体协作意识和创新精神”。学科竞赛是整合课内外实践教学的重要环节，是培养学生创新精神和动手能力的有效载体，一般具有实践性、创新性，要求大学生理解相关专业的基础知识，运用专业知识分析问题、总结思路、设计方案，并实际动手完成。同时，科技竞赛往往以团队的方式组织，要求参与的学生具有较好的团结协作能力、人际沟通能力，以及组织领导能力等。学科竞赛有着常规教学不可及的特殊的教育功能，对培养学生的实践能力、创新能力、创业能力和团队精神具有重要意义。从近几年很多地方高校国际贸易专业大学生参加各种学科竞赛的实际效果看，学生创业能力明显提高，学科竞赛活动受到了学生的热烈欢迎。

二、独立学院经管类专业创新创业教育体系构建研究——以衡阳师范学院南岳学院为例

（一）问题的提出

目前，我国经济发展速度减缓，失业率高居不下，经济结构调整与转型面临着许多困难，如何突破发展瓶颈，加快经济发展，成了社会关注的热点问题。“十三五”提出了创新、协调、绿色、开放、共享的五大发展理念，其中创新发展是引领经济发展的第一推动力。那么，在培养经管类人才时，一方面要加强创新精神的培养，更重要的是把创新和创业结合起来，将创新落实到创业中，推动创新成果转化。当前正是精英化教育转为大众化教育的关键时期，对于衡阳师范学院南岳学院学生来说，其创新创业教育既要与本部大学培养创新型人才有所差别，又要与高职院校培养纯粹的应用技能型人才有所不同，应立足于与其他应用性强专业的联合。因此，研究差异化的独立学院创新创业教育体系具有一定的现实意义。

（二）独立学院创新创业教育的内涵及必要性

早在1990年，创业教育被联合国教科文组织正式提出，要求培养创业者积极的事业心和开拓进取的精神。2010年，我国教育部把创业教育界定为“创新创业教育”，这标志着我国已清晰地认识到创新和创业教育的内在联系。2015年，国务院颁布《关于深化高等学校创新创业教育改革的实施意见》，明确提出高等院校创新创业教育体系的改革，是我国实施创新驱动发展战略、推动高校毕业生更高质量创业就业的重大举措。众多教育者对创新创业的内涵进行了研究，并获得一致认同，认为创新创业教育是创新型应用人才培养的通识教育。如高晓杰（2007）认为，创新创业教育是培养具有创新创业意识、思维和能力的应用型

人才。顾骅珊（2015）认为创新创业教育旨在培养学生的创新能力和实践能力，为学生将来创业奠定基础。根据人才培养目标，我们认为独立学院的创新创业教育的核心是创新教育，以创新引领创业、创业带动就业，应注重层次性、差异性和联合性。

在高校开展创新创业教育可以改变传统教学模式，培养大学生的创新能力和实践能力，是当前高等教育改革的一项重要内容；在知识经济时代背景下进行创业教育，能改变学生对家长的依赖，养成独立、自强的拼搏精神，是在当前就业形势日见趋紧下，提高大学生就业能力的有效措施。因此，对大学生进行创新创业教育尤为必要。

（三）独立学院经管类专业创新创业教育面临的问题

我国创新创业教育发展较晚，基本上还处于摸索阶段，致使我国大学生创业比例较低。据有关资料反映，在我国创业比例中，具有大学学历者只占3.7%，而发达国家这个比例达20%～30%，我国远远低于发达国家，这主要是因独立学院经管类专业在创新创业教育方面存在以下问题。

1．对创新创业教育理念认识模糊

虽然创业教育的概念已提出多年，但至今独立学院对创新创业教育一直缺乏重视。其一表现在经管类专业课程设置上，创新创业教育的相关课程安排较随意，没有考虑学生的时间或场合等实际情况，有的甚至没有设置创新创业教育课。其二表现在创新创业教育的具体形式上，出现内容大多过于片面、开设成选修课，开课课时少等现象，导致创新创业教育仅限于少数学生，覆盖面不高，忽视了学生创新创业精神和职业素养的培育。

2．缺乏特色鲜明的实践教学体系

一是独立学院在设置实践教学课程体系时，虽有所改进，但力度不够，没有体现出应用性特色。现有的实践教学课程体系设置几乎与上级学院相同，缺乏有针对性的差异化的实践与实习环节，不利于培养学生的实践能力和创新精神。二是在传授内容上，虽然安排了创新创业课程，但往往停留于强调理论知识的传授，学生只获得感性认识，缺乏针对学生的实际情况进行未来职业规划，从而难以实践操作。

3．缺乏创新创业教育所需的师资

师资力量是创新创业教育成功的基础。一是多数独立学院创新创业教育教师不多，但具有高学历，拥有全面的理论知识，但大多数是从一个校门毕业到另一个校门，缺乏丰富的实践经验与创业活动，无法满足创新创业教育的需要。二是出于利益的追求，多数老师把大量的时间花在申请课题、撰写论文、职称评定上，而对创新创业教育投入时间有限。三是提任独立学院创新创业教育教师主要来自招生就业处等相关部门，他们通常只有就业方面理论和实践知识，缺少相应的经济管理理论和实践知识，更无创业经验，这将影响创新创业型人才的培养效果。

（四）衡阳师范学院南岳学院经管类专业创新创业教育体系构建

衡阳师范学院南岳学院经管类专业人才培养目标定位于培养具有较强的创新意识和应用实践能力，适应地方经济和社会发展需要，能在政府相关部门、企事业单位从事经济管理工作的应用型人才。因此，在传授理论知识时，更应注重学生创新能力和应用能力的培养，把创新创业教育融入独立学院经管类应用人才培养模式中。

1．健全创新创业教育课程模块化体系

在人才培养目标中融入创新创业教育理念，加强课程体系建设，重视其他学科的互补性，把经济学、管理学与计算机科学、教育学等其他学科相融合，从而丰富创新创业教育课程体系的内容、增强创新创业教育课程体系的实操性。衡阳师范学院南岳学院经管类专业有经济学、国际经济与贸易、物流管理和财务管理4个专业，在大量调研的基础上，根据创新型应用人才培养目标要求，优化了课程结构，构建了“通识教育课程、专业基础课程、专业课程（包括专业必修课和专业选修课）、专业技能课程（包括专业技能课程和实践教学）、综合素质拓展课程”五位一体的创新创业教育课程模块化体系。一是增设了创业类课程，如在通识教育课程中开设了《大学生职业生涯规划指导》和《大学生就业指导》课，每门课课时为70，占总通识课程的16.57%，专业技能课程中开设了《创业

学》课，课时为48。二是在专业课程教学中增加创新创业实践课，如统计学、财务管理、市场营销、投资项目评估等课程中，减少理论课时，增加实践课时，实践课时占到总课时的36.9%。让学生通过动手操作，深度领悟到专业知识中蕴含的创新创业能力，从而提高学生的创新能力。

2. 提供创新创业人才培养的服务平台

创新创业教育是一个复杂的系统工程，需要多方支持合作。衡阳师范学院独立学院经管类专业重点抓好三类服务平台建设。一是教学质量工程平台。在学科建设上，区域经济学被确定为湖南省“十二五”重点建设学科；在学科平台建设上，拥有衡阳市市情对策研究中心和衡阳市可持续发展2个研究基地；在精品课程建设上，拥有《市场经济学》和《政治经济学》2门省级精品课程，《企业战略管理》《物流管理》《电子商务》《人力资源管理》《国际贸易实务》《市场营销学》6门院级优秀课程。二是在实验教学平台。衡阳师范学院独立学院经济与管理系拥有实验教学专用机房六个，近三年采购配备了金蝶ERP、实时供应链管理、国际物流一体化、德意电子商务软件、国际贸易实训仿真互动平台、创业之星、企业经营电子沙盘、经营之道、营销之道九个专业教学软件。运用这些软件开展相关模拟实训，把学生置于仿真模拟的环境里，让学生扮演不同的角色进行综合性创新创业训练项目，从而提高他们的实践能力，培养竞争意识，提升创新创业能力。鼓励经管类学生与其他专业学生联合参加创新创业比赛，如电子商务创新创意及创业挑战赛、互联网+大学生创新创业大赛和企业模拟经营大赛，计算机学院能提供APP技术支撑、化工学院在产品设计方面有优势等，把APP技术、产品设计与商业推广联合起来进行创新创业教育，对于独立学院学生提高企业竞争力是很大帮助的。三是校企合作实践教学基地。学校可以充分发挥地缘优势，开展产学研合作，成立创新创业活动基地，为学生创新创业提供实践机会。目前，衡阳师范学院南岳学院已有衡阳广电快乐购、湖南省宝庆农产品进出口有限公司、湖南顺丰速运有限公司和海达国际仪器公司4个校企合作实践教学基地。他们能够为经管学生提供物流、管理、销售、统计等岗位，能够充分锻炼并提升学生的创新创业管理水平。

3. 完善创新创业师资队伍

创新创业教育对师资综合素质要求较高，既要具备扎实的知识，也要有丰富的实际创新创业经验，目前同时满足的教师并不多，这就要求我们调整师资结构。一方面通过“请进来”的办法，定期邀请企业高管、职业经理人进行创新创业教育的相关讲座或聘请为创新创业课程兼职教师，立足实际，分享他们在企业创业的经历，传授创业经验，通过交流或答疑形式，鼓励大学生萌发创业思想和解决创业中碰到的实际困难。另一方面，采取“派出去”的办法，选派新引进的缺乏企业行业工作经历的专业技术课教师到国内同行业处于领先水平的企业或单位进行培训或挂职，既可以利用寒、暑假进行1～2个月的短期培训，也可以进行一个学期以上、一年以内的长期挂职锻炼，培养“双师型”或“双师素质型”教师。

三、独立学院创客品牌观教育及其可持续性研究

（一）引言

随着社会经济的发展，人们交流、获取信息的方式依托于互联网变得快速而高效，创客运动以常人难以想象的发展速度迅速在中国普及。脱胎于创客运动的创客教育掀开了全国独立院校教育改革的大幕。高速发展的创客教育为社会培养创新型人才开辟了一条新的道路。

（二）品牌观与创客教育

1. 独立学院创客品牌观教育的必要性

随着时代的发展、社会的进步，企业对于创新型人才的要求越来越高。传统的学院教育培养人才的速度与质量已经无法满足社会各界对于创新型人才的需求。在校内实施创客教育，教导学生理论知识的同时培养学生的创新思维与动手实践能力，在此基础上加深学生对于品牌的理解，让学生设计出的创客成果能更早地与市场对接，更早地创造出具有一定市场效益的创客成果，为学生的未来打下良好的就业基础。

2. 品牌观教育的意义

衡量创客成果的标准是创客成果的市场价值高低，而商品价值高低的关键则是它被赋予了多少品牌意义。一件商品只有具备了某种意义或者是某种象征，才能够得到消费者的认同与购买，才能够创造市场价值。在现如今的大多数独立学院中，创客教育一味地追求与国际接轨，教育课程与理念大同小异，致使大部分学生品牌价值观念千篇一律，导致创客成果的同质化严重问题的出现。要解决这

个问题，各大独立学院就必须加强对学生的品牌观教育，扩宽学生的创新思维。让学生将创新性理念与品牌传承相结合，创造出更具商业价值的创客成果。

3. 什么是创客教育

传统的应试教育是将对某个行业什么都不懂的人培养成对这个行业有一定了解、一定基础的人才。这类教育模式下培养出的创新型人才已经逐渐无法满足社会各界对于创新型人才的要求，其所做出的创新性成果也与市场的要求脱节，无法创造价值。而创客教育则不同，创客教育培养的人才本身就对某一行业有一定了解与基础，建立在这个基础之上，再通过创客教育来实践、验证自己的想法。在已有基础上融合他人的想法开阔自己的视野与思维，紧跟时代的潮流确保最后做出的成果拥有一定的商业价值。这才是创客教育与传统应试教育最大的不同之处。

（三）创客品牌观教育的可持续性

1. 建立创客教育推广平台

创客教育是近年来在国内各大独立院校流行的新型教育方式。创客教育要持续性地发展下去，就必须要从课程、师资、平台等多方面激发学生的创造力与执行力，最大程度地发挥创客教育所能达到的教学效果。创客教育与传统的应试教育不同，相比于应试教育创客教育本质上更注重实践。只有实践才能验证一个新理念是否符合市场经济的要求、是否具备一定的市场价值。学生个人初期的影响力有限，各大独立学院可以利用自身的资源优势为学生搭建一个推广交流的平台。鼓励学生努力创新，通过学院搭建的推广平台来实现自我价值，为学生的创业与接受创客教育提供一条最高效的途径。

2. 建立完善的创客教育体系

当下各大独立学院实行的创客教育体系基本上是以学生课外兴趣实验小组、课外辅导、第二课堂等形式存在。对于创客教育体系各大独立学院缺乏必要的研究与投入，导致学生的创新内容具有“偶发式”的特点，造成创客教育成果的不稳定性与同质化。创客教育没有与市场接轨，不了解市场的具体情况，没有做好充分的市场需求调查，最后创造出的创客成果往往会与市场脱轨。因此，建立完善的创客教育体系是创客教育可持续发展的基础。完善的创客教育体系能够帮助学生更快地搜集相关产品在市场上的具体信息、市场背景、目标人群等信息，这个搜集信息的过程单纯地依靠学生本人是远远不够的，只有建立起完善的创客教育体系，系统地搜集与归纳相关信息，才能帮助学生在此基础上创造出能通过市场检验的、具有一定市场价值的创客成果。

3. 加强品牌意识教育

创客教育想要持续性地发展，对于学生创客品牌意识的加强必不可少。创客品牌意识对于建立创客教育的发展框架有着极其重要的指导作用。创造力的提升并非来自对思想的放任，而是来自对思想的制约。在一个明确的目标框架内拓展思维远比发散思维漫无目的的思考要强。加强品牌观教育，无疑能够帮助学生更快地寻找到自己想要的创客方案。品牌观教育是一个具有一定现实意义的创意框架，在这个创意框架内，学生可以自由发挥自己的创造性。商品的品牌中蕴含了商品的属性与商品附加的文化价值，是市场化商品综合品质的体现。加强品牌意识教育，在创客教育的相关课程、师资力量配备、项目选题、搭建实验平台以及创客实践的运营模式等方面都能发挥出重要作用。

（四）结语

综上所述，独立学院的创客品牌观教育为创客教育体系的优化提供了新的方向与机遇。在创客教育这类新型教育模式的引导下，学生的创新思维与实践能力有了进一步的提高。在课程设置的宏观层面上引进品牌观教育，拓宽学生的眼界与创新思维，增强学生的创新能力。建立完善的创客教育体系与创客发展推广平台，借助市场的力量在对学生进行创客品牌观教育的同时也能为社会培养更多的创新型人才。

四、独立学院旅游电商专业创客教育实践体制的构建

独立学院的概念是在近些年才被提出的，其也被称为独立二级学院，而其在办学的定位是应用型本科，其在人才培养的目标以及方向则是针对生产、建设、管理、服务一线的高素质应用型人才的培养，而这也正和我国新兴的创客教育体系的创立目标不谋而合。在互联网的背景下，旅游电商专业作为对口现代互联网经济的高校专业，创客教育体系与其课程进行融合，对其不断地提升专业人才综合素质的培养以及对我国国内互联网经济的发展具有重要意义。因此，结合旅游电商专业在新时代的发展，独立学院应该不断地尝试对其进行基于创客教育实践体制的构建是非常有必要的。

（一）创客教育与普通教育的区别

创客教育在互联网时代下，因其教育特性使得其具有更加大的发展空间。创客教育的宗旨是为我国培养以创新、实践、专业性的创业型人才。而创客教育与普通教育的范围也有所不同，创客教育更加注重理念的传递，针对与一些专业技术领域的研究具有独特的见解，并且在教育目的也存在着差异，相比较传统的普通教育，新时代下创客教育更加注重培养人才的领导能力、创新能力，而普通教育则是偏向于学术研究型人才的培养。因此，通过创客教育与普通教育的对比，我们可以发现，虽然创客教育更加符合当下年轻群体的教育理念，同样也符合了我国人才市场需求的发展方向，但是创客教育在对高校普通教学范围、课程培养目标之间存在一定的差异，而想要实现创客教育在旅游电商专业的应用，仍然存在一定的问题，因此需要在高校内部构建一个科学可行的创客教育实践体制，以加速我国专业人才的转型。

（二）独立学院旅游电商专业实践体制构建问题分析

独立学院是我国高等院校的一种，专指由普通本科高校按照新机制、新模式

举办的本科层次的二级学院。而我国目前独立学院中旅游电商专业的实践教学主要分为实验和课程设计两个部分，而又由于独立学院办学条件以及教育理念等客观因素的影响，使得其在实践教学中存在以下几个问题。

（1）教学内容偏重基本理论，缺少综合性和创新性

实践是创客教育的核心内容，也是其教学理念的基础知识点，但是从我国当前的创客教育在独立学院旅游电商专业中的现状来看，其在课程的设置上仍停留在知识理论的讲解上，缺少知识的综合性应用以及创新。

另外，由于我国对旅游电商的发展研究较为丰富，学生在进行相关实践活动过程中容易存在对前人研究成果的抄袭现象，这也就失去了创客教育在旅游电商中构建的价值意义，不利于学生创新思维能力的培养以及自主动手的积极性，对学习缺乏相应的兴趣。

（2）教学方法的单一，忽略了学生创新能力的培养

独立学院是以培养学生的动手能力以及创新能力为目标，实验是验证性实验为主，并且实验一般安排在每个理论知识点后实施的，其目的就是为了能够对学生在课堂中所学的知识进行巩固，并通过相应的实践活动，将这种理论能力从而变成自身技能的过程。但是从创客教育在旅游电商的实际情况中来看，由于受到传统教育思想的影响，创客教育在该专业中的真正落实到位的实践活动少之又少，仍然是以传统的理论教学方式为主，其在教学方法上较为单一，从而限制了学生思考和创新的能力，导致学生兴趣的缺乏，同时这也是我国当下独立学院中创客教育在旅游电商专业中构建的主要障碍之一。

（三）创客教育在旅游电商专业教育实践体制的构建对策

将创客教育与旅游电商专业进行融合，就必须有对独立学院的教学理念、教学内容、教学方法等方面的教学改革，推动创客教育实践体制的构建，从而提升我国应用型本科教学的品质，从而满足我国社会以及企业对未来人才的发展需求。

（1）增加实践培训环节，促进学生思维、行为的创新

在我国包括独立学院中的绝大多数的高校在进行传统素质教育课程仍然存在着“动脑不动手”的教学现象，偏向于理论知识的教学以及研究，忽视了学生实践动手能力以及创新能力的培养。以旅游电商专业为例，想要实现其与创客教育模式的融合，构建创客教育实践体制，就必须扭转这种传统的教学理念以及教

学方式，积极地利用学校资源以及社会资源，利用创客教育是以互联网信息的基础，给在校学生提供一个良好的学习环境以及氛围。因此，在进行融合过程中的课程设置上，高校可以结合自身资源打造八维一体的创新实践课程。而这八个维度就是指：相关性、充足的实践、复杂性、关联性、可获取性、分享性、新颖性。

（2）完善教学大纲，开发适应高校创客模式

创客教育模式在旅游电商专业中的实践体制的构建应该符合我国当下人才市场实际需求以及契合我国社会经济发展方向。因此，必须要求高校能够在不脱离在校学生素质教育的基础下，采用与传统素质教育相类似的方法与模式，一方面能够使高校学生从传统普通教育模式向着新型的创客教育模式进行转变，改变了传统教育模式中教学方式单一的窘境，培养了学生创新能力；另一方面也能够使得高校能够在实践学习过程中不断地积累经验，从而为创客教育在该旅游电商专业中的实践体制的构建提供了相应的理论知识以及经验。

（3）开设创客教育场地，完善师资配套以及教学流程

创客教育作为我国新时代下的一种教育模式，与我国独立学院的教育宗旨不谋而合，但是从实际的开展情况却不尽如人意。创客教育与传统的素质教育、高等教育之间还存在着一定的差异性，而这也是禁锢创客教育在独立学院中发展的因素之一。因此，想要实现创客教育在旅游电商专业体制的构建，学生之间能够通过及时的经验的交流以及信息的共享，从而实现学生创新能力的提升，推广我国创客教育在独立学院中的实施。一方面需要不断加强创客教育在独立学院中的场地建设，引进先进的创客教育资源信息库，为学校学生实践环节提供良好的基础设施以及相关的理论知识的支持；另一方面还应该大力引进具有创客经验的校外导师、创业企业或者是组织学生进行社会实践活动，为学生呈现一个创客从教育学习的阶段向社会创业成熟阶段的发展过程。

五、基于职业能力的独立学院会计电算化教学改革研究

随着计算机技术的发展，会计电算化得到了普及，越来越多的企业利用计算机进行会计管理工作。社会的发展日新月异，知识的更新速度也越来越快，比知识的获取更为重要的是能力的培养。素质教育的核心应是培养学生的综合能力，教学生用所学的理论知识去解决实际问题。独立学院的目标是培养具有胜任岗位要求、具有职业能力的应用型人才。独立学院财会专业的会计电算化教学应培养学生利用计算机辅助和完成会计工作的职业能力，能胜任财务会计工作岗位要求。但在会计电算化教学过程中，很多独立学院重视的是专业知识的传授，而对培养学生运用理论知识解决实际问题的能力重视不够。这样培养出来的学生大多数有较强的理论知识，却不能解决实际问题，显然这不符合社会发展的需求。独立学院会计电算化教学应以培养学生职业能力作为重点，进行职业能力为导向的课程教学改革。

为了提高学生的会计电算化职业能力，独立学院应从以下各方面进行会计电算化的教学改革。

（一）学校给予充分的政策支持

1. 改革僵化的教学管理体制，鼓励创新

很多独立学院在教学方面规定的条条框框太多，不利于教师主观能动性的发挥。学院应制定大的教学方针和原则，赋予教师相关权利，鼓励教师自主进行具体的教学操作层面的创新。让教师可以根据教学需求及课程特点，采取灵活的教学组织方式，自行设计合理的综合考核评价方式等。

2. 加强实验室建设，提供更好的教学条件

会计电算化课程操作性很强，对实验室建设要求高。独立学院应建设足够数

量的会计电算化实验室，配置满足教学需求的计算机等硬件设施及多种版本的财务软件。教师在课堂上主要讲解并训练某一种主流财务软件的操作，学生要掌握良好的会计电算化操作能力，依靠有限的课堂上机时间远远不够。为了拓宽学生的视野，锻炼学生的操作能力，独立学院提供开放性的实验室，允许学生在课余时间根据需要进行多种版本财务软件的练习，并配备实验室指导老师，及时解决学生操作中的问题。让学生通过多次的练习，达到熟练操作、融会贯通的目的，提高会计电算化操作能力。

3. 开拓实习基地，加强校企业合作

会计电算化课程是一门操作性很强的课程，学生必须提高自己的动手操作能力。为了使学生能更好地适应社会的需求，校外的实践教学是必不可少的一个环节。独立学院应积极开拓校外实训基地，开展校外实习。学校可以采取校企合作的办学模式，有一批数量稳定的校外实习基地以供学生到企业实习，感受企业会计电算化的实际场景及操作程序；也可以采取多种形式，发动学生自行寻找合适的实训企业；还可以尝试自己创办独立的会计咨询公司等，为学生提供多方位的校外实训机会。

4. 打造优秀的教师团队

独立学院应完善用人机制，一方面加强现有教师队伍的培训，提升教师素质；另一方面应积极吸引优秀人才的加入，也可外聘企业专家进入课堂，为独立学院的会计电算化教学提供优质的教师资源。

（二）教师不断提升教学水平

为了保证独立学院会计电算化的教学质量，学院的教师应该努力提升自己的教学水平。

1. 端正教学态度，重视每一堂课

课前教师应精心地备课，认真设计好每一堂课。只有备课充分的教师才以完美地驾驭课堂，达到良好的教学效果。而且随着计算机技术飞速的发展，财务软件的功能不断拓展，相应的会计电算化教学内容也应不断地更新，即使多年授课的教师也应在课前充分备课，关注会计电算化的最新发展，及时将新知识传授给

学生。课后应对课堂教学进行总结和反思，及时根据学生的反馈有针对性地发现并解决教学中存在的问题，积累好的教学经验，丰富课堂教学，不断提升教学水平。

2. 根据需要选择合格的会计电算化教材

市场上的会计电算化教材良莠不齐，独立学院教师应认真进行甄别，选择满足教学需要的教材。为了使会计电算化教材更具适用性和针对性，应鼓励独立学院会计电算化老师自编教材。教师可到企业中去收集实际案例并结合自己教学需要编写适合的会计电算化教材；还可邀请企业会计电算化专家一起编写教材，使教材更具实践性和可操作性。

3. 运用先进的教学方法，丰富教学手段

为了活跃课堂气氛，改善教学效果，独立学院教师在会计电算化教学中应改变传统、单一的讲授法和演示法。可以采用设错教学法、项目教学法、逆向思维教学法、案例教学法、沙盘模拟演练等多种合理的教学方法。在教学中多采用引导启发式教学，培养学生自主学习、思考及解决问题的能力。

特别是在当前网络技术迅猛发展的情况下，可以进行会计电算化课程的慕课、微课等建设，充分利用网络平台，发挥学生的自学能力，让学生可以在网络上随时进行自主学习。通过这些多样化的教学方法和手段达到激发学生学习的积极性和创造性的目的，使学生由被学习向主动学习转变。除了课堂上面对面的交流，教师还可以用 QQ、微信、微博等网络工具与学生及时的沟通和交流，了解学生的学习生活状态，帮助学生解决实际困难，构建良好的师生关系，提升教学效果。

（三）提升学生学习能力

1. 鼓励学生培养良好的学习习惯

可以在课前将课程重点通过 QQ、微博、微信等交流工具或网络平台发布给学生，让学生提前预习并熟悉相关知识点，这样便于学生在课堂中带着问题听课，提高课堂学习效率。课后及时复习所学课程，有问题的反馈给老师，老师可通过网络进行在线解答或在课堂上针对问题较多的知识点进行有针对性的复习。

鼓励学生利用开放性的实验室，课后自己进行操作训练，自学并练习不同版本财务软件的操作，强化会计电算化操作能力。除了学校统一安排的校外实训，提倡学生利用假期等到企业进行实习，增强学生的实践工作能力。

2. 培养学生自主思考、分析和解决问题的能力

会计电算化的操作性很强，学生不能一碰到问题就问老师，老师一问就解答，而应要求学生对操作中出现的问题自主思考，鼓励学生自己尝试解决问题。在会计电算化教学中可以采用分组讨论的方式，各小组提出各自分析问题的思路和解决方法，最后再由老师进行评价并分析对错。针对学生操作中容易出现问题的地方，教师应多用设问法，启发学生思考。还可采用逆向思维教学法，在学生操作出现错误的时候，让学生从后往前一步步倒推，逐步发现操作失败的原因。总之，教师在课堂上应采用多种方法激发学生主动学习知识的兴趣，提高学生分析并解决问题的能力。

（四）结束语

为了使独立学院的学生更好地适应社会的发展和工作岗位的需求，我们应不断进行教学改革和创新，重点培养学生的专业技能，增强学生的实践能力。独立学院的会计电算化教学的改革应从学校、教师、学生三个层面全方位入手，培养出高素质、高能力的专业会计电算化人才。

六、新零售模式下的互联网电商创业人才培养实践研究

（一）文献综述

苏曼（2015）指出跨境电子商务要从人才培养角度出发，结合当前跨境电商人才的稀缺现状，系统分析跨境电商专业人才能力胜任的问题。采用事件访谈法和问卷调查法，对跨境电商岗位人才的胜任素质特征进行归类整理，构建了跨境电商专业人才胜任素质模型。最后研究表明模型的建立不仅能为高职院校培养各类电商人才提供理论上的依据和参考，还能为跨境电商人才的选用提供更好的支撑；同时，刘记（2015）基于区域外贸电子商务发展的人才需求，采用了专业群建设来打破原有模式，引入外贸电子商务行业企业。通过行业、企业、学校的深度合作共同培养复合型电商人才。其人才培养模式构建的前提是要了解外贸电子商务人才知识、能力、素质要求，在此基础上重构了课程体系，来加强复合性师资队伍建设、实训平台建设等。此后陈咏和何绮文等人（2016）研究发现行业发展要求与人才培养有着紧密的联系。在了解作为新业态之一的跨境电商行业迫切需要具有实践能力的中高职层次人才后，从职业院校的人才培养的数量与质量两方面总结出了行业发展的要求，提出了应采取整合中高职衔接专业群，改革人才培养模式，构建专业群体平台课程体系，校企共建教师团队等建议，来协同培养跨境电商的复合型人才。因此，张作为（2015）通过采用“X（电商交叉专业和行业领域专业）+1（电商职业模块）”的培养模式，来面对创新视域审视传统高职电商人才培养模式的困境，研究认为要在明确高职电商人才“X+1”协同创新培养模式内涵基础上，再从组织总体功能重定位、组织内部结构重设计和组织动力系统再强化的三个方面重构协同创新教育载体。之后其研究从组织内建设、体制机制设计、“X+1”分类培养实施和效果评价四个步骤再造人才培养模式的流程。而 FangE 和 ChenY 等人（2010）提出校企合作共建实验室进行人才培养的一种新模式。通过产学研合作、技术培训、参加竞赛、开放实验室等方式

来培养学生的实践和创新能力。这一模式不但解决了学校实验室建设资金缺乏的问题，而且为企业提供了急需的人才。通过Li－Juan X U（2010）指出改革高等教育的关键是整合教育资源来培养学生的创业就业能力，建立 C2C 网络创业工作室和 O2O 创新工作室等平台激发学生实习实践和学科竞赛的创新能力。徐玉辉等人（2015）提出将大数据的思想运用到课堂教学改革当中，从而提高高校课堂信息化的应用水平，引导学生正确使用互联网来强化学习，提高认知，提高学生对信息化工具的应用能力，以有利于学生的个性化发展和成长成才。

（二）现阶段互联网电商创业人才培养存在的问题

1. 办学教育理念落后、培养人才方向模糊、课程设置的随意性很大

电子商务作为一个全新的行业，其发展速度较快，对于人才动态需求的变化较大，但一些高校仍旧采用传统的办学理念，教学的模式依旧单一，教学的内容相对僵硬，因此培养出来的学生不太适合市场的需要，所以才导致电子商务人才市场上“需求旺盛，前景繁荣，但就业率却不容乐观”的现象。

2. 师资力量严重匮乏

大多数高校鲜少考虑自身的实际情况，无法进行很好的分析论证，从而盲目地设立电子商务专业。而现有的师资大多数是从计算机、网络、管理、营销或其他的专业调派而来，因此没有系统的电子商务专业知识与实战经验。所以老师和学生同处于摸石头过河式的探索状态中。

3. 资金能力不足导致教学设施的相对滞后

由于不具备相关的商务软件与进行实践操作技能训练的平台，因此缺少了电子商务的运作环境，无法让学生亲历创业情境将理论与实际相结合。

（三）新零售模式下的互联网电商创业人才培养的研究目标和研究内容

研究内容：如何实现理论与实践一体化的教学过程，全程电子商务的系统教学模式。一是如何构建培养方案与课程体系，在这个体系，如何对学生进行创新创业教育，培养学生的创新创业能力以及如何考核评价学生的综合素质和能力。二是如何整合电子商务创业教育师资团队。即学校与企业双方如何进行合作将专业课教师转型为双师型教师，引进企业创业导师。三是如何打造创业实践平台，如何建立创业实验室来增强学生的网络创业意识，丰富他们的网络创业管理知识、经验。

研究目标：通过整合电子商务创业教育师资团队，使专业课教师转型为双师型教师；打造创业实践平台。帮助高校学生融会贯通所学网络创业知识，提高创业能力，推动高校学生网络创业实践。培养出新零售模式下的互联网创业人才，建立建全新零售模式下互联网电商创业型人才培养体系。

（四）新零售模式下互联网创业电商人才培养模式的研究探索

1．培养方案与课程体系的构建

（1）培养方向

考虑到目前电子商务人才市场需要的是跨学科的复合型创业创新人才，重点需要在已开设的管理、经济、市场、财务、法律、计算机网络等专业核心课程中融入创新创业的实践教育，如专题教学、案例教学、模拟企业经营等方式，建立理论与实践相结合的模式来培养学生的创新创业能力；根据培养目标和专业标准，建立科学、多样的评价指标，改变单纯以考试分数为标准的评价制度，更加重视对学生综合素质和能力的评价。

（2）课程体系（见图4-1）

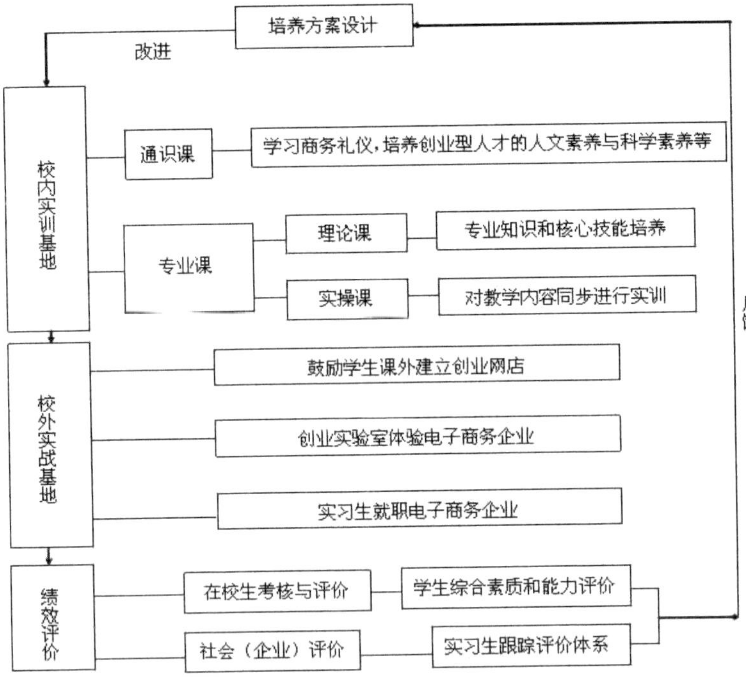

图4-1 新零售模式下的互联网电商创业人才培养模式

2. 整合教育师资团队，建立一支富有创新精神和创业精神的“双师型”电子商务专业师资队伍

专业课教师转型为双师型教师队伍，同时引进企业创业导师。

考虑到目前高校教育校内教育与校外实战脱节，教师授课所教授的知识与在企业实践操作的流程往往并不一致，因此，学校每年应安排若干名教师到企业深入了解企业所需，针对性地学习个业的电子商务运营的实际过程，从而建立一支把课堂上将传授的知识与实践工作流程融合的双师型教师队伍来培养真正适应企业发展的需求的专业性人才。

采取学校和企业协同联合培养的方式，不定期邀请电子商务成功创业者、企业CEO到学校参与电子商务创业教育，构建多元化师资队伍。如举办讲座、创业导师进校园等活动。将企业实际案例引入教学，分享交流创业经历和经验，使教学内容更好地贴合实际，帮助学生将所学知识融会贯通，运用到实际操作中。

3. 打造创业实践平台

（1）建立校外实战基地和校内实训基地

学校与知名科技网络公司进行合作，改善现有的教学条件基础设施。由科技网络公司提供实战基地及相关资源，我校提供场所及相关设施，双方合作共建一个模拟真实电子商务企业运营模式的创业实验室。校内实训基地包括通识课和专业课两个模块，此外还有课外的电子商务创业竞赛等活动。校外实战基地包括创造业实验室、实习生就职相关企业和学生经营创业网店等模块。这两个基地帮助学生深入了解商业环境、熟悉企业实际运作模式及工作流程，提高学生就业竞争力和创业能力。

（2）开展电子商务专业创新创业竞赛活动

鼓励学生积极参加“互联网＋”“网络营销大赛”“科技创新”等创业大赛活动。通过让学生在比赛过程中发现和识别创业机会，亲自经历创业情境，帮助学生融会贯通所学知识，以提高学生创业实际动手能力，推动学生网络创业实践。

七、大学生互联网创业问题的思考和对策的研究

（一）绪论

互联网自主创业在解决大学生就业问题方面成为一种重要的平台和渠道，但是虽然大学生网上创业的人群众多，由于没有创业过程中的专业指导，大部分网上创业仍旧处于第一阶段，仅仅经营一段时间后，就由于竞争压力、技术支持、资金来源、经营管理等各种一系列难以克服的问题而被迫停止经营，因此很多初期创业时候的激情和梦想也随之破灭，这为以后的工作和生活也造成了很大的影响。互联网为今天的社会诞生了一个又一个的奇迹，马云、张朝阳、陈欧等网络创业者在相当短的时间里收获了难以想象的成就，聚集了大量的个人财富。随着全球互联网创业热潮席卷而来，我国越来越多的大学生也开始利用网络创业，从事电子商务方面的工作，在那些虚拟的交易平台上创造利润。目前，由于近几年就业压力日渐增大，大学生网上创业更是促进经济发展、缓解就业压力的重要途径之一，同时也为国家经济发展创造了经济效益和社会效益。对大学生网络创业的问题进行探讨和研究，提出完善的解决方案，对提高其创业水平和创新能力都有现实意义。

（二）大学生互联网创业问题的思考

1. 大学生网络创业风险意识差、素质薄弱

大学生在进行网络创业初期，对于所选定的网络创业项目缺乏严谨的可行性分析，项目产品面临的市场潜力有多大，目前所面对的竞争对手状况如何，自身在市场竞争方面具有哪些优势，是否能够突破技术上的难题，是否能够获得稳定的货源，都没有清晰的认识，导致在创业初期就已经夭折在摇篮之中。在思想素

质上，大学生普遍责任意识和自制力较差，做事不够果敢坚毅，组织协调能力和团队意识较弱，“填鸭式”的教育更使得大学生在创业过程中缺乏理性思考，急于求成，好高骛远，对自己网络创业项目缺乏全面的分析和合理的长远规划，一旦在网络创业中失败，就会失去原有的创业热情；在知识技能方面，当前大多数大学生掌握的知识技能与网上创业能力的要求不对称，这直接导致了大学生网络创业困难重重。

2. 高校创业教育体系不完善、教育资源不足

我国创业教育起步较晚，虽然经过几十年的发展，我国的大学生创业教育取得了一些进步，但是显现出来的问题也越来越多，尤其在师资问题上的短缺，已经是高校开创创业教育课程的重大瓶颈。目前大多数高校的创业教育课程的老师是由辅导员或者是其他专业相关的授课老师来兼任的，既没有丰富的创业理论知识，也没有一定的创业经验，这就导致高校的创业教育实践与理论严重脱节，使得学生的创业能力得不到提高。在教育资源方面，首先，高校内部用于创业教育的经费不足，缺乏先进的创业教育设备，以及创业基地建设得不够完善，从而导致高校内部欠缺创业氛围浓厚的大学生创业园区、科技园或创业实践基地，无法供给网络创业实践平台让学生去进行操作。此外，当前高校对校内和校外学生创业项目和活动的支持力度还很欠缺，这样不仅会使高校内部无法形成良好浓厚的创业教育氛围，更会打击学生进行创业实践的兴趣和信心。

3. 网络创业融资渠道狭窄

网络创业为大学生提供了一个近乎免费的平台，但是经营活动必须要有一定的资金作为后盾，如果没有资金的支持，再好的网络创业计划都会成空。目前，我国大学生网络创业的融资主要有以下三种途径：一是银行贷款，二是找风投公司，三是向亲朋好友筹资。可是这三条路并不好走。对于银行来说，大学生网络创业贷款相比其他金融投入风险大利润小，其还款能力缺乏保障，大学生网络创业也没有正规的抵押资产和完善的信誉体系，大学生往往贷不到款项。如今愿意为大学生网络创业者提供创业贷款的银行并不多，而且推出的融资产品更是具有贷款率高、还款期限短的特点，所以这在大学生网络创业中间并不受喜欢。向亲朋好友筹集资金方面，就对于普通家庭的而言，孩子完成学业已经在家庭中花费很大了，再为子女筹集创业资金更是难上加难。刚从学校里走出来的大学生缺乏人际关系，周围的朋友大多都是面对相同的窘境，对于网络创业者来说不大可能

筹集到资金。因此，对于大学生网络创业者来说，资金无疑是最大难题，如果没有资金的支持，创业将会寸步难行。

（三）提升大学生互联网创业的可行对策

1. 提高网络创业风险意识、创业素质

大学生网络创业应该树立资金风险意识，强化资金管理，严格控制运营成本，避免出现资不抵债的情况；做好货源市场的调查和研究，准备好第二供货渠道，一旦出现了货源的问题，可以及时采取另外的方式进行解决，以保证正常运营活动的开展；同时做好创业资金运营管理方案。最后，大学生网络创业要培养其创业意识和团队合作精神，增强对网络创业风险的认识，团队成员为了共同的利益和目标，构筑互动沟通的运作机制，形成一种拼搏向上的团队作风，促进网络成功。网络环境的虚拟性、网络创业的特殊性要求网络创业者必须要有较强的综合素质。在网络创业过程中，大学生需要特别注意自己网络人际沟通能力的培养，并快速建立与客户之间的信任感，开展精确的网络营销方案，提高网络创业的成功率。

2. 加强和完善创业教育体系和丰富教育资源

教师队伍是创业教育的关键，教师的学识、经历和经验是教师教学能否顺利进行的关键，同时也决定了学生对该课程学习的兴趣和热情，最终影响到教学效果。对于创业教育师资的人选，最好选择有创业和企业任职经验的教师，但是对于当前的情况是有企业经验者的大部分都不在具体的教学岗位上，在教学一线的教师又往往缺乏企业实战经历。为解决这个问题，一方面各高校应该建设一支专门的创业教育教师队伍，有针对性地在大学生中开展创业基础知识的教育，激发大学生的创业激情；另一方面也要聘请一些具有经验丰富的成功企业家、创业者、管理者、技术专家等到学校做创业教育的兼职讲师、教授，使学校拥有的创业教育师资队伍既有丰富理论知识又有一定的实战经验。高校内部应加大用于创业教育的经费投入，完善创业教育的硬件设备，加大对创业基地建设的投入，如建立创业氛围浓厚的大学生创业园区、创业科技园和创业实践基地，为学生提供丰富的创业实践平台和资源。此外，高校也应加大对学生创业项目和创业活动的支持力度，完善和健全高校内部学生创业活动体系，从而为高校内部开展多元化

和实践性强的创业项目及活动提供支持和保障。

3．拓宽大学生网络创业融资渠道

为解决大学生网络创业过程中“缺资金”“融资难”的问题，应当有针对性地建立多种渠道创业资金支持体系。建立大学生网络创业企业贷款担保体系，鼓励银行金融机构、担保公司等支持大学生网络创业者融资；并建立大学生信用评价体系和失信惩处机制，保证大学生能够及时还款。一方面，政府应当进一步加大扶持力度，出台相关优惠政策，鼓励金融机构向大学生网络创业者提供低息或者无息贷款，并开设融资审批绿色通道。另一方面，也要着力动员社会资本与民间资金加大对大学生自主创业活动的投资积极性，不断拓宽大学生网络创业融资渠道，并建立合理的资金风险和转移机制。此外，高校本身也应当并结合自身情况，拿出一部分专项资金，设立学生网络创业项目基金，有针对性地挖掘和扶持有前景的网络创业项目。对于盈利模式新颖、发展空间大的项目，也可以由学校牵头，与校外风险投资机构接触，争取获得社会风险投资者的认可和支持，并在这一过程中，帮助学生科学规划和合理使用资金，从而促使创业项目的良性发展。

（四）研究结论

本文针对这些问题在大学生自身、学校、社会等方面也给出了一些建设性的意见，提高自身网络创业风险意识，提高创业素质、培养创新能力以及及时关注大学生网络创业政策，使自己能更好地面对网络创业过程中出现的各种问题；学校也应加强创业教育师资队伍的建设、完善网上创业教育，改进和完善高校创业教育平台和资源；与此同时，社会也应改善融资环境，保证大学生网络创业过程中的资金链，对于网络安全与诚信环境的建设也应刻不容缓。当然论文还存在着些许不足，比如数据的收集与剖析、相关政策了解的并不是很全面，这些资料的来源并不多，所以对这些问题给出的对策或许稍有偏颇，并不完善。

八、二本院校学生职业能力提升不足与慕课产业化研究

（一）MOOC的产生与产业化

MOOC作为一种新的教育模式，其兴起的背后，是历史的必然，具有时代的特性，更加彰显了技术的颠覆性。MOOC即“大规模在线开放课程”，不难看出MOOC产业化过程中有以下几个很明显的特点：大规模、在线、开放。所谓大规模，即MOOC课堂学习人数可以不受数量的影响，可以是几十人、几万人，甚至是几十万人，打破了传统教室的限制；所谓在线，即学习依托网络进行，可以不受时间、空间、地点的限制，同时也保证了教育在大规模的情况下仍能有效地进行；所谓开放，即人人都有接受一流大学教育的可能，使得教育公平化、教育免费化和教育全球化。

信息技术在教育中的应用作用越来越明显，MOOC产业化的过程中，隐形优势对我们研究的作用更为重要。从MOOC的作用形式我们可以发现以下几个优势：个性化、交互性、全球性。所谓个性化，指MOOC能够满足学习者的个性需求，使教学“因材施教”成为可能；所谓交互性，即获得学习的同时，强调师生、生生教学互动，关注整个学习过程；全球性，即MOOC基于互联网运作，全世界各地的人都可以注册课程。从教育过程发生的变化来看，MOOC使得整个教育流程比传统教育更有弹性和适应性；从产业发展的角度来看，MOOC创造了更大的需求，为MOOC的产业化的发展奠定了人的基础，有大众参与的趋势。MOOC产业体现效益递增，MOOC一旦出来后，它的成本边际成本越来越趋向于零成本。效益呈现递增趋势，市场高度拓展，受众面非常大；同时MOOC为学习者展现了一种全新的学习方式，学习内容不再仅仅局限于课程教材本身。MOOC的教学通常是开放式注册，自由选择，实现从“被动接受式”教学转变为“主动探索式”教学，有效提高了教学质量，同时还能实现“因材施教”。

（二）二本院校学生职业能力培养的特点和存在的问题

1. 二本院校学生职业能力培养的特点

（1）基础性。我国二本院校学生职业能力的培养以一般职业能力为主，在专业学习的基础上，有全面发展的倾向。以“宽口径，厚基础”为人才培养指导思想，强调通识教育。重点培养学生适应社会的基本能力，如思考、分析等学习能力，语言表达、人际交往等交际能力和自我协调、自我管理等自我约束能力，还有对基本素养的积淀及对“上善若水”的人生价值理想和道德的坚守。（2）延展性。二本院校学生的职业能力培养以学习和适应能力为基础，伴随二本院校学生社会实践活动扩大，校园文化生活的丰富对二本院校学生职业能力的培养起着重要的作用。在各种集体活动中，学生在不断沟通、合作中获得解决问题的方法、人际交往的秘诀、组织协调的能力等，其中还有一些特殊职业能力，如主持、演讲、表演等职业能力。（3）潜在性。一方面，由于在校学生工作内容兼职又零散，并不能充分表现其职业能力；另一方面，学校环境的特殊又特定，使得二本院校学生的职业能力向着一定的潜在能力发展，而非实际职业能力。

2. 二本院校学生职业能力培养存在的问题

“教育与实践的严重脱节”是我国二本院校学生职业能力培养过程中存在的普遍问题，主要体现在以下三个方面：第一，二本院校有“学术型”情节。二本院校在办学过程总有一种办“学术型”大学的冲动情节，使得“教学与实践的严重脱节”。事实上，受各种客观条件限制，培养学术型人才的定位又使其人才培养跟不上要求，将人才培养定位在“实践型”是重要的。第二，师资力量薄弱，教学方式单一。在师资培训方面，二本院校只有少数教师被派遣出国访问学习，虽然有教师表示愿意到企业一线锻炼，无奈学校不能提供实际有效的政策支持，大多数教师“纸上谈兵”不能落到实处。同时，教师也只拘泥于传统的“说教式”教育，与学生没有互动性。第三，重教学，轻实践。通过查阅大量的二本院校的课程表可以看出，大部分二本院校在人才培养方案中，除了作为职业生涯规划的热门课程外，其他职业能力课程，除非是特殊专业需要。几乎很难找到，或者部分仅作为选修的形式，对于职业能力的培养重视根本不够。

（三）基于二本院校学生职业能力提升的 MOOC 产业化对策

1. 树立市场理念，实现二本院校 MOOC 产业持续发展

二本院校 MOOC 的产业化本质上是教育的产业化，让 MOOC 产业走向市场化、融合化、生态化和营利化之路。（1）产业市场化。一是将 MOOC 定位为教育服务“商品”，并以此转化衍生出各种教育商品。诸如灵活的短视频学习、个性化的大数据学习、专业的高级课程等，来吸引二本院校学生。同时，也可以提供学分认证服务、学位证书颁发服务、就业推荐服务等来提高学习者的满意度，通过创生这些恰当的途径来实现 MOOC 教育服务“商品”的价值。二是以 MOOC 的用户增长为媒介来吸引风险投资。将用户量的增长作为长期发展目标，来吸引风险投资。投资者愿意将用户数量作为衡量 MOOC 发展潜力的标准，原因在于人的大量集聚，能够使投资者挖掘更多的商业价值。（2）产业融合化。与一般的产业融合化不同，MOOC 产业融合化是指突破不同主体之间的经济壁垒，充分发挥各自优势，实现重大跨度，高协同合作。首先，创建投资者和 MOOC 平台建设者的合作机制。投资者和 MOOC 平台创建者的关系就如“唇”和“齿”一样，MOOC 平台的创办者直接负责平台的运营和管理；投资者负责监督和督促维持平台的良好运营，并为平台提供长期的资金支持和管理帮助。平台创建者从免费的教育服务商品中寻找增值服务的切入点，以此维护与投资者的合作关系。其次，创建高等院校和课程建设协作机制。课程是确保 MOOC 持久生命力的源泉，因此要将一流大学纳入产业链体系之中。高等院校主要负责提供课程资源，并具有一定的自主性，持有课程的设计权和决策权。作为课程的承载平台，MOOC 平台负责按照一定的准入标准对课程的质量进行严格的把关，并为一流大学课程制作提供全方位的帮助与指导。这种教育界的“淘宝”模式，实现“人人都能享受到一流大学的教育”，使课程提供者与课程需求者共聚在一个平台，通过大数据的作用，利用供求相吸的力量一定会碰撞出更大的火花。最后，创建服务提供商和学习支持服务创新机制。一个 MOOC 产业不仅需要完成运营机构管理和课程资源建设等核心任务，还必须与众多学习支持服务机构建立合作伙伴关系。例如，选择教育出版商（人民日报出版社、经济管理出版社等）和电子阅读器（QQ 阅读、豆丁阅读等）为课程辅助资源提供者；为学习者构建社交网站（如 QQ、WeChat、微博等）。这些辅助资源提供者皆以“学习者体验”为导向，

保证学习者在 MOOC 平台学习上的完整性，当然，这些学习支持服务机构的加入并不是无条件地忠诚，他们明白 MOOC 这一完整的教育产业链能够帮助他们实现自身利益的最大化。（3）产业生态化。一是世界大范围合作办学。例如，可以通过与慈善组织红十字会、志愿者协会等非营利机构合作，共同致力于向全球学习者提供 MOOC 学习服务，也可以创建“学习中心计划”，试图与世界各地的非营利组织合作，建立遍布全球的 MOOC 学习物理支持空间。二是始终提升用户体验。MOOC 作为互联网与教育的结合产业，用户体验的重要性是不言而喻的，用户体验是与教育完整性密不可分的。所以，可以开发移动应用 IOS 版和安卓版客户端，为用户提供无处不在的学习体验的技术支撑。除此之外，可以依托 MOOC 的开放性特点，将学习嵌入我们日常生活中常用的网络社交工具（如 QQ、WeChat、微博等）。三是应加强团队建设。明确 MOOC 的未来愿景“MOOC 是教育界的未来”，在维持本身合作的同时面向全球广纳贤才，共同致力于 MOOC 的建设。同时，根据相应的发展任务，制定良好的规章制度，保证大家为了一个目标奋斗，而不偏离航线，坚定不移地打造 MOOC 平台的“蓄水池”。（4）产业营利化。首先，MOOC 平台以免费分享的基本服务赢得用户的良好口碑，并作为其探索营利模式的出发点。首先利用名师名校的免费课程作为吸引用户的法宝；然后借助良好的口碑和网络传播的便利性进行全方位的喧嚣和打造树立良好的企业形象，吸引更大规模的用户群体；最后，基于庞大的用户群探索可行的营利方式。此外，以分层次增值服务满足用户构建可持续的营利，对于 MOOC 来说营利必须很大一部分源于嵌入在这些非主流课程之中的增值服务，向学习者提供增值服务和分层级的服务。增值服务主要包括认证服务等，如证书认证、毕业认证和资格认证。分层级的服务主要包括专业课程服务等，如向有深入学习需要的学习者提供的课程，相对于免费课程的内容更加具体和专业。

2. 利用政府经济职能，为二本院校 MOOC 产业化发展保驾护航

MOOC 的产业化少不了政府的宏观调控，但是光靠政府一方带头是没有用的，最好是由政府牵头，联合国内外大学、国内外企业和众多学习者多方参与，共同协作。其中政府的主要发力点有以下三个方面：第一，加快互联网基础设施建设，一方面推进“宽带中国”战略，提高宽带连接速度，降低宽带使用成本，缩小城乡之间的数字鸿沟。另一方面，完善互联网管理制度和规范，建立知识产权保护机制，保障我国 MOOC 创新的激情。第二，推进 MOOC 教育法制建设，根据实践需要，从国家战略高度规划 MOOC 教育的发展。制订科学的 MOOC 教

育发展规划，实现培养有质量的人才的目的。一项公共政策的出台，不能孤立存在，要有相应的配套措施配合，才能发挥其政策效果。所以要加快制定和完善版权保护、经费保障、课程标准、资质认证等规章制度，推动 MOOC 的产业化发展。同时注重建立 MOOC 学分累计转换制度并与学位取得制度相互配套，以实现学习成果的认证与衔接加强 MOOC 学习成果的权威性和加强 MOOC 学习成果的效益。第三，加大经费投入。MOOC 产业是资本集中型产业，单靠社会和自身内部投资是远远不够的，各级政府应加大政策资源的投入。首先，设立专项经费来资助 MOOC 的产业化建设；其次，鼓励 MOOC 企业加大内部研发经费支出，对企业内部研发经费支出给予高比例的财政补贴；最后，对 MOOC 产业的合作方给予奖励，鼓励各方积极投入到 MOOC 的产业建设中。

3. 二本院校内部整合，为 MOOC 产业化提供试验田

相对于一流大学而言，二本院校对 MOOC 的发展处于劣势地位，虽然不能做主流，但是做一个完美的支持者，不仅能使 MOOC 产业化得到发展，还能使二本院校的教学系统更加完善。所以二本院校可以在以下三个方面进行努力：第一，实施“微教学”，根据学科特点和课程特色，设计制作不同侧重点的“微视频”，以这种“微视频”为核心展开实现微教学。这种微视频是容易制作的，二本院校完全可以独立制作，其中“微视频”可以是老师的几句话的感悟或上课的重点片段。第二，建立“体验圈”，就是充分利用符合学生生活和习惯的方式开展 MOOC 学习。比如，设置“聊吧”专题，师生、生生之间以朋友式的进行交流；也可以一对一视频授课，视频互动中教师更口语化，教师采用平等对话的方式与学习者进行交流，没有传统课堂授课时严肃的气氛和明确的等级关系，如朋友般的交流，学习氛围会更加轻松愉快，更容易建立学生的感情链接，同时也能提高学生的学习兴趣。第三，注重“多学科”。学科建设是建设高水平院校的根本，也是实现 MOOC 产业化发展的重要着力点。目前二本院校改革，要求培养应用型技术技能型人才，那么将“多学科协调发展”理论有机地渗透到教学中，无疑是锦上添花。各学科形成合力，使学生所学的知识系统化，再把 MOOC 教学与二本院校教学有机地联系起来，融成一个整体，营造一个潜移默化的教育环境。

第五章

人才培养模式综合改革与创新

一、MOOC 背景下地方二本院校经济类人才培养的改革与实践

（一）MOOC 背景下地方二本院校经济类人才培养的紧迫性

随着本科生的不断扩招，就业问题日趋严峻，地方本科院校经济类应用型人才培养问题突显。地方性本科院校由于地处非中心城市，经济相对落后，客观上给经济类应用型人才培养带来一定困难。同时，“互联网”的广泛普及与移动互联设备的大量应用、国内外网上公开课的数量日益增加的背景下，经济类人才培育（特别是地方性院校）面临着全新的机遇和严峻挑战，特别是 MOOC 的快速发展给地方二本高校带来新的时代特征，地方性高校经济类人才究竟如何培养？这些是摆在应用型经济类人才培育面前的重要理论与实践问题，涉及 MOOC 背景下地方高校人才培育也关乎教育流程再造的问题。

MOOC 快速发展背景下，地方院校经济学专业应用型人才如何培养问题备受关注。高等学校必须明确人才培养的新的时代要求，牢固确立人才培养在高校工作中的中心地位，因此要在实际教学工作中不断改革创新，积极开展适应 MOOC 的经济学类教学教育十分重要。长期以来，地方性本科院校经济类专业的教学与我国改革开放、经济发展的进程有一定的差距，处于一种学生不感兴趣，教师难教的两难境地，亟待改革。而 MOOC（幕课）背景下，经济学人才培育的创新性与应用性的耦合，为经济学教学与人才培育提供了发展方向，在互联网快速普及与移动网络快速发展，教师重要性受到冲击的今天，在校学习及毕业后的学生及相关研究不仅必要而且可行的，也是强化教师存在性的方向性选择。

（二）MOOC 背景下地方二本院校经济类人才培养的方法与过程

MOOC 背景下地方二本院校经济类人才培养的方法主要有：（1）仿真实验法。利用 MOOC 的优势，引导学生仿真实验与模拟创业，以特色活动提升学生的经济学素养。学生从大二起，每学期经济类学生要进行实验室软件模拟，如创业之星软件、营销之道软件、沙盘模拟软件、ERP 系统等，让学生身临其境；教师事先录制好 MOOC 课视频，让学生提前学习，以提高课堂学习效率。再如，学生模拟炒股，不仅让学生学到了理财的方法，而且引导学生全面关心经济形势。（2）以社会经济改革为参照的问题导向培养法。围绕社会经济发展的实际，以问题导向法为依据，教师的科研推动教改，实现寓教学于科研，并以科研促教研，研教融贯，教研相长。教师利用自己的理论知识与研究专长，积极指导学生参与各种课外科技活动，并将教师课外科技活动和社会实践纳入学生修读学分、教师晋升职称的重要标准范围。在此过程中，教学和学生都可以利用 MOOC 实现教学相长。（3）利用信息技术创新教学手段与方法。有效利用网络、多媒体、MOOC 等现代技术手段，进行启发式、发现式教学，把当代经济的最新现状以通俗易懂的方法呈现出来，让学生感觉到学习的乐趣与用处，起到了传统教学手段难以起到的作用。（4）“引进”与“走出”的方法。“引进”是从校外引进企业家与政府要员；“走出”是指引导学生走出学校实践。我校经济与管理学院已成功地举办“企业家论坛”数十场，邀请了一批德高望重、有一定学术基础且成果相对较丰硕的政府要员和部门主管来现场给学生做讲座。“走出”是指让学生走出学校深入企业，为此，我们联系了一批深圳、东莞、广州、长沙等优秀定点实习基地，我院学生每年定期到这些单位实习。（5）“课堂上”与“线上”学习有机结合。以互联网为手段，以 MOOC 为抓手，实现了地方性二本院校经济类学生“学校教育”与“终身教育”相结合的目标。网络飞速发展缩小了地方二本院校经济学类和知名高校之间在软硬件方面的差距。

MOOC 背景下地方二本院校经济类人才培养过程。我校主要的做法是：以经济类精品课程、主干课程及相应的 MOOC 为起点，以教学质量工程为纽带，以经济类应用型人才培养为目标，构建了“起点 + 纽带 + 目标”三位一体的经济类人才培养体系，并开展长期的跟踪实践，在地方本科院校经济类应用型人才培养模式上形成了自身的专业特色与创新。具体做法上，构建了“启发式”“研讨式”的师生互动平台与创新型学习方法，如：（1）建立本科生导师制。（2）建立传统现场研讨与现代信息技术相结合的灵活多样的学生学术活动沙龙，为二本院校学生学习提供平台。（3）鼓励学生参与性学习。鼓励教师在导学上下功夫，注重学习方法指导，突出教学方法的多样性和灵活性。利用 MOOC 方式，让学生积极主动地参与教学全过程。同时，鼓励学生课后参加各种社会实践，参与老师的相关课题研究，提升他们的思考能力和研究能力。

（三）MOOC 背景下地方二本院校经济类人才培养的成效

以衡阳师范学院为案例进行分析，MOOC 背景下二本院校取得的理论成果主要有：（1）精品课程与自编讲义直接从“学生中来”“到学生中去”。如“社会主义市场经济学”讲义运用于 2008—2013 级经济学专业学生，反响好，并于 2010 年获得省级精品课程。自编讲义对经济类针对性较强，对学生能力的提高帮助大，并以重实践的专题形式开出，多教师参与，在教学中深受学生欢迎与认可。（2）精品课程与课程讲义对经济类专业影响较大。在精品课程的建设中，我们建立了“QQ 群”“微信群”等，前几年毕业的学生持续在此进行研讨与交流，博士、教授在论坛里持续与他们进行深入交流，效果显著。（3）获得省级教改项目 10 余项，如“地方本科院校转型背景下经管类专业实践教学体系构建及运行机制研究”“地方高校国际贸易专业本科生就业能力培养模式创新的研究与实践”“地方本科院校应用型人才培养与区域劳动力市场互动机制研究”“地方本科院校与行业企业合作育人运行机制研究。（4）课题组成员一直积极探索如何培养符合现代社会需求的经济类应用型人才的研究工作，先后发表了教学改革论文 30 多篇，这些成果虽然是从理论上进行研究，但对教学实践大有裨益。（5）成员指导学生或与学生共同发表论文 20 余篇，在研究性教学过程中和本科生导师制指导下，本科生发表了一些相关学术论文，这也是相关设计的成果。

MOOC 背景下二本院校取得的实践成效主要有：（1）经济类人才培养方案修改过程中，充分吸收相关理论成果与实践经验，成功做法已体现在新一轮人才培养方案中，在运行过程中效果较好，并在近年的教学实践中全面实施，利用 MOOC 与翻转课堂对提高经济类人才培养质量发挥重要作用。（2）调动了二本院校经济与管理学院老师的积极性。二本院校经济与管理学院教师指导学生后学生实践的意愿与能力明显提高，这与一系列的激励与约束机制分不开，把教师个人的发展与学生培养较好地对接起来。（3）学生的实践能力和创新能力显著提高。以教学质量工程为依托培养的学生成绩省级奖层出不穷。近年来，有不少学生获得省级大学生研究性学习与创新性项目，学校级别的学生研究性学生与大学生科技创新，经济类学生每年都有三十项以上，有的骨干老师就指导学生参与全国大学生挑战杯比赛，获得了全国性的奖项，充分地实现了教学育人的作用。（4）经济类学生的就业能力和适应工作能力显著提高。近些年来，经济类毕业生就业率平均达95%左右，就业率高的年份达97%，表明毕业生在社会上的接受度与认同度较好，近年来，毕业生就业单位有银行、证券公司、保险公司等；公务员与研究生的考取率也大有提高。（5）培养的经济类学生省级奖层出不穷。衡阳师范学院在校的经济类学生中，“十二五”以来获得省级以上奖的有四五十余项，如此多的获奖集中出现在我们团队指导的经济类学生中，一方面与老师大量付出正相关，另一方面同互联网提供的交流平台和“终身学生”理论紧密相关，而且部分学生是已毕业学生参与而获奖（部分创业赛学生毕业两年内可代表学校参赛）。不仅如此，上述成果或理论经验和经济类人才培养模式受到多所兄弟院校关注，并就地方二本院校在人培养与服务地方等问题在大会上发言交流。

地方性本科院校应用型经济类人才培育是未来发展的趋势，随着经济与社会环境的快速变化，用人单位对学生的需要也在不断提出新的要求，要真正培养社会所需、完全符合企业要求人才需要一个过程，MOOC 背景下经济类人才培养模式改革依然任重道远。

二、地方本科院校转型发展背景下人才培养模式的困境与出路

（一）地方本科院校转型发展的必要性

来自《中国教育统计年鉴》的数据显示，截至2014年底，全国普通高校共计2491所，其中地方所属高校1661所，占比66.7%；地方本科院校668所，占普通高校的26.8%，毋庸置疑，地方本科院校已成为我国高等教育体系中的重要组成部分。《国家中长期教育改革和发展规划纲要（2010—2020年）》明确指出："高等教育要优化结构办出特色，重点扩大应用型、复合型、技能型人才培养规模。"相较于国内研究型、研究教学型高校，地方本科院校无论是在办学经验、经费支持及师资力量，还是在硬件设施、生源结构和科研实力等方面都存在着明显差距。而较于高等职业院校，地方本科院校的人才培养目标定位、课程设置、教学实践和师资队伍建设等环节对实践重视不够，学生的动手能力和解决实际问题的能力存在着明显不足。对于立足服务地方社会经济发展，培养应用型人才的地方本科院校，需要打破传统的思维方式和办学模式，构建面向生产、管理、经营、服务一线，将知识转化到生产实际中，专业素质好、动手能力强、适应程度高的创新性应用型人才培养体系势在必行。

（二）地方本科院校转型发展背景下人才培养模式的困境

1. 人才培养目标"同质化"

高校的人才培养目标是在特定的内外条件下，依据一定的教育目的所制定的教育事业与教育活动所需要达到的预期状态。在高等教育大众化背景下，地方本科院校人才培养目标存在着下列问题：（1）人才培养目标与社会需求错位对接。

一方面是相当数量的毕业生就业难，另一方面是急需人才的企业找不到合适的人才，形成人才市场的“有效供给不足”和“无效供给过剩”。(2）人才培养目标同质化倾向明显。地方本科院校没有很好地结合自身办学历史、办学实际和区域特色，盲目向老牌本科院校看齐，导致目标错位、模式单一、千校一面、缺乏个性等问题。(3）人才培养规格的缺位。地方本科院校的人才培养规格片面追求高、大、精，没有考虑学校的实际情况，从而不能保证人才培养的质量。

2. 课程体系“条块化”

高校的课程体系是指高等学校为培养人才所确立的目标以及依据此目标所选择和组织的课程内容、教育教学活动的系统。我国目前地方本科院校的课程体系已越来越不适合新形势发展的需要，其主要问题表现为：(1）课程理念与现代教育思想相抵触。以知识为本位不利于创新型人才的培养，过度强调知识忽视了能力的培养，“专门职业化”的课程设置忽视了以人为本的教育理念。(2）课程结构不合理。基础课、专业基础课和专业课的“三段式”课程层次不利于各学科的渗透，自然科学与社会科学割裂、科学教育与人文教育割裂，忽视了思想能力和科学精神的培养，普遍重视必修课程，忽视了选修课程的合理比例分配，不利于学生主体性的发挥。(3）课程体系内容陈旧，实施观念、方法落后。地方本科院校普遍存在教材陈旧、知识老化的现象，一些交叉学科、边缘学科等知识在教材中也没有得到及时的体现。

3. 实践教学“形式化”

实践教学是学校实现培养人才目标的重要环节，是培养大学生创新精神和创造能力的重要手段，是加深理论教学、提高知识综合运用能力的关键环节。目前，地方本科院校仍然没有真正摆脱实践教学的从属地位；没有实现实验室共享，实验室的利用效率不高，设备利用率低下；没有真正实现实验室对学生的全面开放，存在着开放程度不高、开放范围有限的问题；课程教学实习与课程设计内容陈旧、更新慢，实习教学内容缺乏创新，毕业论文（设计）结合实际的选题较少，缺乏实际应用价值；实践教学管理制度和监控体系还不够完善，存在着教学实习要求不严、规范不够、检查考核不力的问题；新增专业实验室建设和实习基地建设相对滞后，缺乏足够的实验教学设施，严重影响实践教学质量；毕业实习的时间减少，毕业论文质量整体不高，实践教学效果差强人意。

4. 师资队伍建设“学术化”

地方本科院校转型发展需要师资队伍建设转型的配合。只懂得专业理论知识、没有实践经验的教师，是很难培养出实践技能强、适销对路、社会需要的高素质创新性应用型人才的。当前地方本科高校院校主要引进研究型大学毕业的博士和硕士研究生，他（她）们没有工作经历和教学经验，同时一大批具有丰富工作经验的人员又往往被大学拒之门外。伴随着近年的高校扩招，学生规模猛增，教师数量相应地显著增加，与此同时，师资队伍的年轻化趋势也愈发明显，地方本科院校在师资队伍建设中主要侧重于教师理论素养的提升和教学能力的锻炼，而对于支持青年教师到企业实践锻炼的相关政策和措施不健全。对高校教师的评价主要侧重于对学术成果的认定，教师的专业发展没有建立起基于教师职业生涯规划的全面的、系统化的教师专业发展计划。

（三）地方本科院校转型发展背景下人才培养模式的出路

1. 重新定位专业人才培养目标

定位好人才培养目标是地方本科院校转型发展的首要任务，“培养什么的人才”“如何培养人才”是地方本科院校人才培养目标定位的核心问题。在“创新驱动战略”“大众创业，万众创新”的新的历史条件下，有别于研究型大学培养在关键领域从事创造与创新工作的创新型人才，地方本科院校的人才培养目标应定位于培养面向市场和生产第一线的创新性应用型人才。创新性应用型人才是指具有良好的思想品德和高质量的综合素质，具有广博的通识教育知识和厚实的学科基础教育知识，具有到生产实践和社会实践一线承担并胜任工作的能力，具有自觉的创新意识、较高的创新能力和强烈的创新追求的人才。培养创新性应用型人才是建设创新型国家和促进区域经济社会快速发展的迫切需要，是地方本科院校科学定位、特色发展的必然选择。

2. 科学设置专业课程体系

创新性应用型人才培养应注重实践能力和创新能力的培养，地方本科院校的专业课程体系应包括核心课程教育模块、实践教学课程模块、创新素质教育模块、综合素质培养模块和素质教育课程模块这五大模块。（1）核心课程教育模块包括公共基础教育和专业基础教育两个子模块，在保证“厚基础”的基础上体现专业教育的特点。（2）实践教学课程模块。适度压缩理论课时，相应增加实验课、模拟演练、企业见习、毕业实习、毕业论文设计等实践教学课时。（3）创新素质教育课程体系包括课内创新课程体系、课外创新课程体系（大学生科技创新、学科竞赛、创新讲坛等）和创新能力训练体系（课外科研项目、学科竞赛、专业实践、毕业论文设计等）三个子系统。（4）综合素质培养模块由通识教育、跨学科教育（双学位、辅修课程等）和社会实践活动（暑期“三下乡”、大学生文化艺术节、社团活动等）三个部分构成。（5）素质教育课程模块包括低碳环保宣传、大学生素质教育活动、大学生素质教育、社区服务活动等。

3. 建立多类型的实践教学内容

实践教学主要是加强学生基本实践能力、综合实践能力和创新实践能力的培养。基本实践能力的提高，有助于培养学生进行科学实验的基本能力；综合实践能力的训练，有助于培养学生将所学的理论知识和实验技能应用到实际问题中的能力；而创新实践能力的发展，有利于提出解决问题的方案并通过实验实践进行研究的能力。因此，对学生能力的培养，应构建多类型的实践教学内容。一是基本素养型。例如，积极参加大学生校园文化活动、参与以回报社会为主题的“三下乡”活动、利用假期撰写社会调查报告和申请志愿者社会服务等。二是基本技能型。包括案例教学、实验课程、模拟实训、专业见习、参加实习基地培训以及专业见习等。三是专业技能型。主要有大学生科技创新、挑战杯、沙盘推演、面向社会和生产一线的顶岗实习、大学生研究性学习和创新性试验计划项目等。四是综合素质型。例如，积极申报各级各类创业训练项目、完成本科毕业论文（设计）、参与老师的教研和科研课题、进行自我规划大赛参与企业技术革新攻关项目等。

4. 加强“双师型”教师队伍建设

教师的质量是提高人才培养质量的关键环节之一，要培养创新性应用型人才，就必须建立一支既懂理论知识又有实际工作经验、实际工作能力的“双师型”教师队伍。新进教师重点引进具有实践技能的教师，在学历达标的前提下，重点引进具有与所教课程相关的工作经历、从业资格证书或职称的教师。增加在职教师的实际工作经历，在职教师尤其是青年教师具有与其所教课程相关的从业经验或相应职业资格证书和职称，选派教师到企业或行业接受顶岗培训。聘用企事业单位实践技能突出的专业人才担任兼职教师，组建兼职教师队伍，加强校外兼职教师数据库建设，定期对兼职教师进行相关教育理论培训。积极引进专业技术能力强、综合素质高、有一线岗位工作经验的专业技术人才作为专任教师。建立“双师型”教师队伍建设长效机制与保障机制，积累实际工作经验，增强实践能力。

三、与区域经济协调发展的应用型本科院校的校企合作研究

地方本科院校作为我国高等教育的主要力量，其学生的培养质量直接关系到我国人力资源的配置和优化状况，同时也关系到我国区域经济的可持续发展问题。随着我国经济进入新常态，各地区的经济体都在根据自身的特点和发展要求经历着转型升级，这也要求我们地方本科院校必须顺应社会区域经济的发展进行转型提升，当前地方本科院校向应用型本科院校转型中，突出校企合作、产教融合，培养应用型的高技能本科层次人才，不仅能促进我国教育体系的整体结构优化，还能更好契合区域经济市场的人力资源优化配置的发展要求，协调与帮助区域经济实现更好更快的发展。

（一）从校企合作角度看应用型本科教育与区域经济的关系

高等教育在经济新常态下进行社会文化传承和促进社会发展，就必然要主动去适应当前社会经济发展的需要。尤其是应用型本科院校这样的高等教育更应该在本科教育大众化的背景下紧紧围绕着区域经济发展的要求而展开技能型、应用型人才培养。其主要表现在：一是各地区的区域经济发展水平和区域产业结构决定着应用型教育发展规模、水平和专业设置、课程结构。不同的区域经济发展状况和特定的区域产业结构对其所需的劳动力类型结构和素质能力方面有不同的要求，区域经济的发展与其教育体系之间有明显的联动关系，但应用型教育的调整具有一定的滞后性，区域的产业和企业转型升级必然要求劳动者有更高的文化技术素质。二是应用型教育的层次结构受区域经济技术结构制约。随着区域经济从劳动密集型产业向资本密集型产业和知识技术密集型产业的转型升级，其对人才的需求也随之发生转变，这就要求与之配套的应用型教育机构应该培养出满足其要求的不同层次、不同类型、不同行业的应用型技术、管理型人才，在这个背景下，应用型本科院校才应运而生，也正生逢其时。三是应用型本科院校与区域经

济关联的主要形式是校企合作，校企合作的深度、广度对其人才培养的质量有重要的影响。应用型教育是一种技能型的教育，只有真正满足区域经济发展的需要，才可能真正获得相关行业、企业的支持和重视，应用型本科教育才会有生命力、才有发展前途。同样，企业要想长远良好地发展，也必须依靠应用型教育所培养的人才支撑和所提供的技术支持。

校企合作是推进区域经济与应用型教育共同发展、良性互动的主要手段。良好的校企合作模式能使合作双方都能从合作中受益，其主要表现在以下几点：一是应用型教育教学与行业企业紧密结合培养急需人才，可以及时满足区域经济发展的实际需要；二是通过校企合作可以有效地提高教育机构和行业企业两方面发展应用型本科教育的积极性，充分发挥行业企业和学校双方的互补优势、潜在能力，既可以节约社会资源，避免重复投入，又能够有效提高社会应用型教育的整体水平；三是行业企业十分了解自身业务发展方向和趋势以及对工作人员的技能、素质要求，进而通过校企合作能及时、准确地帮助与指导应用型本科院校调整培养目标、专业结构、教学课程、实践内容等，有利于应用型教育内容的更新；四是行业企业能够为学生提供获得应用能力和职业技能所必需的真实工作场景和良好的实践条件，有利于学校对学生进行真实职业技能和职业素质的培养；五是学校利用自身教学和科研方面的优势能有针对性地提高企业职工的某些方面的职业技术训练水平和职业技能提升；六是由于当前科技的发展和科技应用情况的日新月异，应用型教育普遍反映实际办学过程中投入成本高、教学设备更新快等问题均可以通过校企合作方式得到行业企业的支持，有利于提高社会教育资源整合能力和企业设施设备的综合利用效率。

（二）我国校企合作的现状和存在的问题分析

随着国家近年来日益重视高等教育的改革，强调校企合作和产教融合，尤其是在教育部的主导下成立了应用型大学联盟，推动应用型大学建设，使得高等院校普遍都走出了相对封闭的“象牙塔”主动开始寻求与企业之间进行合作，合作教育得到了长足的发展，但是由于地方政府重视不足，企业考虑自己相关利益较多，学校自身办学理念、合作能力、政策措施和保障机制等方面的原因，导致现实中的校企合作要么是合作的层次偏低，仅仅是帮助学生完成实习需要或者方便企业招收员工；要么就因多种原因校企合作的推进速度较慢，达不到预期目标。很难在实践上和创新上取得实质性的大幅度进步，没有达到有效促进区域经济发展的目的。经分析梳理后认为主要存在以下几个方面的问题：

1. 地方政府部门对校企合作办学模式没有给予充分重视与支持

校企合作办学模式虽然在教育部层面得到大力提倡，但教育部限于部门的权力和财力限制，对地方政府的影响程度不同。目前地方政府对校企合作的重视情况不同，除了江苏、浙江、山东等经济发达地区出台了专项文件给予较大的支持外，其余省市鲜有专项政策。地方政府应该站在发展区域经济和增强地方活力的角度来认识应用型本科院校的校企合作的重要性，从而大力支持地方高校的校企合作活动，以增强地方的长远发展能力。校企合作并不仅仅是高校与企业两者之间的合作，还需要地方政府的强力倡导、推进和专项政策法规的强制性保护，不但需要不断规范校企合作办学行为，还应通过项目资助等方式提供充足的资金扶持。

2. 校企合作的观念陈旧，缺乏“合作共赢”的长远战略

目前地方很多高校主动寻求校企合作的目的主要希望企业提供实习、实训机会或场地，希望企业接收学校的毕业学生。这本来站在学校的角度也没什么错误，但是究其本质还是为了将学校办学负担转嫁到企业，让企业用先进设备、设施资源帮助弥补学校实践教学条件的不足，却没有考虑学校能够帮助企业完成什么急需事项，让企业获得什么除接收毕业学生之外的收益，因为一个企业所需学生有限，尤其是一些运行良好的知名企业吸纳员工途径多样，且员工稳定，对刚毕业的大学生需求很少。因此，没有双方共赢的基本前提仅仅靠个人关系维持的校企合作是非常脆弱的，这也是导致当前校企合作中出现的学校方面“剃头担子一头热”现象，而企业与学校的合作热情不高。另外，从企业的角度来说，企业作为一个营利性的单位，强调的社会责任等事项实质上对企业没有什么太多约束力，现实中很多地方应用型高校由于教学硬件设施不足和师资力量的欠缺导致学生的培养水平和实践动手能力难以达到企业实际工作的要求，而且学校帮助企业的技术支持能力、科研成果水平、科研转化能力等也远不能满足企业的期望，使得企业缺乏与学校进行深层次合作的动力，即使要求企业高管人员参与学校的人才培养方案修订和相关的教学管理工作，也很难达到应有的效果。更有不少学校对实习的学生管理流于形式，没有实行真正的教师全程督导，使学生在企业的实习过程中没有责任心，自由散漫，甚至不遵守企业的相关规章制度，严重影响到企业的正常生产经营，这使得企业承担了巨大的管理风险，正因为上述的原因企

业难以主动参与到校企合作中，更不愿意为学校提供物力和财力支持，甚至感觉为学生提供实习机会也很麻烦，造成校企之间的有效合作难以完成。

3. 学校方面片面追求“高大上”的企业，没有考虑学校的办学特色和专业特点，校企合作的层次低

学校在校企合作方面一般具有主动性，考虑到管理规范、品牌效应、宣传效果等方面的因素，地方高校普遍会主动选择区域内知名企业、大型企业、国有企业进行合作，较少考虑中小企业，没有根据自身的专业特点和办学特色去选择专业的企业协会、特色企业园区进行合作。而这些中小企业才是真正渴求大学毕业生的主要需求方，虽然他们可能存在管理不完善、工作待遇不理想的情况，但他们是最愿意提供就业岗位的单位。从中小企业群中选取一些较好的单位进行合作，可能没有很好的宣传效应，但确实是校企合作服务地方区域经济的主战场。另外，目前我国普遍校企合作的层次都较低，一方面是地方高校因为办学名气和教学质量方面原因所寻求到的合作企业数量较少；另一方面是政府支持力度不足和行业企业对校企合作办学的认识不足，没有从促进区域经济发展来确定校企合作的重要性，校企合作办学处于起步阶段，大多只是进行实习和就业方面的低层次合作，没有形成一个多层次整体性的校企合作办学机制，导致校企难以进行深层次合作。

4. 校企之间的沟通协调机制不畅，必要的保障措施缺乏

目前我国大多数地方高校与行业企业之间并没有形成有效的体制机制和制度去培养应用型人才，以满足区域经济发展的需要。在缺乏政府的干预调节的情况下，学校和企业间在合作问题上各自为政，考虑自身利益方面的问题较多，因此融合缓慢。一些地方高校由于办学理念滞后，总体办学水平较弱，培养的学生质量不高，教学设施建设投入不足，师资力量、科研实力等方面能力缺乏，无法紧跟企业快速发展的要求，本身已造成企业合作积极性不高，在校企合作的协调过程中，企业因参与学校的教学管理和评价机会较少，对师生情况了解不多，在教师和学生进入企业进行实践锻炼时可能因准备不充分，也产生不少矛盾，导致双方的合作出现严重的不和谐，因此难以实现真正意义上的校企有效合作。现实中虽然部分地方高校也出台了一些比较合理的政策机制，但由于地方政府缺少约束性的法规，企业也处于不断的权衡对自身的利弊，导致校企合作处于比较松散的

状态，主要依靠学校方的努力在维持，使得这种新型的教育合作模式无法发挥其有效作用，难以达到为区域经济的持续发展输送大批实践能力强应用型人才的校企合作设定的目标。校企合作涉及学校和企业两个不同类型的主体协作，由于都存在为培养应用型人才而产生投入，因此相应的保障措施是必不可少的。尽管目前国家和地方政府对校企合作方面已制定了一些相应的指导原则，但缺乏相关的实施细则，对校企双方合作实施过程中的权责没有进行明确界定，造成现有政策缺乏约束力，致使校企合作体制机制不明确，难以形成统一的规范和标准。

（三）完善与区域经济协调发展的校企合作的对策和措施

随着校企之间的融合和合作，我们可以清晰地看到校企合作是提高教学质量，为区域经济培养应用型人才的有效途径。针对目前校企合作中存在的问题，为破除校企合作的瓶颈，提高区域经济发展水平，可采用以下几点对策和措施。

1. 政府从促进经济持续发展的角度重视校企合作，因地制宜出台相应的鼓励政策，促使企业参与到应用型教育中来

我国地方高校在传统教育观念指导下形成了一个相对独立的半官方机构，这使得地方高校的办学观念与行业企业的实际真实发展要求存在差距。当前，很多地方高校都已经开始认识到校企合作的重要性，并主动寻求与行业企业的合作，但与之相比，行业企业的认识相对没有到位。解决这个问题就必须由政府来发挥其主导作用，从促进经济持续发展的角度重视校企合作，搭建起企业与高校之间沟通的桥梁，运用地方政府强制力制定相应的鼓励政策和管理措施，明确校企合作中双方的权责，对企业利益进行一些支持，促使行业企业参与到应用型教育事业中，成为一个校企合作的利益共同体。例如，对积极参与校企合作的企业给予一些相应的财政支持和地方税收优惠等政策，帮助吸引更多企业的参与，并为在校企合作中工作突出的企业给予表彰，提高其社会美誉度；通过设立一些平台和组织一些活动，积极引导高校与企业之间的交流、合作；在校企合作实施过程中，政府应协调高校与企业要明确自己的责任与义务，制定相应细则，建立诚信约束机制，对未遵守规定的主体的责任后果进行明确。只有相关主体能充分发挥自己的作用，校企合作才能实现良性的发展，促进区域经济的发展和教育事业的融合发展。

2. 构建校企合作联盟模式，有条件的地区可以组建教育集团，大力促进校企合作

为了加强校企之间的紧密联系，构建校企合作联盟是一种良好的方式。由省市行业协会、工业园区、企业和应用型大学等机构按照“平等自愿原则”结成的校企合作联盟，应是政府认可的非营利性组织。通过建设校企合作网络平台等方式，一方面帮助学生毕业实习、就业指导、就业安置等进行“一条龙”的全程服务，帮助地方高校的学生创造出路；另一方面帮助企业实现“定向培养”“招聘代理”“技能培训”和“科研服务”功能，帮助企业获得急需的员工或提升员工工作技能。由于校企合作联盟组成的各方的最终目的一致，校企联盟集企业应用型人力资本运作、职业信息沟通、技能培训教育为一体，参与的学校和企业越多越容易形成规模优势，通过校企之间的强化沟通与联系，实现区域内教育能力与企业经济的优势互补，资源共享，可增强各自的总体实力，大幅度提高学校和企业适应市场经济能力，营造多赢局面。在校企合作联盟的基础上，如果条件成熟，组建“利益共享、风险共担”的教育集团是校企合作的高级形式。教育集团是联系最紧密的校企合作方式，教育集团通过吸收不同背景的高校和企业，通过沟通、交流和合作，高校能够从行业企业中获取最新的市场需求信息，不断地调整课程设置、学生培养方式，以适应社会的需求；企业可以根据企业的实际需求对高校提出员工培训的要求，以补充企业人才培养方面的不足。在教育集团本身发展的同时，也促进参与集团的高校和企业的自身发展。只有校企双方保持良好的互动交流和协调沟通，高校才能及时获取最新的市场信息，明确人才的培养方向，培养出符合社会需要的应用型人才。企业在合作中通过影响高校人才培养方案改革，获得所需的劳动者，并为其员工的后续培养创造条件。因此，针对我国应用型高等教育的发展，必须结合区域经济的具体情况，构建校企合作联盟或者教育集团，保障校企合作的深层次合作，能有效提升校企合作的水平。

3. 学校应强化自身建设和管理能力，提高教学质量和科研水平，为校企合作创造条件

应用型高校在校企合作中首先要树立“双赢”的正确指导思想，努力考虑自身能在校企合作中为企业提供什么样的帮助，不能一味要求企业提供实习条件和设备支持等，因为企业是社会营利性组织，其参与校企合作在提供相应条件的

同时也希望得到除毕业生这种劳动力资源以外学校的帮助。因此，高校应突出提高教学质量和科研水平，可以有针对性地对培养目标和办学方向进行准确定位，调整课程内容和设置以适应企业的不断发展需要，尤其是要抓学校课堂教学质量，提高学生基础知识和技能的掌握程度，使学生到企业之后能在企业指导人员的指导下快速提升实践动手能力，有高质量的学生是目前校企合作的基础。另一方面，学校还要及时了解我国现代企业技术的发展和动态，有针对性地提高学校的科研水平和能力，能够在合作中利用教师高学历、理论知识丰富等优势帮助企业解决其实际生产中的技术或者管理难题，这样企业就会从校企合作中增强“获得感”，进而积极投入到校企合作的活动中来。另外，学校应强化对学生的管理，学生在企业实习时一定要遵守企业的规章制度，尤其是安全要求和劳动纪律，使学生成为企业的财富创造者，而不是麻烦制造者，最好是能派出责任心强的驻点老师，对特定企业或者特定片区进行管理，一则可以加强与企业沟通，防止矛盾激化；二则也体现学校对校企合作的重视；三则能对学生进行及时管控、有效督导，避免因学生的问题造成校企合作关系的恶化。

4. 学校应根据办学特色和专业特点选择性地和不同企业进行融合，共同营造适合双方共赢的环境和基地

就当今很多地方高校而言，在学校校企合作的选择上应选择技术水平高、设施先进、创新和经济效益好的企业。但不应“一刀切”，非得要选择知名企业、上市公司等“高大上”的单位，因为一则这样的企业数量少，二则该企业不一定能满足学生自身专业的特点。学校可以采用分专业选择校企合作单位，而不必完全要求全校或者全学院一个模式，充分发挥专业办学的能动性，由每个专业寻求一至两个业务内容与本专业相符、专业技术能力较强、管理较规范、生产良好的企业进行校企合作，只有这样的企业作为学校的专业实习基地，才能有效地保证地方高校所开设的相关专业能够与企业实际业务得到有效融合，提高学生的专业认同度，从而保证学生实践能力培养的效果。由校企共同研究确定合作的内容、形式和方法，制订有校企合作特色的合作目标、人才培养课程和实训管理方案。学校应主动邀请企业的管理人员和技术人员参与学校的教学，融合到教学管理和专业指导中，并鼓励学生和教师利用校企合作的机会增强自身的业务素质和专业技能，利用好到企业锻炼的机会，选取合适的教师尤其是青年教师进行企业在岗培训或顶岗作业，积累专业实践经验，从而使学校的理论教学、实践教学与

企业的实际运营操作很好地结合在一起，提高学生的培养水平。高校利用社会资源办学，浅层的方式是资金与设备的引入，深层的方式是企业文化与经营理念的认同。高校与企业合作过程中，应高度关注企业的文化内涵，通过每年邀请企业家到学校开设专题讲座，帮助在校学生学习、就业观念的更新，提升学生的职业素养，了解企业文化，增强对企业认知度。另外，高校科研根据企业和行业目前和未来需求，大力拓展校企合作的横向课题研究，一方面帮助企业解决实际问题（由企业向学校按效果付费，增强企业的信任度），另一方面可以吸纳合作企业及行业专家在对高校人才的培养模式和课程设置上进行研究（由学校向企业按成效付费，强化校企合作的黏性），增强课堂理论与实践教学的融合程度，从而逐渐形成校企合作开放式的办学模式，促使区域的经济发展得到有力的保障。

总之，随着我国社会与经济的转型发展不断深入，校企合作的教学模式很大程度上将代替原有的单一办学方式，校企合作的创新办学模式为当代的应用型人才培养和区域经济发展提供了有效途径，迎合了我国区域经济的人才需求。校企双方通过合作进行利益共享和互相融合，使教育实践与生产实践相结合，是实现我国教育现代化，促进区域经济发展的重要措施，并且为培养专业应用型人才提供了有力的保证。因此，政府、高校、企业三方应多方面从国家、学校、企业的多角度考虑其利害关系，克服当前地方高校办学过程中的人才培养与社会脱节的现象发生，使得应用型教育改革与区域经济转型紧密地结合起来，突破传统的办学观念，大胆尝试校企合作的新方法、新路径、新模式，从而逐渐走出一条具有中国社会主义特色的教育现代化发展道路。

四、基于学生满意度视角的经管类专业创新型应用人才培养探讨

《国家中长期教育改革与发展规划纲要（2010—2020）》明确提出高等教育培养“创新型、应用型、复合型”人才，顺应社会需求和我国高等教育转型方向，地方本科院校人才培养目标定位为“创新型应用人才”，应是有良好专业素质和受过良好创新能力训练的人才，即人才类型是应用型，人才素质和能力结构突出创新要求。

（一）经管类创新型应用人才培养的必要性及满意度理论

目前，我国处于经济新常态下，经济结构不断优化升级，第三产业消费需求逐步成为主体，从要素驱动转向创新驱动，这就需要大量的创新型应用人才，于是我国高等教育界提出了推动高校向应用技术类型院校转型发展的历史任务。2015 年已启动实施国家和省级改革试点，引导一批本科院校向应用技术类型院校转型，以培养出具有较强的探索能力、实践能力和创新能力应用型人才。

经管专业不同于其他专业，它的人才培养目标是培养具有理论功底扎实、知识结构合理、视野开阔、求真务实、勇于开拓创新，从事于各级政府经济管理部门工作和企事业单位实际管理工作的高级管理人才。随着我国进入经济增长速度放缓、经济发展方式急需转变的关键时期，社会各领域对经管类创新型应用人才的需求也尤为迫切，这就要求经管专业主动适应经济社会发展需要，自觉遵循高等教育规律，不断探索和改革人才培养，以培养出在数量上同经济社会发展相适应，在结构上同社会各项事业发展需求相适应，在素质上同经济社会协调发展相适应的创新型应用人才。

在企业管理中，顾客满意度是客户期望值与客户体验的匹配程度，即客户通过对一种产品可感知的效果与其期望值相比较后顾客形成的愉悦或失望的感觉状态。通常情况下，顾客会出现不满意、一般和满意三种感受：（1）当顾客在购

买或消费某种商品或服务后产生抱怨、生气、恼怒状态时，即感知低于期望值，顾客感到不满意；（2）当顾客在购买或消费某种商品或服务过程中没有明显情绪，既说不上好，也说不上差，还算过得去，即感知接近于期望值，顾客感到一般；（3）当顾客在购买或消费某种商品或服务时产生好感、愉快、激动的状态时，即感知高于期望值，顾客感到满意。学生是学习的主体，是参与整个教育过程并接受传授知识的“顾客”，人才培养理应考虑学生的满意度。大学生满意度的测量，能够根据他们对人才培养各方面的普遍反映，有的放矢，提出人才培养对策，以满足市场创新型应用人才的需求。本文从学生的视角出发，借鉴顾客满意度理论分析经管类专业创新型应用人才培养情况，以期为经济社会发展提供有力的人才保障。

（二）经管类专业学生对创新型应用人才培养的满意度分析

本文利用分层抽样调查法，在某地方院校经济与管理学院经济学、国际经济与贸易、电子商务、物流管理和财务管理五大专业发放调查问卷330份，收回问卷321份，回收率为97%，其中有效问卷317份，有效率98%。

1. 课程设置的满意度

课程是人才培养的载体，合理的课程设置是学生未来学习和工作的基础。调查发现，经管类学生中约有一半对所学课程设置合理性的评价不高。他们认为相对于专业基础课而言，公共课课时太多，部分公共课一星期六节，而专业课通常一星期只有三节，课时较少，导致有些专业理论课没法深入和拓展；重理论轻实践，具有操作性的实践课缺乏，仅有的几次模拟实训、见习和实习因掌握的实践资源少或分散进行而难免流于形式；在课堂教学中，关于是否聘请过有实际工作经验的企事业单位人员授课，只有12.6%的学生认为聘请过，且不少；45.3%的学生认为很少聘请过；42.1%的学生认为从来没有聘请过。

2. 选用教材的满意度

教材是教师教与学生学的主要凭借，是教师进行教学、搞好教书育人工作的具体依据，是学生获得系统知识、发展智力、提高思想品德觉悟的重要工具，高质量的教材与提高教学质量密切相关。调查经管类学生对教材的满意时发现，只有12%的学生认为目前使用的教材质量好，基本上对教材不满意，认为目前的教材对培养他们的创新应用能力所起的作用甚微，甚至16.8%的国际经济与贸易专业的学生希望引进和使用高质量的国外教材，这样为他们以后从事贸易工作做铺垫。

3. 课程内容实用性的满意度

在调查中发现，只有14%的学生认为所学课程内容较实用，能够运用到以后的工作中去；而50%的学生认为所学课程内容与当前我国经济与管理实践相脱离，这些西方的理论不适合于中国的实际，存在着较大差距；36%的学生认为所学课程大部分没用。另外，不同专业的学生对课程内容的满意程度存在较大差异，由高到低的顺序依次是：财务管理专业、电子商务专业、国际经济与贸易专业、物流管理专业和经济学专业。不同年级学生对所学课程内容评价也不同，随着年级的上升，对所学课程的满意度越低；大三学生对课程内容实用性要求最高，渴望能学些实用性知识有助于大四的就业，要求最低的是大一学生，刚迈进校园还比较懵懂。

4. 任课教师相关教学的满意度

提升教师的教学水平是提高人才培养质量的关键。本文从教师的学科知识水平、组织表达能力、教学方法和手段、教学态度等方面来反映课程的教学效果与教师个人教学水平，从而考察经管类学生对教师教学的满意度。从调查的数据统计表明，97.5%的学生认可任课教师的学科知识水平；98.2%的学生认可任课教师的组织表达能力；85.3%的学生认可任课教师的教学方法和手段多样，应用了案例教学、项目教学、模拟管理、角色扮演、讨论班、网上实验等先进教学方法；92.4%的学生非常认可任课教师的敬业精神。这反映学生们对经管类教师的教学水平较满意，认为他们整体教学水平较高，教学效果较好。

5. 对自身创新能力的满意度

创新，是生存和发展的灵魂，是一个国家和民族兴旺发达的不竭动力。在调查经管类大学生培养创新能力的必要性时，认为非常必要培养的学生占81.6%，认为有必要培养的学生占9.8%。对于学生自身创新能力评价，认为自身创新能力较强的学生只有8.2%，36.3%的学生认为一般，45.4%的学生认为较差，10.1%的学生认为很差。可见，学生对自己创新能力评价较低，但是却非常希望提升自身的创新能力。

（三）完善经管类创新型应用人才培养的对策

1. 创新课程体系

当前经济管理类专业教学实践性不明显，因此课程体系的构建要突出实践性，通过合理配置理论与实践教学环节，并遵循经管类各岗位群专业人才所需的知识、能力、素质要求，注重个性与共性、多样性与统一性的体现。一是以培养应用能力为主线，合理配置公共课、专业课、选修课比例，注重不同课程的衔接和渗透，构建“应用能力主导型”的经管课程体系。二是构建由校内课程实验和模拟实训、校外专业见习和毕业实习相结合的多元化实践教学体系。

2. 选择合适教材，优化课程内容

根据创新型应用人才的目标定位，在教材选用时，优先考虑国际、国家及行业企业普遍认可的最新的国家规划教材、行业企业规范教材、校企联合开发或校本教材。突出“前瞻性及时效性”要求，优先选用近三年出版的教材，使培养出的人才熟悉国际准则、国家规范及要求，增强竞争意识。注重课程内容的实用性，要以创新型应用人才培养为目标，以实现学生就业为导向，以职业能力提升为核心，整合和优化课程内容，同时邀请当地企业家和高管、知名校友、经济部门负责人或专家来校讲学，以他们的实际经验来充实课程内容。

3. 提高教师的教学水平

学以致用，以“教师为主导、学生为主体”，教学方法和手段的运用应以培养和提高学生的创新思维能力为主，充分激发学生学习的自主性与创造性，从而提高教师的教学水平和教学效果。一是革新教学方法。教师可以采用现代化教学手段，将案例教学法、探究式教学法、项目驱动教学法、综合实践教学法、情景模拟法、集体授课法等多种高效的教学方法应用到经济管理专业学科的教学当中，以实现对现有教学方法的有效革新，激发学生的学习兴趣。二是构建多渠道教学质量监控体系。根据经管类专业的培养目标，对理论教学、实践教学等方面进行全过程、全方位的监督，成立学生、教学督导、企业专家等专业教学工作委员会，采取现场听课、问卷调查、座谈等方式，定期和不定期召开研讨会，对教师的教学情况进行评价，并向教师个人反馈评价结果，协助教师及时改进。

4. 革新学生创新应用能力考核方式

传统的学业考核方式只是考查学生对该门课程的专业理论知识的掌握程度，忽视了对学生应用能力和创新能力的评价。科学有效的考核方式可以激励学生更加主动地学习专业课程，灵活地运用理论知识，注重培养自身的创新应用能力，因此革新学生创新应用能力考核方式非常重要。首先，建立多元化的评价体系，而不是单一的试卷考试。将课堂观察、课堂出席率、课堂表现、课外实践、学生作品等作为平时成绩，占有一定比例，试卷出题时也要多出案例分析等灵活的主观题，着重突出对学生创新能力与应用能力的考查。其次，重视过程评价。将更多的注意力集中到学生的情感交流、学习过程、心理变化过程、课堂互动过程等方面，更多关注与学生在实践中、课堂教学中的参与程度，而不是结果的正误。

五、转型背景下地方院校经管类专业创新型应用人才培养模式研究

随着我国经济增长速度放缓，经济增长方式急需转变，各级各类教育开始面临转型发展，需要探讨人才培养模式。“国家中长期教育改革和发展规划纲要”中明确提出“改革创新人才培养体制”，把创新能力和应用能力的培养提高到前所未有的高度。教育部已于2015 年实施了一批改革人才培养模式的试点地区和学校，引导一批非研究型地方院校向应用技术型转型，在此背景下，研究地方院校经管类专业创新型应用人才培养模式具有重要的现实意义。

（一）转型背景下地方院校经管类专业创新型应用人才培养的主要障碍

1. 培养目标不明确

人才培养目标是人才培养的出发点和归宿。尽管目前很多经管专业把人才培养目标确定为培养创新型应用人才，然而究竟什么样的创新意识和应用能力水平才算创新型应用人才，学校自己也含糊不清。在实际的人才培养中，重理论科学传授，轻实践应用的传统教育思想仍普遍存在。对学生学习效果的考核，通常采用传统的闭卷考试方式，考试内容以客观题为主，主要检查学生课本知识的掌握程度，缺乏体现学生运用所学知识解决实际问题的应用能力的考核，更谈不上学生创新能力的考核，从而对学生的评价不够全面。

2. 课程体系设置不合理

在“大众创业，万众创新”的时代背景下，地方院校经管专业的课程体系设置跟不上时代对创新型应用人才的需求。一是课程体系缺乏应用性特色。现有

的实践教学课程体系设置基本上照抄部委或重点本科院校的人才培养模式，在借鉴过程中没有结合自身的基础和条件，也没有考虑自身办学特色，从而导致课程结构体系的设置与人才培养模式的不匹配。二是在具体教学内容的安排上缺乏实践教学。理论课时较多，实践课时偏少，仅有的几次模拟实训、学位见习和毕业实习均因掌握的实践资源少或分散进行而流于形式，走马观花，学生没有进行实际操作，实践能力得不到提升。

3. 实践教学相对薄弱

知识来源于实践，能力来自实践。实践教学是提高学生的综合素质、培养学生的创新精神与应用能力的必由之路。我国大多数经管专业已逐步重视实践教学，但是由于经费、管理、考核等实际问题而停留在意识层面，并没有真正应用于实际。一是实践教学资金投入不足，必备的实践教学资源和设备缺乏；二是实践教学管理不完善。没有严格的监督体制，评价体系不明确，考核办法不规范。

4. 双师型教师不足

当前，许多地方院校的经管类专业缺乏有效实施人才培养所需的师资，师资力量相对薄弱，结构不合理，出现年轻教师偏多、高学历教师较多、双师型教师比例偏低的现象。经管类绝大多数教师基本上从校门到校门，从书本到书本，没有实际从业经验或实践培训经历，缺乏与企业技术人员进行深入沟通与接触，虽然他们具有较高的专业理论知识，但是没有到企业进行具体实践，缺乏实际操作经验。

（二）国外院校创新型应用人才的培养模式及对我国的启示

1. 国外创新型应用人才培养模式

（1）德国“双元制”人才培养模式。所谓双元，指学校和企业，是职业培训的两个场所，学校传授与职业有关的知识；企业培训职业技能。“双元制”人才培养模式按照企业对人才的要求组织教学和岗位培训，由企业和学校共同担负培养，是一种校企合作共建的办学制度。

（2）澳大利亚 TAFE 模式。TAFE 是 Technical And Further Education 的缩写，指技术教育与培训，它提供的课程大多是教育决策单位和工商企业界共同设计，以培养能力为核心，以提高就业为导向，能够提供学生未来就业所学的知识与技能。TAFE 采用小班制，平均每班 15 ~ 30 名学生，教学方法常采取讨论学习方式，教学内容是实践工作和课堂教学相结合。

（3）英国“工读交替”模式。英国的“工读交替”模式是一种“理论—实践—理论”的人才培养模式，也称“三明治”模式。学生一年级在校学习专业基础课；二年级学习专业方向基础课；三年级到企业进行实习，加强学生的实践能力培养；四年级再返回学校学习专业方向课程，完成毕业设计。该模式通过学校理论课程学习和企业实践学习相互轮替的方式实现以职业素质、综合应用能力为主的人才培养目标。

2. 国外创新型应用人才培养对我国的启示

国外发达国家已逐步形成了独具特色的创新型应用人才培养模式，为我国地方院校创新型应用人才培养模型的研究提供了重要的启示。一是重视教师科学研究与学生科技创新活动之间的结合。鼓励学生参与科学研究，教师的讨论与交流。二是注重课堂理论知识传授和校外企业见习相结合。课堂教学中，利用最新的教学手段和工具，课堂之外，引导学生关注模拟实训锻炼及校外见习、实习实践，为学生开拓“学思结合，学用结合”渠道。三是重视学生实际能力的培养，开展社会实践活动与社会需求相结合。

（三）转型背景下地方院校经管类专业创新型应用人才培养模式框架构建

经管类专业人才培养过程中呈现了一系列不利于有效实施创新型应用人才培养的障碍，需打破传统培养思想，突破现有培养瓶颈，构建以“创新”为特征，以“应用”为目标的“1244”人才培养模式，具体地讲是一体两翼、四模块、四平台，以创新型应用人才为目标，以教学为载体，以能力培养模块为核心，以平台建设为依托，其结构如图 5 -1 所示：

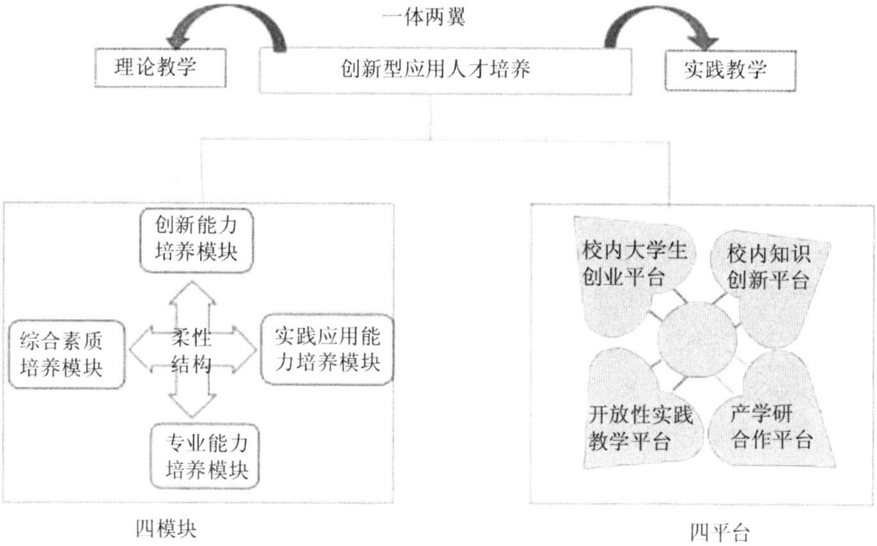

图5－1 经管类创新型应用人才“1244”培养模式

1. 一体两翼

“一体两翼”是指创新型应用人才培养为主体、理论教学和实践教学为两翼。其中，创新型应用人才培养是目标，理论教学和实践教学是人才培养的途径，理论教学包含基础理论学习、专业理论学习和前沿理论学习，实践教学包括基本实验技能训练阶段、专业基本能力和操作技能培养、专业综合能力和创新能力培养，它们有机结合、相互衔接。

2. 四模块

“四模块”是指经管类创新型应用人才培养的内容模块，也是人才培养的核心。四模块的设计遵循人才培养的一般规律，紧密衔接、分层递进，共同构成系统化的人才培养内容体系。①综合素质培养模块。主要培养学生的基本素质和基本技能，课程设置含军事训练、生产劳动、计算机基本操作能力、外语听说读写应用能力、口才辩论和演讲等。②专业能力培养模块。主要培养学生经管类专业基础和基本技能，含经管类专业基础知识、财经写作、社会调查分析、应用统计软件的使用、网页制作与处理等。③综合应用能力培养模块。主要培养学生实践能力和运用能力。含专业课程实验、课程论文、毕业论文、ERP综合模拟实训、见习、毕业实习、职业（岗位）技能竞赛等。④创新能力培养模块。主要培养学生的创新、创业能力。包括科技发明设计、创业模拟运营、创业设计大赛、学科（专业）竞赛活动等。

3．四平台

“四平台”是创新型应用人才培养的保障，也是人才培养的依托。①校内知识创新平台。主要培养学生实践精神与科学研究精神。包括学生创办的创新社团、学生申请的创新课题、学生参加教师科研、创新方案设计大赛、暑期“三下乡”活动等。②校内大学生的创业平台。主要鼓励在校大学生的创业实践。该平台是经管类创新型应用人才“试验田”，经过该“试验田”培育出来的“准老板”“准职业经理人”，将来极可能发展成为商界精英。③开放性实践教学平台。主要提升学生的实践创新能力。包括经管类实验室、校办企业、教师创办的研究所或咨询公司等。④产学研合作平台。用于检验其实践创新能力，主要指在生产、科研、教学等方面开展的多层次校企合作平台。

六、经济学专业人才培养中的渗透式环境教育初探

随着全球人口数量的上升和经济规模的不断增长，臭氧层空洞、废气污染、光化学烟雾、水污染和酸雨等危害加剧，人们逐渐认识到环境保护的重要性。环境教育逐渐在各国兴起，深入学校开展环境教育是各国环境教育的重要举措。面对我国人口众多、资源短缺的国情，探索如何在学校开展环境教育，提升国民的环境保护意识，高效利用环境资源发展经济成为亟待解决的紧迫问题。经济学专业人才培养在我国高等院校中占有相当大的比重，培养的好坏对社会的发展具有重要影响。一直以来，经济学专业人才培养以理性经济人为假设，偏重纯经济数量模型的建构和分析，把环境系统独立于经济系统之外，忽视环境与经济间的密切联系，完全不能适应"既要金山银山又要绿水青山"的生态文明社会发展的需要。因此，在新形势下，环境教育在经济学专业人才培养中显得更为重要，能否将环境教育渗透到经济学专业教学中对于构建生态文明社会具有重要的现实意义。

（一）渗透式环境教育

环境教育是现代教育的重要组成部分。当前，在尚无专门环境教育学科的情况下，我国环境教育主要采用渗透式模式。渗透式环境教育是将环境知识分散于文、理、工等学科教学中，通过各门学科课程化整为零地实施环境教育，使学习者在各学科的学习中获得环境保护的知识、技能和情感，深入学生内心世界，以树立正确的环境价值观，提升学生环境保护自觉性。与其他独立学科的教育不同，渗透式环境教育具有明显的特征：第一，隐蔽性。渗透式环境教育不采用公开方式直接告诉学生应该怎么做，而是把环境思想、环境理念等抽象的理论，通过载体传递，使学生在不知不觉、潜移默化中接受环境教育，并自觉地内化为德性和行为，从而达到保护环境的目的。第二，间接性。渗透式环境教育并不直接产生对人的具体思想和行为要求，而是通过课堂案例和讨论形式，借助多媒体手段呈现给学生一幅幅活生生的画面，让学生在反思中领悟环境保护的重要性，使他们在不知不觉中自觉培养

环保意识、修正自己的行为。第三，渐进性。环境教育从环境意识的形成到环境价值观的树立，是一个由量变到质变的渐进过程，不可能一蹴而就。渗透式环境教育就是在认识到环境教育是一项长期工程的这种思想指导下，通过与其他学科的融合，渗透到其他学科知识当中，“润物细无声”似的，一步一步影响学生对自然环境资源的认知及其行为，最终达到水到渠成的效果。

（二）渗透式环境教育在经济学专业人才培养中的必要性

面对资源约束趋紧、环境污染严重、生态系统退化的严峻形势，党的十八大明确提出“大力推进生态文明建设”的战略决策，着力推进绿色发展、循环发展、低碳发展。发展始终与人才紧密相连，尤其是各行业各层次的经济管理人才。如今，经济学专业人才在培养过程中依然沿用西方传统经济学理论，偏重“完全理性”，把环境变量独立于经济系统之外，经济学范式和思维无孔不入，致使环境危机蔓延。因此，在经济学专业人才培养中进行渗透式环境教育对于弥补传统经济学理论缺陷、培养适应生态文明社会经济发展的经济管理人才具有重要的意义。

1. 弥补传统经济学理论缺陷

传统经济学立足“经济人”假设，忽视利益的非物质性存在，只追求物质利益极大化，极尽疯狂攫取自然资源，风靡全球的传统经济学范式最终给人类造成了严重的生态危机，这已成为传统经济学无法回避的理论缺陷。在经济学专业人才培养中进行渗透式环境教育强调在经济学课程设置和各教学环节引入环境资源，侧重对西方经济学理论和方法的价值判断，通过案例教学和实践教学，将环境资源纳入市场核算，有利于弥补传统学理论缺陷。

2. 培养适应生态文明时代发展需要的经济管理人才

生态文明是继农业文明、工业文明之后的真正文明形态。生态文明社会的建设需要具备正确生态价值观的经济管理人才。转变传统经济学范式，反思传统经济学专业人才在培养过程中的理论缺陷和实践应用的不足，修订经济学专业人才培养方案，重新定位人才培养目标和培养方式，在课程设置、教学内容等方面积极渗入环境理念、环境知识，通过实习、见习和校园文化活动等平台开展环境保护活动，强化经济学专业大学生的环境保护主体意识，有利于培养适应生态文明时代发展需要的具有正确生态观的经济管理人才。

（三）渗透式环境教育与经济学专业人才培养路径

受传统经济学“理性经济人”假设和利益最大化价值取向的影响，在经济学专业人才培养中始终充斥着经济与环境相互分离的倾向，缺乏对自然资源和生态环境的应有关注。因此，在经济学专业人才培养目标、培养理念和培养方式上进行渗透式环境教育是高等院校经济学专业对环境保护应有的责任和义务。

1. 渗透式环境教育与培养目标

人才培养目标是人才培养价值取向的综合反映，关涉人才培养的效果。一直以来，经济学专业在人才培养目标的设定上以符合社会经济发展需要为导向，坚持理论与实践并重原则，使学生具有扎实的经济理论基础和从事具体经济工作的操作能力，具有较强的市场经济意识和社会适应能力。然而，从单一维度设置的经济学专业人才培养目标使他们在人生价值观上更趋向于功利主义和利己主义，在专业知识应用方面更趋向于以经济利益最大化作为价值判断标准。例如，受传统经济学熏陶所培养出来的高级经济、管理人才，被深深打上了单纯追求物质利益最大化的烙印。一到经济管理工作岗位上，就开始忽视环境，破坏环境，大都成为了攫取环境资源的领头人。显然，单一维度的经济专业人才培养目标已经远远不能适应生态文明发展的时代需要。在面临资源瓶颈和环境容量制约以及国际环境保护运动不断深入开展的同时，国内经济学专业人才培养在目标设定上要强化学生的正确环境价值观，增强学生的环境意识，培养出理论和实践技能兼具的应用型经济人才。

2. 渗透式环境教育与课程设置

课程设置是专业人才培养的重要载体。在我国经济学专业人才培养中，大多高校仍然以传统西方主流经济学的经典教材为核心，开设《西方经济学》《宏观经济学》《微观经济学》《计量经济学》《统计学》等主干课程，所使用的教材主要是由高鸿业、梁小民等学者编著的经典教材，而这些经典教材带有明显的环境缺陷，即过分强调理性经济人假设，物质利益最大化，过度消费和自然资源的极大浪费。例如，在传统经济学看来，环境资源没有价值和价格，是“免费财”，不进入经济核算体系，无法通过价格机制进行市场配置，在降低成本和提高效率的价值引导下，厂商自然会大肆利用可以“自由取用的自然资源”，这种经济发展方式一旦超过了自然的承载负荷，就会引发严重的环境危机。因此，国内在经济学专业人才培养中要开设《环境伦理学》《资源环境学》《环境经济学》等基础课程，重视经济系统的环境基础，促进环境系统和经济系统的融合，实现经济学专业人才培养的真正理性化。

3. 渗透式环境教育与教学内容

当前，在经济学教学中一些主要基础理论观点滞后，借助一系列与真实环境不符的假设和主观教条，把经济系统置身于闭环系统中，强调理性经济人假设，利润最大化目标；另外，教师在教学中突出一系列假设基础上的数量模型设计与推导，不注重考虑环境成本和生态补偿，导致所培养出来的高级经济管理人才只重经济效益，无法担负起建设节约型社会、发展循环经济、建设和谐社会的历史使命。例如企业在做决策时，以成本—效益理论为基础，只考虑进入市场体系的资源，完全无视市场体系之外的环境资源的价值性；更有甚者认为考虑环境成本会影响企业竞争力。这似乎已成了经济学专业人才在实践中的惯用思维。因此，在经济学教学中教师要与时俱进，吸收先进的环境价值理念，树立正确的伦理价值观，例如在介绍经济学流派或代表人物的思想观点时，应拓展对其思想渊源的伦理基础和经济思想的价值判别，对经济学所提出的政策主张应立足国情给予道德分析等，在教学中进行渗透式环境教育，将其作为经济系统的内生变量，引导学生从经典教科书的闭环经济系统学说中脱离出来。

4. 渗透式环境教育与教学方法

当教学目的和教学内容确定之后，教学方法直接关系到教学的成败。目前，多数经济学专业教师采用“一言堂”“填鸭式”教学方法，教师知识体系更新慢，教学方法单一，师生互动少，教学效果较差。因此，在经济学专业人才培养中进行渗透式环境教育首先是在理论教学上通过跨学科渗透，应用多媒体视听功能让学生体验有关环境与环境问题的现实生活案例，把经济学放大到整个自然环境系统中，通过网络互动交流平台，实现专家与师生、教师与学生、学生与学生的多维度交流，以增强学生对经济学研究方法和理论模型的价值评判，让学生深入辩证地认识和理解经济学理论知识。其次，通过强化经济学专业见习、实习等实践教学环节，使学生自主参与到各种环境保护的宣传与实践活动中，深入其境，增强环境保护的自觉性。

七、生态文明视阈下我国经济学人才培养的价值转向

当前，经济学人才培养仍以工业文明所倡导的人类中心主义和工具主义为价值取向，并以此衍生出物质主义、经济主义、消费主义、享乐主义等价值观念，完全背离了生态文明的价值要求。生态价值是生态文明视域下经济学人才培养的根本取向。因此，生态文明社会呼吁重塑经济学人才培养的本源性价值，实现经济学人才培养的价值转向。

（一）生态文明与经济学人才培养

面对资源约束趋紧、环境污染严重、生态系统退化的严峻趋势，党的十八大报告首次提出必须树立尊重自然、顺应自然、保护自然的生态文明理念，把生态文明建设融入经济建设、政治建设、文化建设、社会建设的中国特色社会主义事业“五位一体”的总布局，努力建设美丽中国，实现中华民族永续发展。生态文明是继农业文明、工业文明之后的真正文明形态，它摒弃工业文明追求单一经济目标的发展方式，力求实现经济发展与环境保护的双重目标，以人与自然、人与社会、人与人之间的和解为价值取向，这一生态价值是现代经济学人才培养的根本取向。

经济学人才培养是指在一定的现代教育理论、教育思想指导下，按照特定的培养目标和人才规格，以相对稳定的教学内容和课程体系、管理制度和评估方式实施经济学人才教育的过程的总和，包括培养目标、培养内容、培养方式和手段、培养评价等内容。经济学人才培养的这套模式产生于以人类中心主义和工具主义为价值原则的工业文明实践，培养出来的大批经管人才个人本位和功利主义倾向严重，失去了经济学人才培养的人文关怀，完全背离了生态文明社会的价值要求。目前，经济学人才培养在我国高等院校中占有相当大的比重，培养的价值取向正确与否直接关乎国家和民族的前途和命运。由于我国经济学人才培养一直效仿于西方，以西方传统经济学理论为范本，在人才培养的价值取向上深受西方

物质主义、经济主义、个人主义等价值取向影响。在人类由工业文明步入生态文明的进程中，经济学人才培养必须由独断科学主义、理性主义、经济主义转变到以人与自然、人与人、人与社会和解的生态价值取向上来，才能为我国社会主义生态文明建设培养兼具专业素养和人文素养全面发展的人才。

（二）我国经济学人才培养的价值审视

价值观是指人们在认识各种具体事物的价值的基础上，形成的对事物价值的总的看法和根本观点。整体主义价值观摒弃主客二分、事实与价值二分的观点，从“人—社会—自然”的有机整体出发重新诠释自然的价值，强调整体对个体的决定性作用，维护社会经济生态和谐全面发展。然而，现代价值观体系充斥着独断理性主义、个人主义、自由主义、经济主义、功利主义和物质主义等观念，且已深深地渗透在现代社会制度之中，成为多数人的信仰。在现代经济学人才培养的价值定位上始终只注重社会目标和经济目标，忽视尊重自然和保护自然的生态目标，陷入了经济主义、功利主义和物质主义的困境，缺乏整体主义价值格调。

1. 科学主义价值观念强化，人文精神价值缺失

当前经济学人才培养以至高无上的科学主义和理性主义为价值导向，强化在封闭经济环境中，分析经济各要素间的数量关系，以求得出正解，对人类社会经济关系进行全面的物化。比如企业在选址决策时，从现有经济学理论来看，只需要考虑原材料、土地和劳动力等被纳入经济运行范畴的要素，并从经济学“理性经济人”角度出发，根据效用最大化原则，选出那些原材料、土地、劳动力等要素价格相对较低的区域进行生产活动。然而这一思维和行为过程源于当前科学主义价值观念的强化，企业管理者始终只考虑如何科学地、理性地决策，企业俨然成为了一个“生产的装置”，而不是一个社会的有机生命体。反观企业的经济活动，足以窥见当前经济学人才培养过程中的人文精神价值缺失，经济学人才培养中对人与自然、人与人、人与社会的关系的回避，把经济学当作自然科学来研究，见物不见人，这种研究范式又必然把社会文化全面导向庸俗化，把人的精神全面发展片面地引向唯一的金钱方向发展，使培养的经管人才丧失了人的本源性，沦为了追求物欲的“工具”，培养的是精于算计而毫无血肉的“残缺人”，未能体现经济学的人文价值。

2. 经济主义价值观念至上，自然资源价值虚无

现有经济学人才培养中的经济至上主义价值观与经济学固有的理论研究范式分不开。现有经济学人才培养一直以西方经典经济学理论为蓝本，从未将自然资源纳入经济理论，无视自然资源的价值，其在理论研究范式上存在环境缺陷。面对日益严峻的生态危机，西方经典经济学理论还在为人类大肆掠夺自然资源、破坏环境摇旗呐喊，并为人类无限膨胀的物欲提供理论基础，进一步强化了经济主义、物质主义、消费主义等价值观念。比如无论是经济人假设，还是生产函数、消费者理论、厂商理论以及我们用来衡量经济增长的 GDP 都未考虑环境成本，这些理论和内容看似彻底解放了人类，引导人们趋之若鹜，实则彻底解放了人类的物欲。为满足人类不断膨胀的物欲，人类只有不停地向无须付费的自然资源进行开战，导致人与自然关系紧张，生态恶化。奉行经济至上主义价值观的经济学理论已渗透到整个经济学人才培养中，直接助长了经济学人才的功利主义和利己主义倾向，导致在实践管理工作中无视自然规律和自然价值，以经济利益最大化作为价值判断标准，目光短浅，行为短视。

（三）生态文明视域下我国经济学人才培养的价值追求

生态文明视域下，以至上的科学主义、理性主义、经济主义为价值取向的经济学人才培养已完全不能适应生态文明社会的发展需要，必须按照马克思关于人与人、人与自然关系的经典理论重塑经济学人才培养的本源性价值，实现经济学人才培养的价值转向。

1. 立足于培养科学精神和人文精神并重的“自由全面发展的人”

追求人性的圆满应是当代经济学人才培养的圭臬。人的自由全面发展始终是马克思主义创始人坚守的理论旨趣和追求的革命目标。马克思立足现实诠释了人的自由发展是人的全面发展的基础和前提，人的全面发展是自由发展的条件与结果。人的自由全面发展既是人的个性、能力和知识的最大限度地协调发展，也是人的自然素质、社会素质和精神素质的共同提高，同时还是人的政治权利、经济权利和其他社会权利的充分实现。科学精神和人文精神是人类在实践中创造出的最为宝贵的两种精神。从人类的漫长的发展历史来看，科学知识和人文知识一直呈现出相互交错、交相发展的融合态势。当代经济学人才培养应着眼于人的自由

全面发展，适应科学知识和人文知识融合态势开设人文类课程，挖掘经济学理论中的伦理意蕴，达成人性、人格的完美和能力的全面发展。

2. 立足于培养具有生态价值观念的经济管理人才

树立生态价值观念是生态文明社会对经济学人才培养提出的新要求。生态价值观是生态文明建设的价值基础，是处理自然与人之间关系的价值观。马克思在论述人与自然的关系时指出：“自然界，就它自身不是人的身体而言，是人的无机身体。人靠自然界生活。这就是说，自然界是人为了不致死亡而必须与之处于持续不断的交互作用过程的、人的身体。”同样也指出：“我们不要过分陶醉于我们对自然界的胜利。对于每一次这样的胜利，自然界都报复了我们。每一次胜利，在第一步都确实取得了我们预期的结果，但是在第二步和第三步却有了完全不同的、出乎预料的影响，常常把第一个结果又取消了。”当前面临的全球性生态危机正是人类无视自然价值带给人类的惩罚。为此，在经济学人才培养中应转变传统经济学范式，重新定位人才培养目标和培养方式，把自然价值论渗入经济学课程体系中，树立人与自然和谐的生态价值观，为建设生态文明社会培育具有生态价值观的经济管理人才。

八、浅论地方本科院校物流管理专业的人才培养模式

物流管理专业具有理论性强、综合性强和应用性强的特点，地方本科院校兼具地方院校和本科院校的特征，因此地方本科院校在制订物流管理专业人才培养计划时，首先要使学生系统地掌握物流管理的基本理论和基本方法，同时还要考虑物流管理专业学生应用能力的培养。地方本科院校要服务于地方社会经济发展的大局，体现在为地方经济发展提供智力支持和人才支持。地方本科院校物流管理专业人才的培养还应该结合当地的实际情况，提供区域经济社会发展所需要的物流管理专业人才。

（一）当前地方本科院校物流管理专业人才培养模式的弊端

1. 人才培养计划宽泛没有特色

物流管理专业是综合性较强的专业，涉及的知识多而杂，在制订人才培养计划时，开设课程不可能面面俱到，而应该根据社会对人才的需求和学生对学习的需要有所侧重。地方本科院校承担着为地区经济社会发展培养合格人才的重任，物流管理专业人才培养计划的制订更需要全面考虑、科学制订，然而许多地方本科院校在制订物流管理专业人才培养计划时没有明确的定位，对于课程开设过于宽泛，既没有面向学生将来的就业岗位来设置课程体系，也没有考虑为地方经济社会发展提供合格人才的责任。这使得地方院校培养的物流管理专业学生很难适应企业的实际需要，也很难为地方经济社会发展提供合格的物流管理专业人才。因此，地方本科院校在制订物流管理专业人才培养计划时，对于课程的开设应该综合考虑、有所侧重。

2. 课程开设重理论轻实践

许多物流企业在招聘人才时，非常重视应用能力，因此合格的物流管理专业

本科毕业生应该兼具物流管理专业的理论知识和应用能力。目前很多地方高校都非常重视培养学生的物流管理理论，开设了大量的物流管理理论课程，而忽视了学生应用能力的培养。这使得地方高校培养的学生应用能力不强，学生走上社会时不具备企业的实际需要的能力。这造成了学生就业难、企业招收合格的物流专业人才难的两难局面。

3．教学手段单调

物流管理专业的理论性和综合性强，使得专业课程的“教”和“学”的难度都较大。许多地方本科院校的课程教学采用传统的讲解法或演示法，应用这些教学方法讲解理论性强、综合性强的物流管理理论知识时无能为力，学生提不起学习的兴趣，使得学习效果大打折扣。因此，对于物流管理专业的教学手段需要进行改革创新，根据知识的特征和学生的特点，综合运用多种教学手段来增强物流管理课程的可接受性和趣味性，提高学生的学习兴趣。

（二）地方本科院校物流管理专业人才培养模式探讨

地方本科院校在培养物流管理专业人才时，应该综合考虑地方院校、本科层次和物流管理专业自身的特性。针对上述存在的问题，本文提出以下改进措施。

1．科学设置理论教学课程体系

物流管理专业本身具有综合性强和应用性强的特点，在设置专业课程体系时，毋庸置疑要考虑到专业知识的系统性和完整性，使学生具备物流管理专业的基本理论和基本素养，其次还应该考虑到学生的继续深造、素质教育和当地经济社会发展的需求，培养学生的综合能力和素质，并使学生了解当地社会经济发展的需要。

2．合理设置实践教学课程体系

应用性是物流管理专业的重要特性，地方本科院校应该根据自身的条件，开设适当的实验、见习、实训和实习课程，这些课程的学时在专业培养计划中要占有一定的比重，并且注重课程开设的实际效果，不能流于形式。

3. 创新教学模式和教学手段

（1）倡导校企联合办学

学校与物流企业联合办学，学生在学校学习理论知识，然后将所学理论知识在物流企业中进行实践操作，在实践中运用和巩固理论知识，真正达到“学以致用”的效果，这是一种非常理想的培养模式，有条件的地方院校应该尽可能地利用这种模式来培养物流管理专业学生。

（2）以赛促学，提高学生的学习积极性

物流管理专业课程学习的枯燥性，使得学生学习的兴趣很难提高。物流管理专业在校大学生可以参加很多竞赛，如各级大学生物流设计大赛、挑战杯等，组织学生参加这些竞赛，可以促进学生对所学知识的运用，提高学生的学习积极性，达到较好的学习效果。学校内部还可以定期举办物流专业的相关比赛，从而创造良好的学习氛围，有效提升学生学习的积极性。

第六章

教育教学管理改革与创新

一、地方本科院校应用型人才培养质量监控体系的构建与实践

（一）地方本科院校转型发展与人才培养质量

《国家中长期教育改革和发展规划纲要（2010—2020年）》明确提出“适应国家和区域经济社会发展需要，建立动态调整机制，不断优化高等教育结构。优化学科专业、类型、层次结构，促进多学科交叉和融合。重点扩大应用型、复合型、技能型人才培养规模。”相较于国内研究型、研究教学型高校，地方本科院校无论是在办学经验、经费支持及师资力量，还是在硬件设施、生源结构和科研实力等方面都存在着明显不足。而较于高等职业院校，地方本科院校在人才培养目标定位、专业课程设置、教学实践环节和师资队伍建设等方面，对学生实践能力培养的重视度不高，学生的动手能力和解决实际问题的能力存在着明显差距。人才培养质量的提高是高等教育发展的重要基石，而提高人才培养质量更需要更新人才培养观念。在高等教育从“精英教育”走向“大众教育”的当下，地方本科院校的根本任务是培养服务当地经济发展与社会发展所需要的高层次、复合型、应用型人才。因此，人才培养质量监控体系的构建事关高校毕业生就业和创业的切身利益，事关地方本科院校转型发展的大局，事关国家和民族的未来。

（二）地方本科院校应用型人才培养质量监控体系的构建

1．应用型人才培养质量监控体系的内涵

高等学校人才培养质量监控体系是指高等学校为了保证人才培养质量符合预设的质量要求和质量规格，而建立起来的人才培养质量监督、控制、反馈和调试制度所构成的体系。构建人才培养质量监控体系，关键要抓好教学过程的事前管

控、事中监管和事后评价，将监控过程和结果与教师考评、专业资金投向相结合。人才培养质量监控涉及对教师教学的监控，以及教学管理部门与学生管理部门、院系主任与院系书记、教师与学生、教师与班主任之间的互动沟通。地方本科院校建立科学、透明、高效的教学质量监控体系，要注意兼顾社会经济发展要求、当前教育发展趋势、学校自身转型发展实际以及学生就业和创业需要。目前，培养高素质的人才已经成为各高校关注的焦点，探索建立科学有效的应用型人才培养质量监控体系迫在眉睫。

2. 构建应用型人才培养质量监控体系的必要性分析

只有科学地构建人才培养质量监控体系，才能更好地提高应用型人才培养教学质量和实现地方本科院校可持续发展。（1）构建人才培养质量监控体系是提高应用型人才培养教学质量的保障。地方本科院校人才培养质量提高的核心与灵魂是提高教学质量，而教学质量的衡量需要借助系统的、科学的评价指标，需要全程、全员和全面地实施人才培养质量监控。加强对教学效果和教学过程的“监”与教学过程有效控制的“控”是相辅相成的，“监”是“控”的基础和前提，“控”是“监”的宗旨和目的。（2）应用型人才培养教学质量的动态管理需要构建制度化的人才培养质量监控体系。规范人才培养质量监控体系，是规范地方本科院校教师教学行为、教学管理人员岗位职责的现实要求。规范的人才培养质量监控体系的建立，有利于教师全心全意关注教学工作，有利于教学管理人员全神贯注于管理和服务工作，有利于学生一心一意关注学习。（3）应用型人才培养教学质量内在地要求“以人为本”的构建人才培养质量监控体系。人才培养质量监控体系监控内容包括影响教学质量的显性因素（如教师职业素养、学生学习动机、教学管理人员服务意识）和隐性因素（如教育制度、教学计划、教学内容、教学方法、教学组织形式），它是地方本科院校提高教学质量的重要手段。（4）应用型人才培养质量监控体系的设计原则。

地方本科院校应用型人才培养质量监控体系的构建要做到全过程性、全员性和科学性相结合。（1）全过程性原则。人才培养质量监控体系要求全体教师及所有教学管理人员明确人才培养质量标准，以严谨的治学态度和规范化的管理服务贯穿整个教学过程，监控模式由传统的“事后检查”变为“事前防控”，监控程序由原来的“结果验收”变为“过程监控”。（2）全员性原则。人才培养质量监控体系的建立既要求全员参与，又需要将全体参与人员视为被监控的对象。只有全体教师和所有教学管理人员都来关心人才培养质量，所有学生都注重提高自身的应用实践能力，同时，教师、教学管理人员和学生自觉地、积极地接受监督，才能从根本上确保地方本科院校人才培养质量的提高。（3）科学性原则。科学地建立人才培养质量监控体系评价指标，对教学及管理人员的岗位职责、工作态度和工作积极性以及学生学习动机、学习方法和学习效果进行科学的量化评价，同时，引入先进的网络管理平台和现代化的管理手段，使得监控过程直观、便捷，监控方式简洁、易行。

（三）衡阳师范学院应用型人才培养质量监控体系实践

衡阳师范学院构建了以“听课制度+教学督导制度+教学检查制度+学生评教制度+学生教学信息员制度”相结合的五位一体人才培养质量监控体系。

（1）听课制度

为了促进教师的教学水平和教学质量不断提高、督促二级学院及教学职能部门相关人员深入课堂，衡阳师范学院建立和完善了各级领导和教师的听课制度。《衡阳师范学院听课制度》规定：校级领导及二级学院领导每人每学期需听课4课时和18课时，教学职能部门相关人员和任课教师每人每学期需听课8课时；二级学院领导和任课教师随机选择本院教师为听课对象，学校领导及教学职能部门相关人员随机选择本校教师随堂听课；听课者对任课教师的爱岗敬业（如上课准时、紧扣主题、内容熟练等）、专业素质（概念准确、层次清晰、逻辑严谨等）、课堂艺术（抑扬顿挫、案例贴切、方法多样等）以及教学效果（原理精要有用、案例富有启发、方法易得要领等）提出意见和建议。

（2）教学督导制度

衡阳师范学院持续推行教学督导制度。教学督导由校长聘任，每次聘期为一年，教学督导团是在主管教学副校长直接领导下的教学咨询和监督机构。教学督导团成员由热爱教育事业、工作责任心强、经验丰富的专家组成。教学督导团团长定期组织召开督导团成员工作会议，负责制订工作计划、撰写工作总结、安排成员的分工，组织实施其他临时安排的工作。教学督导定期开展检查性听课和教学巡视，定期开展教师评课活动，协助学院做好考试的监督和检查工作，加强考风建设，协助教务处开展年度教师教学质量评估工作，应邀参加学校教学基本建设、教学改革与教学管理的一些专项评估检查工作，应邀参加学院重要教学工作会议。

（3）教学检查制度

为规范教学检查工作，使教学检查工作常态化、制度化，促使全院教学人员自觉维护教学秩序，保证教学质量稳步提高，学校从教务处、教育研究与教学质量评价中心、学生工作处、院督导团及各教学部门中选派一批作风正派、纪律严明、责任心强的人员组成课堂教学督查组。督查组负责对全院课堂教学、实践教学进行常规检查和随机检查，对教学检查等情况进行登记，发现有违反教学规定的情形及时指正并反馈给教务处、教学研究与教学质量评价中心。教务处教务科、实践教学科负责将督查组送交的登记表进行汇总，每两周通报一次，将检查发现的违反教学规定的事项及时反馈给相关二级学院，二级学院召开党政联席会研究处理意见，并将处理意见反馈教务处和教学研究与教学质量评价中心。

（4）学生评教制度

衡阳师范学院建立并逐步完善了课堂教学评价和网络测评相结合的学生评教制度。课堂教学评价每月进行一次，由各班的学习委员通过班会、座谈会等形式收集信息，对任课教师课堂教学的爱岗敬业、专业素质、课堂艺术和教学效果设计量表和设置多个考察点，量化评价任课教师的理论教学和实践教学（课内实验、模拟演练、见习等）效果。任课教师对评价结果签署书面改进意见，学习委员在任课教师签署改进意见后再对改进效果进行反馈评价。网上测评由教务处、学生工作处负责组织，每个班级至少一半以上的学生参加，以量表形式统一对本学期所有任课教师的教学态度、教学内容、教学方法、教学效果进行网上测评。

（5）学生教学信息员制度

旨在及时了解教学信息，更好地改进教学工作，切实提高教育教学质量，衡阳师范学院制定和实施了学生教学信息员制度。教学信息反馈系统由各二级学院成立的教学信息站和学校设立的教学信息中心组成。学生教学信息员通过听课、座谈等多种渠道及时了解和收集信息。对学生的听课、实验、实训、见习、实习、考试等出勤情况和学习状况，对教师的教学计划、教学方法及手段、教学内容等教学情况，对相关教学管理人员的服务意识、教学条件等教学管理工作提供可资参考的意见和建议，填写《衡阳师范学院学生教学信息员反馈表》并及时上交到教学信息站。各教学信息站将收集到的表格，上交到教务处教学信息中心，教学信息中心对信息进行整理，提交有关部门处理或以简报等形式向全院通报。

二、独立学院经管类专业创新型应用人才培养质量监控体系的建构

（一）高校转型与经管类专业创新型应用人才培养

目前，我国经济增长速度减缓，经济结构要求不断转型升级，经济增长动力由要素驱动、投资驱动转向创新驱动，这就需要大量的创新型应用人才，于是我国高等教育界提出了引导一批独立院校向应用技术类型院校转型。《国家中长期教育改革与发展规划纲要（2010—2020年）》提出要“顺应社会需求和我国高等教育转型方向，重点扩大创新型、应用型、复合型人才培养规模”。相但对于重点大学，独立学院在办学规模、师资力量、学生资源、经费支持等方面存在较大差距，而较于职业学院而言，其在实践教学、应用能力和动手能力培养方面又存在明显不足。在当今精英化教育向大众化教育转变的关键时期，立足于培养学生实践能力，集中精力培养创新型应用人才是独立院校的重要发展方向。经管类专业不同于其他专业，它的人才培养目标是培养具有理论功底扎实、知识结构合理、视野开阔、求真务实、勇于开拓创新，从事于各级政府经济管理部门工作和企事业单位实际管理工作的高级管理人才。随着我国进入经济增长速度放缓、经济发展方式急需转变的关键时期，社会各领域对经管类创新型应用人才的需求尤为迫切，这就要求经管类专业主动适应经济社会发展需要，培养创新型应用人才。

（二）独立学院经管类专业创新型应用人才培养质量监控体系的现状

1. 人才培养目标与社会需求脱节

很多独立学院经管类专业把人才培养目标界定为培养创新型应用经管人才，

但在实际的培养过程中发现，他们对培养目标的认识过于简单，没有考虑社会需求和自身办学的定位和条件，缺乏对人才对口的行业岗位的调研与论证。因受到认识、时间和市场调研等的限制，独立学院经管类专业在制订人才培养方案时，往往在上一级高校同类专业人才培养方案基础上稍做修改调整，忽视了最重要的市场因素，缺乏市场调研，没有突出独立学院的办学特色和专业方向，导致培养的学生与岗位实践能力要求不匹配，与社会实际需求相脱节。

2. 师资队伍结构不合理

独立学院的师资主要由母体高校分流过去的行政领导、母体高校的专业教师和合同聘任的年青教师三部分组成。独立学院复杂的师资结构、民营的办学机制、人事代理形式的用人制度等诸多因素，致使有影响力的高水平学科专业骨干和学科带头人较少。另外，专职专任教师要求既能从事理论教学又能指导实践教学的“双师型”教师，但兼具“双能”的教学资源并不多。而外聘行业、企业专家虽实践经验丰富，但流动性太大，导致师资中实践能力离创新型人才培养的要求有一定距离。而且多数教师以教学为主，因学校在职称晋升、岗位评聘评估体系时重在考察学术研究成果，教学业绩未能得以突显，从而导致教学投入减少，缺乏教师激励与约束机制，不利于创新型应用人才的培养。

3. 教学质量监控不到位

教学质量是保证创新型应用人才培养的核心环节。但独立学院在教材征订、课堂教学和实践教学等方面均未充分体现创新型应用人才培养。一是教材征订较随意。独立学院经管类专业的部分课程开设与母体高校相同，同一老师在授课时通常选用相同的教材，有的为了体现差异性自编了教材，但难易程度、知识结构等并没有突出独立学院的办学重点和办学特色。二是部分教师课堂教学效果不理想。部分教师的教学理念陈旧，内容老化，虽然设立了教学督导团，采取了随机听课方式，但大多流于形式，有的碍于情面，有的因教师资源的限制，虽提出了教学不足，但缺乏动态跟踪，往往是反馈的问题最后不了了之。三是实践教学执行不够。虽然按照人才培养方案要求开设了课程实验课、校外见习和实习课，但因经费、资源、场地等原因开设较少或难免流于形式，仅有的也采取分散实习，过程监控和质量保障难度大，社会实践环节的有效实施未得到充分的监控。

4. 学生学风与就业监控不足

学生的学习态度和效果影响着学生的就业，而毕业生就业情况将直接决定独立学院的生源和发展前途，甚至生存。一是少数学生存在学习状态不佳，学习主动性不够高，学习自控力不够强的现象。部分学生不能正确处理学习与交友、娱乐的关系，或者不能正确认识所学专业，放松了对专业知识和技能的学习与掌握，甚至沉迷于网络，这些学校难以监控到位。二是独立学院对毕业生就业发展情况掌握不够清楚，虽然对毕业生就业信息进行了统计，但由于学生就业流动频繁和部分学生的不配合，统计的信息不太完善和准确。有时学院为了生存和达到上级主管部门的要求不惜做假。

（三）独立学院经管类专业创新型应用人才培养质量监控体系的建构原则

1. 全程性原则

培养经管类专业创新型应用人才，既需要学生具有良好的科学素质和人文素质，又要掌握经管类专业的基础理论和知识、分析方法和技能，更要掌握岗位核心能力，这就要求对创新型应用人才培养的全过程实施无空白监控，做到事先监控准备过程，事中监控实施过程，事后监控整改过程，事后以确保每个培养环节的实际作用和效果。

2. 多层次原则

培养经管类专业创新型应用人才是一个复杂的系统工程，既要对教师的课堂设计、教学方法和教学效果进行“督教”，又要对学生的学习态度、学习效果和学习能力进行“督学”；既要对专业教师的课堂教学情况进行质量监控，也要对行政管理人员的岗位职责、工作态度和工作积极性进行质量监控；同时还要对教学资源、培养过程、实践指导、论文辅导、科研教改等方面建立周期性、动态化的监控机制。

3. 导向性原则

独立学院的办学定位于培养创新型应用人才，建立监控体系的根本出发点和落脚点是提高人才培养质量，最终目的是培养学生的实践能力和创新能力，提升学生的就业能力，因此，人才培养质量监控体系的构建不能简单地体现为分数的高低，而应将量化评价与质性评价相结合，紧紧围绕有利于促进培养创新能力和实践能力这条主线来衡量和检验人才培养方案、师资队伍、教学质量、教学资源配置等的作用与效果。

（四）衡阳师范学院南岳学院创新型应用人才培养质量监控体系的建构

1. 清晰创新型应用人才培养目标

按照“厚基础、宽口径、强创新、高素质、重应用”的人才培养理念，衡阳师范学院南岳学院经管类专业坚持德育为先、能力为重、全面发展，逐步明确了创新型应用人才培养思路。培养目标定位于，培养思想政治素质高，经济学基础理论功底深厚，具有良好的人文及科学素养，有较强的创新意识和应用实践能力，适应地方经济和社会发展需要，能在政府相关部门、企事业单位从事经济管理工作的应用型人才。在优化原有课程体系基础上，通过调研，组织全体教师、学生代表进行充分研讨和论证，构建“通识教育课程＋学科基础课程＋专业课程＋专业技能课程＋素质拓展课程”的模块化课程体系。通识教育课程强调学生宽厚的文理学科知识背景，促进学生全面发展。学科基础课程强调专业基础知识与技能。专业课程由专业核心课程、专业方向课程和专业拓展课程组成，旨在培养学生专业能力。专业技能课程模块旨在培养学生的专业技术能力，包括数据信息收集与处理能力、市场调研与营销能力、企业经营管理与决策能力。素质拓展课程加强学生人文修养与科学精神培养，拓宽学生的知识领域，拓展学生的综合素质。

2. 注重对教师队伍的培养

教师素质是保障教学质量的基础，坚持“人才资源是第一资源”的理念，衡阳师范学院南岳学院注重老师的校内外培养。一是加强对青年教师的校内培养。实行“青年导师制”的师资培养制度，选派有丰富教学经验和较高学术水平的指导教师对青年教师进行传、帮、带，让他们尽快掌握教学规律，提高教学水平和科研能力。定期组织开展青年教师课堂教学竞赛、多媒体课件比赛、教学观摩、教学方法研讨等活动，以促进青年教师尽快成长。二是加强对中青年教师的校外培训。创造一切条件鼓励中青年教师攻读博士学位、境外进修访学、国内外学术交流等，以更新教师知识结构，提高教师专业素质。同时，选派新引进的缺乏企业行业工作经历的教师到国内同行业领先水平的企业或单位进行培训或挂职，培养“双师型”或“双师素质型”教师。

3. 建立教学质量监控体系

一是教材选用的监控。各系（院）专业集体讨论、选订教材，应选用高质量、有特色的教材，鼓励使用国家级和省级“面向21世纪课程教材”“九五”“十五”国家级和省级重点教材以及各级各类获奖的优秀教材，教材版次应以近三年出版的新教材为主。二是课堂教学的监控。建立和完善教学督导检查制度，采取领导干部听课、校（院）督导查课、学生信息员评教的三位一体的教学质量监控体系。要求学院领导、教学办主任、副主任每学期听课不少于8课时，其他各科室负责人不少于6课时。听课者主要对任课教师的爱岗敬业、专业素质、课堂艺术及教学效果提出意见和建议。校（院）督导应定期开展检查性听课和教学巡视，并在期末时对每位老师在教师的教学态度、备课情况、教学内容的选择、教学方法的运用和课堂气氛的调节给予客观公平的评价。每班设学生信息员1名，公正客观地收集学生对任课教师的教学态度、教学内容、教学方法、教学手段、教学水平和教学过程各个环节的意见和建议。三是对实践教学的监控。加强对分散实习的全程质量监控。加大实习基地建设力度，争取更多的学生参加集中实习，加强实习巡视检查，掌握各实习点学生的实习情况，并通过实习评优表彰来激励教师和学生。

4. 重视学风建设及创业教育指导

为了促进学风建设，充分发挥学生参与自我管理、自我教育的主体作用，系成立学生教学信息站，每个系设站长一名，由各系学生会学习部长担任；分组每节课去检查学生到课、听课、作业、实习实训、毕业论文（设计）、考试等教学活动中的情况和问题。重视创业教育指导。举办企业模拟经营比赛、创新创业比赛，利用产学研创业实训基地，为创业学生提供实践平台。邀请企业家、创业指导专家、创业校友来校举办“创业沙龙”“创业座谈”等，丰富学生创业知识。

三、市场经济背景下学校战略管理研究

（一）引言

按照教育部颁发的《义务教育学校校长专业标准》，学校校长必须具备规划学校发展等方面的能力，然而，据我们课题组调查，许多学校校长严重缺乏学校战略管理方面的专业知识，不少学校在高速发展中暴露出缺乏战略观念、竞争意识、市场导向等先进理念。随着市场竞争的加剧，人们已深刻认识到了战略管理在组织发展中的重要角色。时至今日，战略管理除了在企业发展中有着广泛的应用，还在政府机构、医院、教育组织内有着同样的广泛应用。计划经济向市场经济的全面转轨，已经使得学校深感教育竞争的压力，要做竞争性教育环境的“适者”，无论什么类型的学校，都必须高度重视学校的发展战略管理与战略规划，其主要理由表现在如下四个方面：（1）学校控制资源的稀缺性和有限性。由于没有任何学校拥有无限的资源，学校的发展必须有计划地建设、整合、调整自己的资源与能力优势，并据其选择和调整学校的经营范围及规模，以便能够培育出适应社会发展需求的优秀人才，这就迫使学校必须用战略管理理论对学校的发展进行科学谋划。（2）学校所面临的环境已经发生了根本性的变化。学校面临的教育环境就像我国20世纪80年代末、90年代初企业所面临的市场环境一样，首先进入“生源贫穷”状态的一定是那些缺乏利用战略经营与管理的学校，他们都好像是“温水中的青蛙”，对危险的环境缺乏认知。（3）学校办学体制的市场性、多元性和灵活性。随着我国市场经济体制的日益成熟，我国学校办学体制也日逐社会化、多元化、产业化和国际化，各种类型和层次的学校的办学体制也表现出了更大的灵活性和多元性。在此教育转型发展的背景下，如果学校决策层没有战略办学的思想观念，缺乏学校战略管理的手段和方法，就有可能错失良好的学校发展机会。（4）学校市场化、品牌化时代发展的要求。在生源日益减少的背景下，无论是幼儿园、小学，还是中学，都在争夺生源，一些不注重教育市场

（学校、老师及家长、学生等组成）变化的学校，据我们课题组的调查，目前已经开始在招生生源等方面出现了尴尬局面，实施战略管理是新建院校适应学校内外部环境变化，参与竞争，谋求学校发展的必然选择，所以，在学校发展即将进入了品牌化的时代，只有那些运用战略管理的理念和方法，科学制订和实施好学校的发展战略的学校，才能在未来竞争激烈的教育环境中不断发展。

（二）学校战略管理的有效实现

那么，学校如何才能有效实现战略管理，这是一个复杂的系统问题。但是，有一点是肯定的，即有效的学校战略管理，必须清晰学校愿景与使命、学校战略目标，必须对学校环境、学校战略资源与能力进行分析，必须清晰学校战略选择与战略绩效评价方法等。

清晰学校愿景与使命是因为随着世界经济一体化和中国市场经济发展的深入，市场竞争在不断加剧，人们已深刻认识到了战略管理在组织发展中的重要角色。时至今日，战略管理除了在企业发展中有广泛的应用，还在政府机构、医院、教育组织内有着同样的广泛应用。“十二五”教育规划的出台，使我国教育环境出现了前所未有的新特点，也同时使我们清晰地认识到教育的持续发展，必须高度重视教育发展战略的管理。学校战略管理作为学校管理人员所承担的一项重要职能，越来越显示出它在学校管理中的重要性。学校在制订和实施学校战略的过程中，学校愿景、学校使命、学校价值观都直接影响学校战略管理的绩效。学校战略方案为实现学校战略目标服务，而学校战略目标又必须体现学校愿景、学校使命要求。

学校在制订和实施学校战略的过程中，学校愿景、学校使命、学校价值观都直接影响学校战略管理的绩效。学校战略方案为实现学校战略目标服务，而学校战略目标又必须体现学校愿景、学校使命要求。随着经济的全球化和知识经济的迅速发展，教育资源竞争的全球化趋势越来越明显，从而也导致了学校战略管理对象、管理目标和管理方式发生了新的变化。不少学校管理者深感，一些过去在计划经济背景下被视为行之有效的管理方法已不能发挥正常作用，因为学校的许多管理理念已经随着学校环境和教育对象的变化而发生了根本性的转变。作为学校管理层，必须用一种科学的战略理念指导学校的管理行为，提升学校的管理绩效，不断推动学校的发展。

学校战略理念是学校系统的、根本的战略管理思想，学校战略规划在学校发展中处于重要的地位，加强学校战略规划研究具有很大的必要性。任何管理活动都要有一个根本的原则或者说核心思想，一切管理活动都要围绕这一根本的原则进行，这个根本原则就是学校战略理念。学校战略理念是学校追求不断发展的思想根据和前提，是全体学生以及广大教职员工正确教育教学行为的认同与确认，并在此基础上形成学校发展的发展方向、信念和目标。事实证明，一套明确的、始终如一的、精确的学校战略理念，可以在学校中发挥极大的效能。

我们知道，“适者生存、不适者淘汰”是生物学家达尔文在分析物种起源时提出的一个著名论断，其实，不仅物种进化是这样，学校和企业这些营利组织和非营利组织的发展也是这样的，这一点早被管理实践所证实。学校战略管理总是在一定的环境中进行，并深受外界环境的制约。因此，学校在进行战略管理活动时必须考察和分析学校所处的环境，明确学校环境中所蕴含的机会与威胁，以利用机会而规避威胁，去主动适应环境，创造环境，甚至改造环境，以确保学校能更好地生存和发展。学校环境是学校生存发展的土壤，它既为学校的教育教学活动提供必要的条件，同时也对其发展起着一定的制约作用，因为学校教育教学所需的各种资源都需要从属于外部环境去获取，任何学校，它们都只能根据学校外部环境能够提供的教育资源种类、数量来决定其教育教学活动的具体内容和方向。与此同时，学校利用教育教学资源培养出的学生，也要在学校外部人才市场上谋职。所以在培养之前和培养过程中，学校就必须考虑到这些学生能不能被用人单位所接受，是否受人才市场所欢迎。而学校内部环境则是学校发展的依据，其结构和性质直接决定着学校发展的能力和方向。

然而，管理学理论和管理学实践都已证实，分析环境、发现机会与威胁还不足以为组织带来竞争优势，那只是组织制订发展战略的前提与基础，学校作为一种特殊的社会组织，当然也不例外。但是，有一点我们必须明确，社会环境中的某些因素的变化，对不同类型的学校，甚至同一学校的不同发展时期，其影响的方式和程度并不一样。也就是说，某一教育环境因素，如社会的日益城镇化，对某些学校来说是发展的绝好机会，但对其他学校来说则可能是致命的威胁，因此，学校战略管理者要不断地分析学校内部环境，以找出学校内部战略因素：那些关键的优势与劣势，它们极有可能决定了学校能否抓住机会，规避威胁。外因是事物变化的原因，内因才是事物变化的依据，所以，我们更应该站在一定的高度，从战略管理的角度出发，识别和开发学校内部资源，分析学校现有能力，只有这样，才能建立学校竞争优势，促进学校又好又快发展。

在分析学校现有能力时，必须基于一种学校动态能力的分析框架。学校动态能力分析是以学校惯例、教育教学技能和教育教学互补资产为基础的学校能力，内嵌着大量独特的教育教学理论知识、学校管理知识与实践技能等，所以学校能力是难以模仿与复制的。具体来说，学校核心能力也可从以下七个方面进行衡量：第一，判断、设计与选择学校发展道路的能力。学校是否发展了，可以从以下六个要素进行分析：学生数量的扩张，办学条件的改善，学校对外部环境适度力的增强，学校组织结构的优化，老师队伍建设得到加强，教学质量和办学效益的提高。第二，学校品牌策划与提升的能力。第三，实施教学创新和管理创新的能力。第四，学校发展规划的能力。第五，提高学校育人质量的能力。第六，校长等管理人员的领导能力。第七，学校对学生家庭、社区的影响力。

分析学校发展所面临的机遇与威胁、优势和劣势之后，学校便可制订科学的学校总体战略和基本竞争战略。学校总体战略是由学校最高管理层来完成，主要是确定学校的整个教育教学范围和学校资源在不同教育教学单位之间的分配模式与方案。教育教学单位战略集中在某一给定的教育教学业务内（包括各种单列的培训项目）确定如何竞争的问题。它的影响范围要较学校战略窄，而且适用于单一教育教学单位。而职能战略涉及各职能部门的活动，其活动范围较教育教学战略更窄，我们的主要内容主要适合处于竞争场中较为激烈的民办学校。

基本竞争战略是美国哈佛商学院著名战略管理学家迈克尔·波特研究企业竞争理论时所提出的企业竞争战略形式。与企业竞争战略形式相比，学校基本竞争战略也可以分为三种类型：办学成本领先战略、办学模式差异化战略和办学资源集中化战略。学校必须从这三种战略中选择一种作为其主导战略。要么把办学成本控制到比竞争者更低的程度；要么在学校服务中形成与众不同的特色，让学生感觉到你提供了比其他竞争者更多的价值；要么学校致力服务于某一特定的专业种类或某一特定的地理范围。这三种战略架构上差异很大，成功地实施它们需要不同的学校教育教学资源和教育教学技能，但是由于有的学校战略理念缺失，学校组织安排缺失等，导致战略“夹在中间”，学校因此而遭受损失。

办学成本领先战略是三大基本战略之一，是指学校在教育产业链上通过一系列活动，以较低的办学成本提供学生可以接受的服务，从而获得竞争优势，所以它又被称之为低办学成本战略。办学模式差异化战略就是指学校能够提供具有独特性的教育教学模式。但是，相对于企业而言，由于同层次学校的教育具有同质性，因此，这种“标新立异”就只能表现为办学特色，以便彰显学校办学的个性。以新建的一些民办高等学校为例，一些民办高等学校作为高等院校中的“类存在物”，由于这些学校自身的局限性，决定了它们在整个高等教育系统中的劣势竞争地位，那么，这些学校要不断健康发展，就必须注重学校特色，如办学思路、管理制度、优良的教风与学风、学科建设等。同时，区域悠久的历史文化以及当地政府重视教育等方面有利条件有利于形成特色，如相互招生合作、相互办学合作、建立双方人才流动机制等。在高校扩招的时候，许多高校都贪大求全，从而导致了“千校一面”的现象，最终导致了高校资源的浪费和人才培养的恶性竞争，致使学校的办学成本和社会的就业成本都增加了。

然而，制订一个好的、适宜的战略是一回事，这个战略能不能有效实施又是另一回事。在实际工作中，往往实施、执行一个既定战略要比制订这个战略费时更长，难度更大。一个正确的战略得以贯彻执行，除了战略本身的可行性与适宜性之外，还需要计划、组织、领导和控制等管理活动来配合学校战略的实施。一个学校的总体战略要贯彻实施，就必须把这一总体战略分解为职能战略和计划，以便更好地执行。把战略性计划转化为战术性计划，就是要把战略目标在时间和空间两个维度展开，规定学校各个较短的时期阶段，应该从事何种活动。实践中落实学校战略最为行之有效的方法有滚动式计划、目标管理、网络计划技术等方法。同时，为了能对变化做出快速的反应，还要制订权变计划。

许多定性定量的因素都会影响学校战略控制的趋势。战略的推动和转换是连续脉冲的动态过程，为此，必须对学校战略进行控制。学校战略控制必须具有适宜性、可行性、可接受性，整体利益和局部利益、长期利益和短期利益的不一致性、多样性等特征。学校战略控制是衡量和纠正学校广大师生员工所做的各种教育教学活动，以保证教育教学的实际进程与教育教学目标的动态相适应的管理活动。

（三）学校战略管理的绩效评价

学校战略管理绩效评价针对学校经营业绩做出全面、系统、科学的评价，旨在揭示学校当前经营状况与发展前景，指明学校未来努力的方向，提高学校在市场竞争中的生存和发展动力，是学校战略管理的一个重要组成部分，同样属于学校战略管理行为。进行公司战略绩效评价的过程，主要涉及的是如何帮助学校战略管理者对学校战略管理过程中的各项活动以及相关的人和事进行监督、检查、指导、调节与校正，以确保学校战略管理过程能够按照预定计划尽善尽美地进行，从而实现整个学校组织的预期战略目标。通过绩效评价实现的学校战略管理目标包括：第一，通过学校战略绩效评价能讨论学校竞争策略的优劣或者形成学校竞争策略；第二，通过学校战略绩效评价进行人才选拔，从而促进学校人才队伍建设；第三，通过绩效评价对学校财务状况进行有效监控，降低学校的办学成本；第四，借助绩效评价培育和强化学校职员和干部的职业准则、岗位道德和学校文化氛围。

就“国培”校长而言，学校战略管理是校长们必须重新认知的新领域，因为计划经济已经向市场经济的全面转轨，义务教育的全面改革已经使得学校校长深感教育竞争的压力，要做竞争性教育环境的“适者”，学校必须高度重视学校的战略管理，认真学习和践行教育部颁发的《义务教育学校校长专业标准》，不断提升校长们的管理能力。

四、转型发展下高校实验室建设对创新型人才培养的探讨

（一）高校转型发展背景下创新型人才培养的要求和手段

在经济进入新常态背景下，产业快速升级，经济结构也发生了大调整，而高等教育同质化这一结构性矛盾变得更加突出，造成了人才培养和经济社会需求的不匹配，一方面学生就业难和就业质量低等问题未得到解决，另一方面企业“招工荒”而难以招到合格人才。在这样的背景下，国家相关部委出台了引导部分地方本科院校转型发展的政策，要求以市场需求和服务地方经济为导向，发挥政府和市场双主导作用，通过深化产教研融合、校企合作和高校特色发展，实现技能型和应用型人才培养。从学科设置、人才培养模式、师资队伍、招考制度等领域改革，促进人才培养与社会需求对接，提高学生就业质量。

地方院校创新应用型人才培养的主要方式和手段有：学校的发展和专业的设置要融入区域经济发展中，实现专业与产业、课程与职业、教学与生产等无缝对接；建立共享的合作发展平台，加强建立产教融合和协同育人机制，建立学校、地方、行业、企业和社区共同参与合作办学；加强实验实训实习等基地建设，构建集约、共享、开放、高效的实验教学平台；深化人才培养方案和课程体系改革，以经济发展和技术进步作为课程改革驱动力，整合专业理论课程、技能应用课程和实验实践课程，培养学生的技术技能和创新创业能力。

（二）实验室建设在创新型人才培养中的地位和作用

高校转型发展就是要改变现行人才培养体制和机制以对接企业需求。转型中对人才的培养，不仅要求学生掌握一定的基本知识量，还要求学生能够参与到社会经济生产和创新实践活动中来，建立以提高实践能力为引领的创新型人才培养模式。实践教学是培养学生创造能力，发现、分析和解决实际问题的重要手段。

实践教学的开展离不开实验室。实验室作为高校人才培养的基地，是实践教学中重要的一环，也是全面实施学生综合技能素质教育的场所，更是实现创新型人才培养的重要途径。总之，实验室的建设与管理，是衡量学校的教学、专业学科建设，课程内容、教学模式和科学研究的重要标志，对转型发展中的高校人才培养起到关键促进作用。如何使实验室高效地服务于转型发展下创新型人才的培养，是一个现实问题。本文接下来主要从衡阳师范学院经济管理学院物流管理专业实验室的发展现状、问题和解决对策方面对创新型人才培养进行剖析。

（三）我院物流管理专业实验室建设的现状和问题

衡阳师范学院物流管理专业于 2011 年开始招生，到目前已有 6 年的专业建设历史，其物流实验室的建设现状如下：

（1）构建了相应的物流设施设备实训室。如全自动化立体仓库、自动分拣和搬运设备，手持智能终端的条码识别装置等。学生可以进行实操，以便直观地了解现代物流技术和掌握操作技巧。

（2）搭建了物流模拟网络平台。购买了相关的物流专业模拟仿真软件以及企业生产运营模拟软件。通过软件模拟，让学生熟悉了物流业务流程和管理方法，同时也为学生搭建物流服务功能模块，构建优化方案提供了学习和交流的平台。

（3）实验室建设获得中央财政支持地方高校发展专项资金资助。经管学院的经济管理综合实验室获得了中央财政支持地方高校发展的专项资金 100 万元支持，而且还获得了后期的相关资助，为物流专业实验室的建设带来了持续的资金资助。

然而，尽管我院为物流专业实验室建设投入了大量的人力、物力和财力，并使得实验室场所和设施设备得到改善，一定程度上满足了转型发展背景下对高校实验室建设的要求。但由于运营与管理上的缺陷，我院物流管理专业实验室建设还存在以下一些问题：

（1）设施设备利用率低，相关教学软件模块重复性高。虽然目前经管学院与物流管理专业相关的实验室已有 6 个，相关教学软硬件也在不断地完善中，但是就目前的实际使用情况看并不理想，很多实验室资源都处在闲置状态。正是由于使用率低，当学院再次获得实验室购置经费时，导致了相关教学软件的部分重复购买。如物流管理实验室已经购置了腾邦物流管理软件中的运输管理与优化系统、仓储实训系统等功能模块，以及实时供应链管理系统、国际物流一体化平台等教学管理软件，最后还购置了鑫海腾物流管理软件中的物流组织与模拟经营系统。前述部分教学管理软件功能模块具有很大的重复性。

（2）部分教学软件与现实脱节。实验课程的开设，主要依赖于已购的物流设施设备。而物流设施设备的采购，通过招投标方式价低者得，这很难赢得业内优秀的教学软件制作企业。而低价的教学软件制作企业，由于自身对业务流程的规划和设计存在诸多的不合理性，其生产制造的教学软件仅仅为了满足教学演示需要，而与企业的实际运营结合度不高，很难达到理论与实践的结合示范效果，也会在一定程度上让学生产生困惑和不解。如我院物流管理专业购置了全自动出入库的立体化仓库，但是在出入库操作中，很多步骤与实际想要的效果存在差异，容易让使用者产生困惑。比如一个应该一步到位由同一个操作人员完成的工作流程，却要分几步由不同的账号管理人员实现，这严重与企业现实脱节。

（3）实验室缺乏专任教师看管和维护。在地方院校的发展过程中，师资是缺乏的。究其原因，一个是缺钱，另一个是缺制度保障。缺钱，导致每个教师都是超负荷工作者，理论教学将占据全部精力；缺制度保障，则是如何安置专任实验教师的问题。很难从制度上区分开实验教师和专任教师，也就不能够很好地进行绩效分配，进而使得专任教师都要兼任实验教学任务。在我院实验室的建设与管理过程中，就出现过没有专任实验教师人员维护和管理实验室的情形，很多时候，只能够让学生兼任实验员，负责实验室设备的维护和保养。学生的流动性大和个体素质差异会影响到实验室设施和设备的正常使用。比如有时候会出现上实验课不能够联网，服务器不能够正常工作或者临时换实验室的尴尬情形。

（四）实验室建设存在问题的解决对策

（1）合理规划实验课程体系和教学软件购买流程，以提高实验室的使用率和减少教学软件的重复购买。经管学院在学校转型发展背景下，对物流专业人才培养进行新的定位，把知识、能力、素质和认证这四大要求与课程设计结合起来，制订了新的培养目标、规格和质量标准。在新的培养方案中，实践教学占据了总课时的30%以上。为保障实践课程的高规格、高标准和高质量，学院应针对实践教学体系中课程实验课进行专门设计，并就实验中所用到的设施设备和教学软件进行论证和分析，结合经济发展和市场需求，合理安排实验课程开设内容。同时，在相关教学软件和硬件设施设备的购买中，加强专任教师团队的参与，派遣团队人员深入企业进行考察和学习，进行采购论证，以剔除不适应市场变化需求的教学软件和设施设备的购进，也相应地预防了重复购置现象的发生。

（2）加强实验室专人管理和师资队伍建设。鉴于我院实验教师的缺乏，头等要务便是招聘合格的实验管理员，确保实验设施设备的正常运行，完善和制定好实验教师人员的薪酬分配制度。同时，在专任教师队伍中选聘责任心强又懂计算机技术的优秀教师兼任实验岗教师，在绩效分配制度上对其进行倾斜。再者，要加强“双师型”实践指导师资队伍建设。从内部把青年教师送到校企合作的物流企业进行顶岗实习，或者从外部聘请实战经验丰富的物流高级专门人才到学校兼职或全职工作，指导学生的实践和实验课程设计和开发，提升学生的创造、创新和创业能力。

（3）以评促建，加强实验课程资源建设。衡阳师范学院在 2018 年将迎来教育部的审核评估工作。在此期间，学校将投入开发 200 门校级精品课程。因而，经管学院应该利用好这次精品课程资源建设机会，力争物流管理专业能够建设好两门及以上校级精品课程，把开发好的课程资源投放到物流实验室网络教学平台上，以供学生在课外学习和实践，进而促进学生应用型能力的养成。同时，学校也对实验室课程开设做了规划和考核标准，有利于物流管理专业自建具有本专业和地方特色的网上共享实践课程资源提供了原动力和保障。

（4）以实验室为平台，强化服务地方经济的产学研融合机制。利用好实验室软硬件资源，加强学院与企业的合作，达到教学、科研和生产服务的有机融合。如学院可以和企业合作，开发一些与企业物流业务紧密相连的培训项目，按照企业实际需求设计实验课程，在培养学生的创新能力的同时也适应了物流市场的需求。教师利用实验室资源，参与地方企业课题，使教师的研究更接地气，并可直接服务于企业，转化为社会生产力。

五、应用型本科院校实践教学中师资与制度的保障措施

（一）应用型本科院校“双师型”师资队伍建设的措施

建设一支与应用型本科教育人才培养目标相适应的、具有较高应用能力的师资队伍，是应用型本科实践教学体系能够顺利实施的重要保证。应用能力的培养要求教师除具有扎实的理论基础之外，要具备很强的实操能力，即同时具有教师和行业技术职称的基本素质。“双师型”教师队伍的形成要靠专职教师的培养培训和聘请兼职教师共同完成。可以通过以下措施进行：

（1）青年教师多数从学校到学校，从理论到理论，理论知识功底较强，但应用能力相对欠缺。因此，新引进的各专业青年教师，第一年必须到本专业实验实训室，熟悉本专业各个实践环节和常用仪器、设备的使用，并由实验室主任为其确定二至三门实验实训课，随指导教师一同完成实验实训的准备、指导、考核全过程。

（2）青年教师三年内至少有半年到对口企业，从事生产实践、经营管理等工作，更新知识结构，增加实践经验。教师在企业工作期间，视同完成额定教学工作量。将青年教师到企业锻炼作为一项制度，与学生实习、毕业设计、横向科研课题开发等工作结合起来，长期坚持。

（3）对担任认证课程的教师进行培训，必须取得认证机构要求的培训讲师资格、考评员资格。另外，根据青年教师的专业方向，安排其参加职业资格认证课程的学习、培训，对考取本专业高水平职业资格证书所需费用由学院承担，并在《专业技术职务聘任条件》等文件中，将教师取得高水平职业资格证书作为职称聘任的重要条件，以此作为政策导向，鼓励和督促教师向“双师型”素质发展。

（4）建立一支相对稳定的来自行业（企业）的具有丰富实践经验的兼职教师队伍，对于保障应用型本科实践教学也是必不可少的。聘任兼职教师是改善学

校师资结构、加强实践教学环节的有效途径。兼职教师可以给学校带来生产、管理、科研第一线的新技术、新工艺及社会对从业人员能力素质的新要求，可以将丰富的实践经验传授给学生，同时还可以通过他们的纽带作用加强与企业的联系与合作。

（二）完善实践教学体系中管理制度的措施

完善的实践教学体系必须有一系列规章制度作为保障。管理就是建立切实可行的制度，并严格按照制度运行，使教学得到全过程的管埋和监控，建立完善、严格的教学管理体系，建立操作性强的运行机制，扎扎实实地把每一环节的工作落实到位。主要可采取以下措施：

（1）制订程序文件。程序文件是教学管理的重要组成部分，包括各种有关教学的规章制度、教学过程记载等。建立齐全的教学文件，可以有依据地规范各种教学行为，指导各种教学活动，对违规的以及未达到要求的教学行为起到约束作用，同时记录教学过程，供查阅总结。因此，教学文件具有规范性、指导性、约束性和记录性的作用。从抓教学文件管理入手，可以掌握实践教学的活动进展，便于监控和指导。教学文件包括实践教学计划、实践教学质量考核体系、实践基地的管理模式改革等方面；教学纲领性文件包括实习项目表、教学大纲、实践教学指导书、教学进度表等，这些文件要求学校指导教师和企业兼职教师共同制订；教学实施过程文件包括实践记录、实习报告、实习单位鉴定表、实习成绩、实习总结等；教研活动文件包括教学研讨记录、教学报告会记录、双方师资培训记录等。所有文件应按书写要求认真完成，建立独立档案，统一管理各类文件。每次实践结束后，将相应文件备齐归档，从文件形式上保证实践教学的完整性。

（2）实施全过程管理。教学过程是指师生在共同实现教学任务中的活动状态变换及其时间流程。教学过程管理是为了完成实践教学大纲中提出的教学目标和实现教学大纲所要求的各项内容而设计和维持的一种组织结构，它包括各级管理者、各自职责和相互关系。实施全过程管理重在检查。学校建立不同层次的领导、督导对实践教学进行随时检查和监控。专业教研室详细了解、检查和掌握实践教学运行进展情况，避免以“到岗劳动”代替实践教学，避免走形式、教学组织不严谨等现象发生。同时，建立信息反馈制度，以征求意见、问卷和调研等形式，收集实习企业、学生、检查负责人和指导教师对实践教学的评价及意见，并认真分析，对后续实践教学提出改进建议。

实践教学过程管理是一个动态的过程，它的每一阶段都是相互关联、相互影响的。指导教师是实践教学过程管理的最基层管理者，实践教学过程也就是教师的指导和引导、学生按计划执行的过程。所以，指导教师是规范实践教学过程管理的重要因素，发挥着决定性的作用。

（3）建立激励机制。为了让广大师生对实践教学有足够重视，适应实践教学体系的要求，必须建立一套有利于实践教学体系正常运行的激励制度。为了鼓励和督促教师向“双师型”素质发展，可以在制定职称评聘条件和工作量核算等方面的政策时有所体现或是做出倾斜。如担任认证课程的教师，必须取得认证机构要求的培训讲师资格、考评员资格。安排其参加职业资格认证课程的学习、培训，对考取本专业高水平职业资格证书所需费用由学院承担。支持教师到企业锻炼，在企业工作期间，视同完成额定教学工作量，按满工作量标准发放教学津贴。

为鼓励学生考取职业资格证书，对教学计划内规定的证书可以采取费用补贴或奖励的方式对学生进行资助，以减轻学生的负担；支持、鼓励学生参与科技创新活动，对不同类型的创新活动折算成学分，记入成绩档案，对在各类创新大赛中取得名次、受到奖励的，可以作为优秀毕业生和奖学金评定的重要条件。

第七章

“2 +1 +1” 三段式对口贯通人才培养模式探索与实践

一、经济与管理学院学科简介

经济与管理学院现有经济学、电子商务、国际经济与贸易、物流管理与财务管理五个本科专业，2016 年开始招收国外留学生。现有教师 39 人，其中教授 7 人、副教授 11 人，高职称教师占教师总数的 46.2%；讲师 13 人，占教师总数的 33.3%；初级职称 8 人，占教师总数的 20.5%。现有教师中，博士学位 17 人、学科带头人 1 人、省级青年骨干教师 4 人、校级青年骨干教师 8 人、湖南省教学名师 1 人、湖南省首批社科“百人工程”学者 1 人、衡阳市首届优秀社会科学专家 1 人。

经济与管理学院根据经济、管理两大学科应用性较强的特点和发展变化着的市场经济与社会需要的前瞻性，紧紧围绕教学中心，不断加大引进国际国内高水平人才和培养现有师资的力度，积极开展教学与学术研究，重视聘用有丰富实践经验和较高理论素养的学者、企业家等做兼职导师，开设了“创业论坛”“企业家论坛”“校企对接课”等实践课程，获教育部全国应用型人才培养工程单位建设，与深圳、杭州、东莞及上海等企业共建实践教学基地 20 多个。

就学科建设而言，衡阳师范学院经济与管理学院“应用经济学”学科，2011 年被确立为湖南省“十二五”重点建设学科，2018 年被确立为湖南省“十三五”特色优势学科。学科形成了湘南多功能农业与区域农业经济发展、湘南战略性产业与区域工业经济发展、湘南服务贸易与区域服务经济发展等三个相对稳定、特色鲜明的研究方向。

图 7-1　学科带头人皮修平教授

学科带头人皮修平教授（见图 7-1），是湖南省首批社科“百人工程”学者、“湖南省二级教授”、“湖南省教学名师”、“衡阳市首届优秀社会科学专家”。皮修平教授先后主持完成省社科基金重大招标项目等省部级以上课题 15 项、出版学术专著 6 部，在

《人民日报》理论版、《农业经济问题》等学术刊物发表论文100余篇，被《新华文摘》《人大复印资料》等摘录、全文转载10多篇；获得湖南省优秀社会科学科研成果三等奖1项；3次获得湖南省优秀教学成果二等奖；主持湖南省精品课程《政治经济学》，主持省信息化应用项目名师空间课堂《政治经济学》；主编教材《政治经济学》获湖南省优秀教材奖。

图7-2 学科带头人皮修平教授

主要方向带头人卜华白，企业管理博士，教授，湖南省青年骨干教师，湖南省“十二五”区域经济学重点学科物流管理方向带头人，湖南省运筹学会与市场营销学会理事。主要从事智能物流管理与企业价值网、战略管理与决策评价等方面的研究，主持有国家级、省部级科研项目15项，其中：国家社会科学基金项目1项，教育部人文社科规划项目1项，省自然科学基金、省社会科学规划基金、省软科学基金等省级科研项目10项，衡阳市社会科学规划重点项目1项，衡阳师范学院科研项目4项，同时还主持有横向科研项目7项，获省部级科研成果奖8项，著有《X低效率生成的维度与结构研究》《战略性新兴产业背景下中国铅锌企业价值网低碳发展研究》及《社会经济与城镇建设研究》3部学术专著，主编了21世纪全国高等院校经济管理类本科系列规划教材《企业战略管理》1部，连续6年被评为衡阳师范学院A类课授课教师，教育教学深受同学欢迎，在《Systems Engineering》《International Journal of Business and Management》《International Journal Business Research》《北京大学学报》《管理评论》《经济管理》《企业管理》《商业研究》《首都经济贸易大学学报》《经营与管理》等国内外专业期刊发表学术论文65篇，其中被EI、ISTP、CSSCI检索24篇。

在学科团队方面，本学科成员中拥有17名博士、6名在读博士；拥有高级职称教师18人。本学科已经形成一支以中青年教师为主、综合素质及学历层次高、年龄和职称结构合理、富有朝气和创新能力的教学和科研队伍（见图7-3）。

图 7-3 学科团队部分核心成员

在教学科研平台方面，本学科拥有“智能物流与跨境电商”“企业模拟经营”“企业 ERP 管理”等 6 个实验室以及与深圳市软件园共建的“在线创业培训”平台；建有“衡阳市情与对策研究中心”和“衡阳市城乡可持续发展研究基地”两个市厅级研究平台；获批教育部“全国应用型人才培养工程（培养基地）项目”和教育部高教司“第一批产学合作育人项目”。

在教学科研成果方面，2011 年以来，本学科成员共主持国家社科基金项目 3 项，教育部人文社科项目 2 项，湖南省社科基金重大招标项目、省教育厅重点项目等省部级项目 98 项，研究经费达 630 多万元；出版了学术著作 23 部；发表学术论文 300 余篇，其中 EI 收录 28 篇、ISTP 收录 16 篇、CSSCI 及 CSCD 收录 98 篇；获得省部级以上优秀社科成果奖 5 项、省部级以上教学成果奖 6 项；省级教学比赛获一等奖 1 项，二等奖 3 项。

在服务地方经济社会发展方面，2011 年以来本学科承担了“衡阳市国资系统委派董事、监事、财务总监管理现状及其改进措施研究”“衡阳‘十三五’科技创新驱动发展战略研究”“衡阳市生态补偿体制机制研究”等 10 多项政府各类规划和研究报告的撰写工作；连续 4 年出版了《衡阳市经济社会发展蓝皮书》，收到了良好的社会反响；主办了第十一届湖南省高校商学院院长论坛（见图 7-4）；发起并成功主办了“第一届大湘南经济发展与管理创新论坛”，得到了其他高校的积极响应和广泛关注。

图7-4 第十一届湖南省高校商学院院长论坛现场

在人才培养方面，本学科基于产教融合办学的理念，采用“2+1+1”三段式对口贯通人才培养模式，突显了教育教学过程的实践性和职业性，确保了人才培养质量。学生在大学生“挑战杯”大赛、“电子商务”大赛、“物流设计”大赛、“企业模拟经营”大赛等各类学科竞赛中取得了累累硕果，获得国家级奖项6项、省部级奖项40余项。

总之，经济与管理学院始终坚持社会主义办学方向，以科学发展观为指导，全面贯彻党的教育方针和科教兴国战略，全力实施“抓管理、促规范，抓质量、上水平，抓改革、促特色”的发展举措，把学院建设成具有鲜明特色的地方高水平学院，为国家培养更多的适应社会发展和经济建设需要的复合型人才。

二、衡阳师范学院经济与管理学院转型发展案例

（一）案例的基本情况

在经济发展方式快速转变、产业结构深度调整、实体经济迅速壮大的背景下，社会对人才需求的规模、质量、结构等方面均发生了新的变化，从而直接对高等教育服务经济发展的能力提出了新的挑战。《国家中长期教育改革和发展规划纲要（2010—2020 年）》提出，要建立现代职业教育体系、优化高等教育结构、实行高校分类管理。这三大任务的交集是地方高校，特别是地方行业高校及新建本科在现代教育体系中的科学定位问题。要解决这一问题，地方高校转型是首要任务，也是必然趋势。

经济与管理学院是 2013 年 6 月由原经济与法律系发展而成，二本现有经济学、电子商务、国际经济与贸易、物流管理与财务管理等五个本科专业，南岳学院尚有经济学、国际贸易、物流管理及财务管理四个专业，二本、三本在读学生 2000 余人。过去，大家受传统教育思想的影响，认为高校教学应以理论教学为主，实践教学是理论教学的一个补充。在经管类专业的人才培养过程中，表现为重理论轻实践、重知识轻能力、重课堂轻课外、重定性轻定量等倾向。因此，不可避免地造成学生在理论与实践上的脱节，从而导致学生动手能力不强，经管类专业的毕业生面临越来越大的就业压力。同时，我院从事经管类专业教育的教师队伍中具一定企业实践或社会实践经验的相对缺乏，大部分老师是从学校到讲台、从学生到教师，没有参加过相应的企业实践锻炼，缺乏丰富的企业工作实践经历。在讲授专业课时不能很好地引用实践案例阐述基本理论和原理，不能用实践中的经验和问题来充实课程的教学内容，难以胜任实践教学工作。因此，经济与管理学院的发展，转型是必经之路。经管学院为达到转型发展的目标，在多方面进行探索与实践，并取得了一定的成效。在此，重点介绍经管学院转型发展典型案例——经管类专业“2 +1 +1”三段式对口贯通人才培养模式。

（二）工作案例目标

1. 促进教师教学反思

撰写案例，教师要对教学过程进行真切的回顾，“照镜子”“过电影”，把自己的教学一览无余地再现，用新的观点进行严格的审视、客观的评价、反复的分析，有利于教师总结成功的经验和失败的教训，看清自己的长处和不足。撰写教学案例的过程，就是重新认识教学事实的过程，就是反思的过程、研究的过程、总结的过程、提高的过程。

2. 推动教学理论学习

通常情况下，撰写教学案例，需要运用教学理论对教学案例进行分析。要把案例分析透彻，需要有足够的教学理论做支撑。教师往往感到教学理论修养不够，分析教学案例力不从心。这就促使教师带着教学案例的实际问题，深入地学习有关的教学理论。

3. 总结教改经验

案例撰写是对教学实践的反思，从实践中选择适当的实例进行描述和分析，可以更清楚地认识有些做法为什么取得了成功，有些为什么效果不够理想。通过反思，提炼并明确有效的教学行为及其理论依据，从而更有效地指导今后的实践。

4. 促进教师交流研讨

案例是教学情境的故事，不同的人对故事会有不同的解读，因此案例十分适于用来进行交流和研讨，可以成为教研活动和教师培训的有效载体。教学案例集中反映了教师在教学活动中遇到的问题、矛盾、困惑，以及由此产生的想法、思路、对策等，就这些问题和想法开展交流讨论，对教师提高分析能力和业务水平是非常有益的。

5. 形成教学研究成果

教学案例具有典型性，内容丰富，有血有肉，生动形象，真实可信，具有说服力和感染力。

（三）工作案例内容

经管学院为了实现转型发展的目标，开展了系列的教育教学改革实践，通过系列实践，总结出了经管学院“2+1+1”三段式对口贯通人才培养模式。下面就相关工作介绍如下。

1. “经济与管理学院——深圳深软新天科技有限公司”ERP财务管理班

衡阳师范学院——深圳深软新天科技有限公司（简称深圳深软）联合培养ERP财务管理班。

深圳深软是我院签约实践基地之一，与我院联合为金蝶集团培养ERP学员。深软集团和北航领航商学院为我院捐赠学生创就业在线实践云服务器等设备40套，学院将利用这些设备及后续企业和学校的相关投入建好“大学生在线创新创业平台”，着力推动大学生创业能力的提升（见图7-5）。

图7-5 捐赠学生创就业在线实践云服务器等设备40套

2016年11月5日，毕业论文开题报告会和校企对接课程考核在深圳举行。校企联合培养模式渗透了整个培养过程，在毕业论文环节，深圳深软为学员选派优秀企业导师，从选题到开题到论文撰写再到论文答辩，全程参与学员毕业论文工作。

在校企对接课程环节，企业与学院共同确定校企对接课程、共同授课、共同出题，采取灵活有效的考核方式，重点考核学员的知识应用能力和实际操作能力。这种联合培养模式有效弥补了学院课堂培养在实操方面的不足，很好地满足了用人单位对毕业生的技能要求，将大大提高学生的就业竞争能力（见图7 -6、图7 -7）。

图7 -6　衡阳师范学院——深圳深软新天科技有限公司（简称深圳深软）联合培养ERP财务管理班合作签约

图7 -7　ERP财务管理班毕业论文开题报告会

2. “经济与管理学院——浙江义乌橙果电商”跨境电商班

浙江义乌橙果电商是阿里巴巴的合作伙伴，是全国最发达的跨境电子商务贸易区。

“经济与管理学院——橙果电商”校企联合培养2013级跨境电商班学员。由企业对学生进行培训（20课时），学生进企业后结合实习企业进行论文撰写。毕业论文开题报告会及课程考核在浙江省义乌市举行（见图7-8至图7-10）。

图7-8　跨境电商班学员论文开题

图7-9　跨境电商班学员课程考试

图7-10　跨境电商班学员课程考试

3. “经济与管理学院——通拓科技有限公司”电子商务通拓班

在学校的总体合作框架下，经济与管理学院与通拓科技有限公司就电子商务人才培养进行了合作。

制订了电子商务人才培养方案（通拓班——“一带一路”国家），且正在执行中；已经就“通淘国际体验馆——大学生创业就业实训基地”项目建设商谈妥当，目前已经进入论证与签约阶段。

4. “经济与管理学院——东莞海达国际集团”专业实践教学基地

东莞海达国际集团从2013年开始就成为我院的专业实践教学基地。

（1）我院3位专业教师利用暑假期间在公司挂职锻炼，为公司发展献计献策。

（2）公司不定期派专业技术人员来我院给学生进行专业技能讲座。

（3）我院与公司积极开展教科研合作，现上报学校的立项横向课题2项。现正在启动校企合作教材的编写工作（见图7－11至图7－13）。

图7－11 张登玉副校长检查东莞海达实习基地

图 7－12　学院领导进入海达集团落实基地共建

图 7－13　学院领导进入海达集团调研实习学生工作状况

5．“经济与管理学院——缤购优选”专业模拟实训

缤购优选是衡阳市有名的电子商务有限公司。我院与该企业的合作，是将专业模拟实训搬到公司进行实操。主要的实训内容为：公司相关领导给学生讲授相关企业运作状况；公司负责实践导师带领学生去缤购优选目前的服装及零食超市门店现场，了解前端销售情况，以及了解公司后端仓储及配送情况；学生进行缤

购优选微信公众号推广；汇报业绩。公司给每位实训的学生提供免费中餐，给获奖的团队颁发800~3000元不等的奖金，同时也给学生们发送了许多的优惠券（见图7-14）。

图7-14　校企合作模拟实训现场

（四）工作案例成效及社会反响

1.“2+1+1”三段式对口贯通人才培养模式的理论提升

我院根据转型发展的需要，通过不断地实践探索，提出了“2+1+1”三段式对口贯通人才培养模式。

模式中的“2+1+1”，是指前面第一、第二学年，学生在我校进行基础理论和基础课程的培养，学生需拿到“大学英语四级等级证书”和“计算机二级等级证书”；第三学年企业全面介入教学与学生管理，利用其专业人员丰富实践经验优势担任订制班4~6门专业实践性强的课程，并指导老师相关的实践教学内容，使学生尽早了解企业实际运作和相关课程的应用情况；第四学年学生通过实习方式全部进入企业进行实际操作，充分将所学的知识与企业的实践相结合，锻炼学生的实际动手能力和培养企业职场经验，并且要求学生根据发现的企业实际问题进行分析，提出解决方案，由企业指导老师和学院指导老师共同指导其在此基础上完成毕业论文的撰写，然后由企业指导老师和学院指导老师共同组成答辩组，对学生进行答辩检验。

通过这样的模式实现“2+1+1”人才校企联合一体化培养企业需要的应用型人才，实现学院、企业、学生、教师“多赢”的效果。

在教学方式上，由行业（企业）与学校采取校企双师带徒、工学交替培养、集中与分时授课等模式共同培养学徒，主干专业课合作行业（企业）参与率达到100%，采取弹性学制，实行学分管理。专业课程实习实训运用真实任务、真实案例教学的覆盖率达90%以上。试点将逐步构建以行业（企业）与学校二元主体、学徒与学生二元身份、师傅与教师二元教学、企业与学校二元管理、企业与学校二元评价、毕业证与职业资格证二元证书、全日制与非全日制二元学制为主要特征，以全面提升劳动者技术技能水平和职业素养为主要目标的现代职业教育人才培养新模式。根据产学研结合人才培养模式的要求，根据不同的专业特点，灵活采用任务驱动、项目导向、案例教学、情景模拟、现场指导、综合练习等教学方式，采用边学边练、讲练结合、学做合一、理实一体等教学方法和现代化的多媒体教学手段，强化学生职业能力培养，提高人才培养质量，研制并推广共享型教学资源库，为学生自主学习提供优质服务，使培养目标、教学内容与企业生产实际高度吻合。

在课程体系上，产教融合人才培养模式的课程体系是在“以就业为导向、以岗位为依据、以能力为本位”的教育思想指导下，经过岗位需求调研，依据岗位所需的能力构建岗位系列课程的培养知识技能体系。根据专业的不同特点，以企业真实活动和岗位职业能力分析为基础，以培养学生职业道德、职业能力及可持续发展能力为基本点，打破知识系统型的课程体系，创建能力主导型的课程体系。本着课程设置模块化、教学内容职业化、教学组织灵活化、教学过程开放化、教学手段现代化的思路改革课程教学内容和方法。产学研结合人才培养模式的课程体系重视企业专家参与课程开发这一理念，选择作为课程内容的知识、技能要以工作任务与职业能力分析为基础，而对工作任务最为熟悉的人就是那些长期在对应岗位从事工作，且善于反思的企业专家。

同时注重以企业为依托，建设生产实践第二课堂，学生利用暑假进行社会实践活动，直接参与企业的生产和经营活动，建设实践环节，加强素质和能力培养。学校要加强教学实验和实践环节建设，并进行改革和重构。充分利用专业优势，教师和企业导师结合科研，向学生提供毕业设计课题，使学生在毕业设计中实现知识、能力的集成和提高。实施学校与企业的双导师制，企业导师着重向学生介绍行业迅速发展的形势和需求，行业的优势和薄弱环节，企业对学生知识、素质和能力的综合要求。以专业群为基础，构建大类专业平台课程体系；以岗位课程为核心，构建大类专业岗位群集。学生在学完大类专业平台课后，可根据自己的兴趣和爱好选择若干岗位系列课程进行学习，完成学业。

2. 通过这样的模式实现“2+1+1”

人才校企联合一体化培养企业需要的应用型人才，实现学院、企业、学生、教师“多赢”的效果。

①对参与深圳 ERP 班 5 个学员跟踪结果。

我院在深圳深软 ERP 成果班的 5 个学生，实习结束后都在深软公司或金蝶下属工作找到了非常理想的工作。

②对参与浙江义乌“橙果电商”班 14 个学员跟踪结果。

浙江义乌“橙果电商”班 14 个学员，通过短期培训，都进入了比较理想的公司实习，主要从事跨境电商，学生满意度高。实习结束后，除了个别同学回家乡就业外，其他同学全部留在了原公司就业。

③深圳、东莞、义乌、杭州四个城市的“种子学员”被广泛培养，基地被深入巩固，初步形成了学生、学校、企业三方“共赢”的格局。

3. 我院学生的创新、创业能力显著提升

着力“创新”与“创业”两个抓手，突显特色培养。在“创新”能力培养方面，我院以大学生各类比赛为抓手，培养学生的创新能力。主要依托湖南省三个省级大学生学科比赛，即：电子商务大赛、物流设计大赛和企业模拟经营大赛。在三大赛事的筹划准备、方案设计、文案撰写、校级预赛各个阶段，除了邀请省内外相关教授、学者顾问指导外，着重邀请衡阳当地实习基地企业老总或行家全程介入指导、评点。

“创业”以大学生在线创新创业平台建设为抓手，培养学生的创业能力。

省赛、国赛屡创佳绩。近年来，我院学生湖南省三个省级大学生学科比赛（电子商务大赛、物流设计大赛、企业模拟经营大赛）中捷报频传，2015 年以来，先后获得省赛一等奖 4 项、二等奖 6 项、三等奖 6 项；参加对应国赛获得二等奖 1 项、三等奖 2 项（见图 7－15、图 7－16）。

图 7－15　陈忠文指导的乘风破浪队荣获一等奖

图 7－16　湖南经视、湖南卫视、湖南都市等频道在比赛现场对我校参赛团队进行了采访（吴永洪）

我院在深圳软件园 ERP 试点班全体学员在企业学习实习一个学期后，全部留在了深圳，并且多成为企业骨干。

4. 校企人才交流及横向科研有序推进

（1）2015 年以来，我院先后有 4 位专业教师（2015 年，肖黎、屈瑜君；2016 年，卜华白、陈东升）利用暑假期间在东莞海达国际集团、中国人寿保险公司衡阳分公司挂职锻炼，为公司发展献计献策。

（2）公司不定期派专业技术人员来我院给进行专业技能讲座。

（3）我院与公司积极开展教科研合作，现上报学校的立项横向课题 10 项以上。

5. 教师教学和科研转型持续深化

在课堂教学转型方面，我院主办了“课堂转型我先行”活动。在“课堂转型我先行”活动中，学院积极推动“互联网+”背景下“慕课（MOOC）+私播课（SPOCS）+翻转课堂（Flipped Classroom）”等混合式教育教学改革的探索与实践，如APP微课程的快速封装法及速课的微信课堂搭建技术的学习与研究：（1）如何把PPT转换成Html5后再转换成APP在手机或PAD中使用；（2）速课的微信课堂搭建技术及教育技术创客空间的变现。同时，学院还全力推行案例教学。

在科研转型方面，我院重点打造了衡阳市经济社会发展蓝皮书，为教师科研提供了切实的课题来源和第一手资料来源。目前已经出版了《2014年衡阳市经济社会发展蓝皮书》《2015年衡阳市经济社会发展蓝皮书》《2016年衡阳市经济社会发展蓝皮书》和《2017年衡阳市经济社会发展蓝皮书》共四本。四本著作的出版，在社会上和衡阳经济社会发展方面都产生了积极的影响。

（五）未来工作展望

学院将继续深入研究该“模式”，不断加强对该“模式”的应用与完善，做好“校企合作，产教融合”这篇大文章。

在下一轮的实践研究中，主要依托的项目有以下三项：

（1）继续利用教育部全国应用型人才培养工程单位的资源，对接“新商科”，提升学生各种能力（见图7-17）。

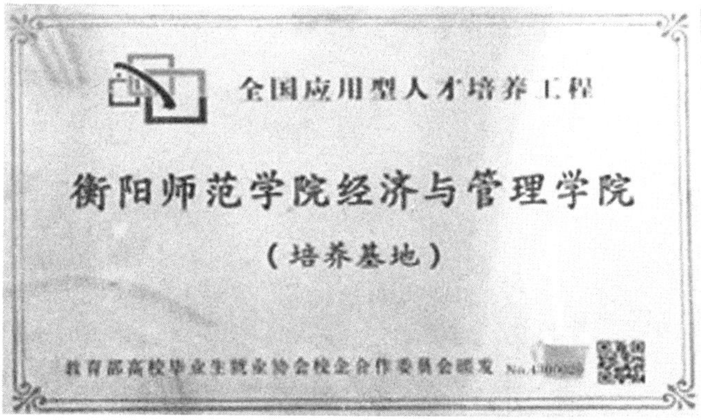

图7-17　教育部全国应用型人才培养工程单位授牌

（2）继续利用学院已经获得的教育部高教司第一批产学合作育人项目（新道公司）——“经管专业市场营销人才培养模式研究”，提升学生各种能力（见图 7 – 18）。

图 7 – 18　教育部高教司第一批产学合作育人项目（新道公司）

（3）继续利用与深圳、杭州、东莞及上海等 20 多个企业共建的实践教学基地项目，提升学生各种能力。

总之，创新人才培养模式要在一个全方位、多领域、大环境下有效运行。要面向全体、面向社会全面发展，各级各类教育都应肩负起培养创新人才的重大使命，同时又必须明晰各自的侧重点，通过改革教育评价体系和创新人才培养模式等途径，真正做到优化人才知识结构、提高综合素质、增强创新和实践能力，形成各类人才辈出、拔尖创新人才不断涌现的局面。

参考文献

[1] 国家中长期教育改革和发展纲要（2010—2020年）[S]. 北京：人民出版社，2010.

[2] 兰利琼，李茂国. 高等学校专业设置管理中的权力制衡研究 [J]. 高等工程教育研究，2011 (1)：41-50.

[3] 黄汉升，季克异. 我国普通高校体育教育本科专业课程体系改革的研究 [J]. 体育科学，2004 (3)：51-57.

[4] 张汉强，王家华. 基于通识教育理念的书院制班级构建与实践研究 [J]. 河南教育（高教），2015 (12)：25-27.

[5] 王培欣. “中级财务会计”教学目标及教学内容的新思考 [J]. 黑龙江高教研究，2006 (06)：125-126.

[6] 薛静. 基于应用型人才培养的《中级财务会计》课程教学改革探索 [J]. 财会通讯，2011 (33)：158-160.

[7] 刘红霞，黄倩. 基于翻转课堂的大学会计专业本科教学过程设计研究——以“中级财务会计”课程教学为例 [J]. 中国大学教学，2015 (08).

[8] 张亚丽. 对比分析法在《中级财务会计》教学中的运用 [J]. 商业会计，2010 (8)：77-77.

[9] 李波. 按培养模式重构地方高校课程体系 [J]. 教育研究，2011 (8).

[10] 俞婷婕，睦依凡. 大学课程与人才培养——基于大学教学理性的思考 [J]. 清华大学教育研究，2013 (6).

[11] 陈飞，严晓岭. 应用型本科教育课程设计研究的两难困境及研究展望 [J]. 复旦教育论坛，2014 (12).

[12] 李志义. 对大学教学的“三思” [D]. 中国高等教育，2009，6 (28)：26-28.

[13] 李桂娥. 研究型教学方法在《区域经济学》教学中的应用 [D]. 高等教育研究，2010，6 (31)：90-92.

[14] 张安富．改革研究方法，探索研究型教学 [J]．中国大学教学，2012，1（34）：65－67.

[15] 王美蓉．物流设施与设备课程教学的几点体会 [N]．太原城市职业技术学院学报，2008（8）：51－52.

[16] 陈御钗，李春侠，徐昌平．物流设施与设备课程实践教学探讨 [J]．职业时空，2009（5）：53－54.

[17] 梁川，田红英．高职物流设施与设备课程教学改革初探 [J]．四川职业技术学院学报，2008，18（3）：88－90.

[18] 刘佳星．物流设施与设备课程教学研究——基于现代物流发展趋势 [N]．企业研究，2012（20）：202－203.

[19] 李加棋．现代影像技术在物流设施与设备教学中的应用 [J]．职教论坛，2011（26）：45－46.

[20] 康淑敏．从教学语言运用视角构建高校双语教学模式——以地方高校双语教学为例 [J]．外语界，2008（6）：64－70.

[21] 周恩，丁年青．大学英语教学与双语教学的衔接：现状与思考 [J]．外语界，2012（4）：68－75.

[22] 肖望喜，张彩霞．案例教学法在国际贸易学课程教学中的应用研究 [J]．衡阳师范学院学报，2013（2）：132－134.

[23] 韩建侠，俞理明．我国高校进行双语教学学生需具备的英语水平 [J]．现代外语，2007（2）：65－72.

[24] 中华人民共和国教育部．中国教育统计年鉴（2014）[M]．北京：人民教育出版社，2015.

[25] 王伯庆，郭娇．就业蓝皮书：2013 年中国大学生就业报告 [M]．北京：社会科学文献出版社，2013.

[26] 季成均：大学课程论 [M]．上海：上海人民出版社，2007.

[27] 那娜．精细化管理视角下管理会计在高校财务管理中的应用研究 [J/OL]．财会学习，2017（03）：39－40.

[28] 何一平．基于管理会计在高校财务管理中的应用分析 [J]．现代国企研究，2015（02）：51－52.

[29] 欧凯英．微课在高中地理教学中的应用 [J]．科学中国人，2016（8）．

[30] 田爱丽，吴志宏．翻转课堂的特征及其有效实施——以理科教学为例

[J]，中国教育学刊，2014（8）.

[31] 张霞.微课程的设计、开发与应用研究——以教育技术学专业两门微课程为例［D］.南宁：广西师范大学，2014.

[32] 李文莲，夏健明.基于“大数据”的商业模式创新［J］.中国工业经济，2013（05）：83－95.

[33] Siemens G，Long P. Penetrating the Fog：Analytics in Learning and Education［J］. EDUCAUSE Review，2011，46（5）：30.

[34] 赵兴龙.翻转课堂中知识内化过程及教学模式设计［J］.现代远程教育研究，2014（02）：55－61.

[35] 刘小晶，钟琦，张剑平.翻转课堂模式在“数据结构”课程教学中的应用研究［J］.中国电化教育，2014（08）：105－110.

[36] 卜华白，李干.基于网格的企业随需应变商务模式及实现研究［J］.衡阳师范学院学报，2009（4）：34－38.

[37] 陈明晶，姚建荣.电子商务专业串并结合教学模式研究［J］.计算机教育，2010（3）：117－120.

[38] 郑丽霞.应用案例教学法提高《诊断学》教学质量［J］.中国医药导报，2008（10）：25－28.

[39] 董晓英.电子商务课程教学改革探索［J］.现代商贸工业，2009（2）：267－268.

[40] 李雪.提高教学质量培养创新人才——基于财务分析案例教学法的思考［J］.管理科学文摘，2007（8）：35－38.

[41] 张慧颖，苗楠，李光磊.电子商务案例调研及案例库建设［J］.哈尔滨商业大学学报（自然科学版），2004（5）：34－37.

[42] Cathy Sandeen. Integrating MOOCS into Traditional Higher Education：The Emerging “MOOC 3.0” Era［J］. Change the Magazine of Higher Learning，2013，45（6）：34－39.

[43] 樊文强. MOOC学习成果认证及对高等教育变革路径的影响［J］.现代远程教育研究，2015（3）：53－64.

[44] 袁莉，斯蒂芬·鲍威尔，马红亮.大规模开放在线课程的国际现状分析［J］.开放教育研究，2013，19（3）：56－62.

[45] 郝丹.国内MOOC研究现状的文献分析［J］.中国远程教育：综合版，2013（11）：42－50.

[46] 王文礼.MOOC的发展及其对高等教育的影响 [J]. 江苏高教，2013 (2)：53－57.

[47] 尚俊杰.MOOC：能否颠覆教育流程 [N]. 光明日报，2013，1118 (016).

[48] 庞婧. 会计电算化教学中出现的问题以及优化建议 [J]. 东方企业文化，2015 (23)：406.

[49] 张玮. 独立学院会计电算化实践教学模式研究 [J]. 中国管理信息化，2016 (1)：212.

[50] 朱云萍. 会计电算化教学思考 [J]. 财经界（学术版），2016 (2)：210.

[51] 王娜，崔宏秀. 企业模拟经营的实践教学探索 [J]. 产业与科技论坛，2013，12 (19)：151－156.

[52] 关于举办湖南省首届大学生企业模拟经营竞赛的通知 [EB/OL] http：//jwc. hnie. edu. cn/dxscx/showinfo_ zy. aspx？ id＝2024.

[53] 黄娇丹.ERP沙盘企业模拟经营实验课程考核和成绩评定 [J]. 重庆与世界，2011，28 (6)：54－56.

[54] 岳琴，李桂荣.ERP沙盘企业模拟经营实验考核模式探索 [J]. 商业经济，2012 (1)：42－43.

[55] 刘平，张炼. 产学研合作教育概论 [M]. 哈尔滨大学出版社，2015.

[56] 高林. 应用型本科导论 [M]. 北京：科学出版社，2015.

[57] 佘锡祥. 地方本科院校转型发展的内涵与核心 [J]. 教书育人·高教论坛，2015 (04).

[58] 赵荷花. 地方本科院校转型发展的问题与对策 [J]. 教育与职业，2015 (07).

[59] 马振峰. 以“四结合”为载体的实践教学运行机制的构建 [J]. 现代职业教育，2016 (02).

[60] 苗雨君，等. 高校经济管理类专业实践教学体系与机制建设研究 [J]. 新乡学院学报（社会科学版），2012 (04).

[61] 闫连山. 校企合作背景下实践教学运行机制探究 [J]. 滨州职业学院，2012 (12).

[62] 高军. 高校实践教学基地优化对策研究 [J]. 教育研究，2011 (2).

[63] 王伟珍. 论普通高校实践教学体系 [J]. 高教研究，2014 (1).

[64] 李子奈. 关于计量经济学模型方法的哲学思考 [J]. 中国社会科学, 2010 (2): 69 -83.

[65] 阳玉香, 谭忠真, 莫旋. 应用型人才培养目标下的计量经济学教学改革 [J]. 经济研究导刊, 2010 (20): 212 -213.

[66] 沈星元. 基于 SECI 知识创造模型的会计电算化教学改革研究 [J]. 现代商贸工业, 2016 (15): 165 -166.

[67] 莫旋, 陈敏. 计量经济学开放性实践教学模式探讨 [J]. 特区经济, 2016 (2). 169 -170.

[68] 聂红隆, 沈友华. 计量经济学课程理论和实验教学改革实践 [J]. 宁波工程学院学报, 2015 (12), 119 -124.

[69] 白文苑. 对学生科研训练: 创新人才培养的有效途径 [J]. 社科纵横, 2011 (2): 161 -162.

[70] 阳玉香, 谭忠真, 莫旋. 应用型人才培养目标下的计量经济学教学改革 [J]. 经济研究导刊, 2010, 94 (20): 212 -213.

[71] 沈星元. 基于 SECI 知识创造模型的会计电算化教学改革研究 [J]. 现代商贸工业, 2016 (15): 165 -166.

[72] 莫旋, 何青. 地方高校经管类专业本科应用型人才培养模式探讨 [J]. 特区经济, 2016 (3): 173 -174.

[73] 李杨帆, 朱晓东. 科研训练计划于大学生创新能力培养 [J]. 中国大学教学, 2011 (4). 24 -25.

[74] 刘丹. 本科物流管理专业实践教学体系构建研究 [J]. 物流技术, 2011, 30 (8): 142 -146.

[75] 张俊娥. 试析应用型高校管理类专业实践教学体系——以物流管理专业为例 [J]. 黑龙江高教研究, 2013 (2): 166 -169.

[76] 孙卫华. 关于高校物流专业实践教学改革的几点思考 [J]. 物流技术, 2010, 11 (21): 148 -149.

[77] 李伟华. 在实践中探索物流管理专业实践教学的新途径 [J]. 物流技术, 2011, 30 (8): 145 -146.

[78] 施学良. 基于工作过程的五阶段实践教学体系探索——以物流管理专业为例 [J]. 现代教育技术, 2010, 20 (1): 134 -136.

[79] 姚泽有. 经管类专业实践教学体系建设探讨 [J]. 南昌教育学院学报, 2011 (09).

[80] 王明华. 基于实践能力均衡发展目标的实践教学体系建构 [J]. 高等财经教育研究, 2013 (03).

[81] 梁淑华. 地方性高校经管类专业实践教学体系构建 [J]. 洛阳师范学院学报, 2013 (11).

[82] 陈绪敖. 以人才培养目标为导向构建地方高校经管类专业实践教学体系 [J]. 安徽学院学报, 2011 (04).

[83] 李光辉, 孙太清. 新建本科高校经管类专业实践教学体系的构建 [J]. 教育与教学研究, 2012 (02).

[84] 王红霞等. 电子商务专业应用型人才培养模式的研究 [J]. 市场周刊, 2010 (7): 115-117.

[85] 郭欣. 电子商务专业人才培养的问题与对策 [J]. 改革与开放, 2011 (9): 95-96.

[86] 李健等. 高校电子商务专业人才培养模式探讨 [J]. 山西财经大学学报, 2009, 31 (2): 232-233.

[87] 晏玲. 服务区域经济的电子商务人才培养研究 [J]. 当代职业教育, 2013 (6): 67-69.

[88] 梁洁, 张广兴. 以就业为导向的地方高校经管专业实践与创新能力培养模式探究 [J]. 现代经济信息, 2015 (2).

[89] 肖黎, 皮修平. 地方高校国际贸易专业大学生就业能力影响因素研究 [J]. 职业时空, 2014 (4).

[90] 李晶晶, 黄一涛. 市场导向型的贫困大学生就业能力培养模式探析 [J]. 赤峰学院学报, 2012 (8).

[91] 陈汉英, 徐冬英. 地方高校学生应用能力培养模式的探索 [J]. 铜仁学院学报, 2012 (5).

[92] 王钰, 项义军. 国际经贸专业人才能力培养模式实践教学体系创新研究 [J]. 黑龙江对外经贸, 2011 (9).

[93] 肖雁飞. 独立学院经管类创新创业教育体系构建研究 [J]. 当代教育理论与实践, 2016, 8 (9): 35.

[94] 关于深化高等学校创新创业教育改革的实施意见 [EB/OL] http: //www. gov. cn/zhengce/content/2015-05/13/content_ 9740. htm.

[95] 高晓杰, 曹胜利. 创新创业教育——培养新时代事业的开拓者 (中国高等教育学会创新创业教育研讨会综述) [J]. 中国高教研究, 2007 (7):

91 – 93.

［96］顾骅珊，汪浩鸿．地方本科院校经管类专业创新创业教育模式的探索［J］．创新与创业教育，2015，2（5）：56 – 58.

［97］苏贵影，田永超．经管类大学生创新创业教育改革研究［J］．山西高等学校社会科学学报，2015，27（7）：77 – 91

［98］赵晓声，司晓宏．创客教育：信息时代催生创新的教育新形态［J］．电化教育研究，2016（04）：11 – 17.

［99］王米雪，张立国，郑志高．我国创客教育的实施路径探析［J］．现代教育技术，2016（09）：11 – 17.

［100］杨旭辉．知识建构视角下创客教育的有效开展［J］．电化教育研究，2017，38（5）：101 – 105.

［101］韩芳，陈珊．国内创客及创客教育研究述评［J］．黑龙江高教研究，2017（2）：37 – 40.

［102］郑燕林，李卢一．培育实践智慧：创客教育的本质目标与实施策略探析［J］．电化教育研究，2017，38（2）：26 – 33.

［103］王同聚．走出创客教育误区与破解创客教育难题——以“智创空间”开展中小学创客教育为例［J］．电化教育研究，2017，38（2）：44 – 52.

［104］吴永和，刘晓丹，仲娇娇，等．创客教育课程设计与应用——以华东师范大学 2015 级研究生创新课程为例［J/OL］．现代远程教育研究，2017（1）：88 – 94.

［105］顾珊．基于能力为核心的会计电算化课程改革分析［J］．科技与创新，2015（16）：127.

［106］谢英姿．职业能力导向的会计电算化课程学习情境设计［J］．当代职业教育，2016（3）：23.

［107］夏唐兵．独立学院会计电算化教学探讨［J］．中国证券期货，2013（6）：102.

［108］苏曼．跨境电商专业人才胜任素质模型研究［J］．高等工程教育研究，2016（03）：170 – 174.

［109］刘记．基于区域电子商务发展的外贸电商人才培养模式构建［J］．职业技术教育，2015（08）：16 – 19.

［110］沈通．电商企业自建物流配送、第三方物流配送及物流供应链配送对比研究［J］．商业经济研究，2016（19）：118 – 120.

[111] 陈咏，何绮文，陈星涛．职业院校培养跨境电商人才的现状与对策 [J]．职业技术教育，2016 (20)：25－29.

[112] Fang E, Chen Y, Jin H. New Pattern for Personnel Training Through Co－constructing Laboratory of School and Enterprise [J]. Experiment Science & Technology, 2010 (4)：58.

[113] Li－Juan X U. Practice and Research on E－commerce Entrepreneurial Talent Training Approaches [J]. Journal of Zhejiang Water Conservancy and Hydropower College, 2010 (2)：25.

[114] 徐玉辉，唐琼，田晓云．基于大数据理念的翻转课堂教学实践改革研究 [J]．衡阳师范学院学报，2016 (02)：150－152.

[115] 毕成．基于移动互联网行业背景的大学生创业困境与对策 [J]．实证分析，2015 (01)：158－159.

[116] 胡桂兰．大学生网络创业现状分析及对策研究 [J]．现代教育科学，2013 (03)：11－18.

[117] 马志鹏．大学生网络创业问题分析与对策研究 [J]．学校与社会，2013 (33)：247－248.

[118] 仇至君．中国大学生网络创业现状和发展趋势 [J]．河洛广播电视大学学报，2013 (03)：97－98.

[119] 张耀东，张婕，张宝魁．大学生网络创业的现状、问题与对策研究 [J]．高等教育，2012 (02)：37－38.

[120] 宋小图．大学生网上创业现状分析与对策研究 [J]．学术论坛，2012 (12)：155－156.

[121] 胡媛荣，石松芳．电子商务学生网上创业模式分析 [J]．电子商务，2011 (04)：304－305.

[122] 梁霄，李彦哲．浅析大学生网络创业 [J]．电子商务，2014 (09)：8－9.

[123] 马丹．李媛媛．MOOC 对高职院校课程的影响 [J]．湖北工业职业技术学院学报，2015 (1)：9－12.

[124] 陈文竹．王婷．郑旭东．MOOC 运营模式创新成功之道：以 Coursera 为例 [J]．现代远程教育研究，2015 (3)：65－71.

[125] 刘华富．张序君．校企深度合作培养本科应用型人才 [J]．中国高等教育，2012 (2)：55－56.

［126］邹建国．地方本科院校“区域经济学”研究型教学模式与策略［J］．衡阳师范学院学报，2016，37（2）：146－149.

［127］国家中长期教育改革和发展纲要（2010—2020 年）［S］．北京：人民出版社，2010.

［128］李真．澳洲 TAFE 模式对地方本科院校转型发展的借鉴研究——从“技能型”人才培养角度［J］．邢台学院学报，2014（4）：146－147，154.

［129］郭纯平．关于地方本科院校应用型人才培养的几点思考［J］．学理论，2015（30）：119－120.

［130］季桂起，李永平．德州学院应用型创新人才培养体系的探索与实践［J］．中国大学教学，2011（6）：22－25.

［131］封丽静．新时期高职院校校企合作存在的问题及对策［J］．教育与职业，2014（6）：31－33.

［132］孙爱武．江苏战略性新兴产业高端技能人才培养模式研究［J］．中国职业技术教育，2015（31）：45－47.

［133］杨运鑫．职业教育产教深度融合机制创新研究［J］．职业技术教育，2014（4）：57－58.

［134］成洁．现代学徒制的校本研究与实践［J］．教育研究，2014（2）：41－43.

［135］汤跃跃．创新地方本科院校经管类应用型人才培养模式的对策研究［J］．大学教育，2015（9）：178－179.

［136］刘英杰．文科类专业大学生对创新能力培养需求调查及对策［J］．中外企业家，2015（9）：152.

［137］莫旋，何青．地方高校经管类专业本科应用型人才培养模式探讨［J］．特区经济，2016（3）：173－174.

［138］刘晨，高天星．创新视角下经管类专业的应用型人才培养［J］．安徽科技学院学报，2015，29（3）：89－92.

［139］程春梅，邸彦彪，张晓芬．本科经管类创新型应用人才培养模式的研究与实践［J］．辽宁工业大学学报（社会科学版），2015（1）：117－120.

［140］张美丽，杨健全．国内外应用型本科经管类人才培养模式比较［J］．现代商贸工业，2014（12）：95－96.

［141］莫旋，何青．地方高校经管类专业本科应用型人才培养模式探讨［J］．特区经济，2016（3）：173－174.

[142] 张学春，徐公伟. 完善应用型本科人才培养模式探索 [J]. 滁州学院学报，2015，17 (1) 128 - 130.

[143] 肖侠. 经管类应用型本科人才实践创新能力的培养 [J]. 长春理工大学学报 (社会科学版)，2011，24 (7)：134 - 135.

[144] 乔洪武等. 西方经济学教学中的经济理论教育 [J]. 武汉大学学报 (哲学社会科学版) . 2013 年第 3 期.

[145] 李利军等. 高教经济学教学中的环境意识缺陷问题探讨 [J]. 河北师范大学学报教育科学版，2009 年第 1 期.

[146] 朱晓林等. 生态文明视域中大学生环境责任意识的教育与培养 [J]. 课程教育研究，2013 年 4 月.

[147] 刘卫华. 我国环境教育的现状与对策研究 [D]. 青岛大学硕士论文，2011 年 6 月.

[148] 田亚平等. 基于环境教育使命的高师地理学专业建设与课程改革 [J]. 衡阳师范学院学报，2005 年第 6 期.

[149] 刘灿. 经济学专业教学和人才培养现状调研报告 [J] . 21 世纪中国经济学本科创新人才培养体系探索，2006 年.

[150] 乔洪武等. 西方经济学教学中的经济理论教育 [J]. 武汉大学学报 (哲学社会科学版) . 2013 年第 3 期.

[151] 袁芳. 生态文明视阈下高等教育价值的取向 [J]. 宁夏社会科学，2013 年 5 月.

[152] 李利军等. 高教经济学教学中的环境意识缺陷问题探讨 [J]. 河北师范大学学报教育科学版，2009 年第 1 期.

[153] 袁红辉. 中国传统经济学教育与环境问题 [J]. 鸡西大学学报，2013 年 6 月.

[154] 李人晴. 应用型物流管理人才培养模式研究 [J]. 中国物流与采购，2009 (17)：68 - 69.

[155] 潘冬青. 运用工学结合模式培养物流专业学生岗位素质 [J]. 中国成人教育，2011 (9)：70 - 71.

[156] 黎冰，武钧. 以市场需求为导向的应用型物流人才培养模式的探讨 [J]. 物流技术，2010，29 (1)：152 - 154.

[157] 顾全根. 基于校企合作的物流专业人才培养模式创新实践 [J]. 物流技术，2012，31 (12)：463 - 465.

［158］甄国红，胡学钊．财务管理本科专业人才需求分析及启示——来自吉林省数据［J］．财会通讯，2009（33）：152－154．

［159］仲春梅．面向中小企业的财务管理课程实践教学改革［J］．教育与职业，2013（02）：157－158．

［160］许世英．论财务管理本科专业实践性教学体系的构建与完善［C］．中国会计学会高等工科院校分会2007年学术年会暨第十四届年会，2008（9）：54－55．

［161］金燕．“一体化”实践教学体系构建探讨——基于应用型本科财务管理专业教学实践的思考［J］．财会通讯，2011（13）：41－42．

［162］刘淑莲．关于财务管理专业课程构建与实施的几个问题［J］．会计研究，2005（12）：36－41．

［163］国家中长期教育改革和发展纲要（2010—2020年）［J］．评价与管理，2010（3）：22－25，36．

［164］张丙辰．“以人为本”的高校教学质量监控体系及实施策略［J］．黑龙江高教研究，2012（7）：52－54．

［165］亓新学．“新时期”构建高职院校教学质量保障与监控体系的思考［J］．阜阳职业技术学院学报，2015（2）：37－39．

［166］赵家坤，刘明哲．高校构建教学质量监控体系的意义［J］．决策探索（下半月），2012（6）：61－62．

［167］国家中长期教育改革与发展规划纲要（2010—2020年）［J］．评价与管理，2010（3）：22－25．

［168］阮素梅．独立学院应用型金融人才培养质量监控研究［J］．郑州航空工业管理学院学报，2012，30（4）：120－123．

［169］长沙学院本科教学工作合格评估自评报告［EB/OL］http：//www.doc88.com/p－0083734105248.html．

［170］邹建国．地方本科院应用型人才培养质量监控体系的构建与实践［J］．高教学刊，2017（3）：158－159．

［171］刘文俭，张传翔．高等学校发展战略研究［J］．未来与发展，2012（8）：56－60．

［172］亢雄．新建本科院校战略管理的实施：基于迈克尔·波特竞争战略的思考［J］．黑龙江高教研究，2008（12）：34－38．

［173］刘勇兵，马培培．新建地方综合性大学的战略规划研究［J］．黑龙

江高教研究，2008（5）：70－73.

［174］陈锡坚. 区域性高等教育合作发展探索：以肇庆和澳门为例［J］. 高教发展与评估，2014（8）：10－14.

［175］刘贵容，孙玺. 应用科技型物流实验室建设模式分析［J］. 实验技术与管理，2014，31（4）：224－227.

［176］吴远征，张智光. 应用型本科院校物流实验室建设探索［J］. 中国物流与采购，2012（5）：70－71.

［177］徐斌. 面向本科教学的物流实验室建设探讨［J］. 安徽工业大学学报（社会科学版），2015，32（3）：129－130.

［178］方醒. 关于校企合作共建物流实验室的探讨［J］. 赤峰学院学报（自然科学版），2016，32（8）：210－212.

［179］金细明. 物流专业实验室建设研究［J］. 物流技术，2015，34（7）：311－313.

［180］李龙. 高校实践教学师资优化研究［J］. 中国成人教育，2014（1）.

［181］潘珍. 论地方高校实践教学制度建设［J］. 高教研究，2015（4）.

后 记

我国高校的转型发展，实质上是高等教育供给侧结构性改革。高等教育进入大众化发展阶段后，由于高校趋同发展导致高等教育结构不合理，学科专业结构不合理导致人才培养质量不能适应经济社会发展需要。高校为了适应由计划经济体制向市场经济体制转变这一新的发展形势，不得不做出积极转变。同时，这也是高校为了破解趋同发展难题、获得更好发展，在积极寻求特色发展的强烈动机下主动作为的一种自觉选择。高校的转型既是为了服从和适应国家关于高等教育的新布局，更是为了找寻自身更大的发展空间。同我国高等教育结构的调整和高校分类体系一样，高校的转型包括往哪转、怎么转，都应着眼于自身的长远发展，而不是随风跟潮、急功近利，或者是有转型之名而无转型之实，或者是转来转去反而失去自身的特点和优势。往哪转国家提出对高等教育结构进行调整与优化，建立高等学校分类体系，是推动高等学校转型的外在动因。转型发展，高校是主体，高校教师是主力，改革与创新则是主要抓手。对于地方本科院校来说，必须为适应当前经济发展的战略调整实现转型，以培养市场所需的人才。为此，衡阳师范学院经济与管理学院教师们围绕学校提出的“特色发展、内涵发展和转型发展”理念精准发力，积极探索，在推进转型发展过程中，进行了一系列改革与创新，形成了《转型发展背景下地方高校人才供给侧改革与创新研究—— 基于衡阳师范学院经济与管理学院人才培养实践》这一著作。

本著作是衡阳师范学院经济与管理学院多位一线教师集体智慧的结晶。其中，经济与管理学院院长卜华白教授构思了全书的指导思想并设计了本著作的宏观结构、脉络布局；阳玉香副教授承担了出版社的联络工作，并参与初稿核校工作；陈东升副教授与出版社及有关撰写人员一起，进行了全书的文字梳理、编排、组织、审稿及定稿工作。

参与本著作撰写的其他领导和老师有：肖黎、屈瑜君、周镕基、张彩霞、沈星元、莫旋、吴月、伍星华、肖望喜、邹建国、何青、陈培荣、徐玉辉、谭欣、唐琼、李静琳。

本著作的编撰与出版还得到了吉林大学出版社的帮助与支持，在此谨致以诚挚感谢。

本著作在编撰过程中，参阅了大量相关文献，在此谨向相关同行致以衷心谢意；同时，尽管我们在全书末尾处的参考文献里做了标注，但疏漏之处也在所难免，敬请作者海涵。由于编撰者水平能力有限，加上时间仓促，本著作的缺陷与不足之处也在所难免，敬请各位同仁和广大读者朋友批评指正。

编著者

2018 年 8 月于雁城衡阳